传 播 视 野 中 的 近 代 中 国

—— 复旦大学信息与传播研究中心主持 ——

黄旦 周奇 ◎ 主编

媒介的表达和影响

MEIJIE DE

BIAODA HE YINGXIANG

中国传媒大学出版社

·北京·

图书在版编目(CIP)数据

媒介的表达和影响/黄旦,周奇主编.--北京 : 中国传媒大学出版社,2021.1
(传播视野中的近代中国)
ISBN 978-7-5657-2897-6

Ⅰ.①媒… Ⅱ.①黄… ②周… Ⅲ.①传播媒介-新闻事业史-研究-中国-近代 Ⅳ.①G219.295

中国版本图书馆 CIP 数据核字(2021)第 016723 号

媒介的表达和影响

MEIJIE DE BIAODA HE YINGXIANG

主　　编	黄　旦　周　奇	
责任编辑	于水莲	
特约编辑	张继媛	
封面设计	拓美设计	
责任印制	李志鹏	

出版发行	中国传媒大学出版社			
社　　址	北京市朝阳区定福庄东街 1 号		邮　　编	100024
电　　话	86-10-65450528　65450532		传　　真	65779405
网　　址	http://cucp.cuc.edu.cn			
经　　销	全国新华书店			
印　　刷	唐山玺诚印务有限公司			
开　　本	787mm×1092mm　　1/16			
印　　张	13.5			
字　　数	288 千字			
版　　次	2021 年 1 月第 1 版			
印　　次	2021 年 1 月第 1 次印刷			
书　　号	ISBN 978-7-5657-2897-6/G · 2897		定　　价	66.00 元

本社法律顾问:北京李伟斌律师事务所　郭建平

重解报刊之"魅"

——报刊与历史研究

黄　旦

"档案是时间织成的布面上的一个小缺口,是对意外事件的偶然一瞥。但档案的体积又是如此之庞大,置身其中犹如扑入大海,无边无际无所适从"。这让阿莱特·法尔热觉得,阅读档案就好像驻足于一片黑压压没有空地的森林,只有在其中停留太久之后,双眼习惯了黑暗,方能够辨认出树木的轮廓。这真"像走在一条满是裂缝且分叉的小径上,需在寂静和摸索中构思问题。这就像一个在眼前旋转无数次的万花筒:暂停片刻,想象的图案就有了具体的外形,然后再次碎裂成五颜六色的光彩,新的形态也随之出现。这些图案非常短暂,稍微晃动就会产生其他形状。档案中所能找到的意义如同这些图案一样,有力但短暂,随着万花筒的旋转而逐个出现"。① 档案所散发之"魅",令阿莱特·法尔热陶醉其间难舍难离。

那么,报刊可也有其自身之"魅"乎? 法尔热倒是将档案与印刷材料做过一点比较。她指出:后者是一种专门针对公众的文本,是用来让公众阅读和理解的;无论曲笔或直书,印刷材料都有自己的意图,最简单、最明显的目的就是被其他人阅读。这与她所接触的司法档案性质完全不同。司法档案中虽然记录着许多人的生活的大致轨迹,但他们从没要求以这种方式被记录下来,②更不必说公之于众。用福柯的话来说,这是那些"无名者的生活"。③ 法尔热因而以为,任何印刷材料,无论多么陌生,都不能与档案相媲美,尤其是那种身临其境之感。④

档案与印刷材料是否能相媲美(为什么非得相媲美呢?),这是另一个问题,但她所指出的"无名"与"有名"——印刷材料有意并有指向地让人阅读,从而缺少芸芸众生生活色生香的气息和温度,多少说明印刷材料是有不同于档案之"魅"的,甚至与之气质是

---

① ［法］阿莱特·法尔热:《档案之魅》,申华明译,商务印书馆 2020 年版,第 4、2、49、66 页。
② ［法］阿莱特·法尔热:《档案之魅》,申华明译,商务印书馆 2020 年版,第 3-4 页。
③ ［法］福柯:《无名者的生活》,李猛译,《社会理论论坛》1999 年总第 6 期。
④ ［法］阿莱特·法尔热:《档案之魅》,申华明译,商务印书馆 2020 年版,第 3 页。

相背而行的。"印刷术不是把文件紧锁深藏,而是把它们从箱子里和密室里拿出来复制,让人们都能看到这些文档。"①戈公振将"为公众而刊行",确定为报纸的"原质"之一,②不是没有道理的。

报刊与历史研究,大而化之,可分为两类,姑且命为"历史的报刊研究"和"报刊的历史研究"。二者虽然都以报刊为对象,但意图和重点均不同。前者是追寻报刊中的历史踪迹,以澄清、证明、补正、丰富某一历史过程或历史事件。简而言之,是以"报"证史——将报刊作为研究和书写历史的依据或材料,属于"所有研究史学撰著史籍所必须根据之种种资料"③之一。后者是要理清报刊自身的历史脉络,展示其演变的过程及其对社会的影响,可谓以"报"为学——一个特定的研究领域和学科,"用历史的眼光,研究关于报纸自身发达之经过,及其对于社会文化之影响之学问也"④。

我没有具体查考过以"报"证史起于何时。"凡道光以来一切档案、碑传、文集、笔记、报章、杂志,皆为史料",其实也只有在这之后,研究史学撰著史籍所根据的种种资料中,才可能有"报刊"的位置,因为从传教士开始的中国现代报刊是在道光之后才慢慢形成气候(虽然认可报刊有资格成为史料还有一个过程)的。陈垣所言极是,史料是"愈近愈繁"。⑤

"愈近愈繁",可见史料是只进不出,纳新而不吐故。"档案、碑传、文集、笔记、报章、杂志,皆为史料",即是其"愈繁"的过程和呈现的面貌。由此也使另一个道理得以显明:若"档案、碑传、文集、笔记、报章、杂志"一个个遁迹消失,史料也就无从谈起。以此而言,史料是由"档案、碑传、文集、笔记、报章、杂志"所创、所产和所供,也没有什么不妥。它们是各安其位各开其路,这与当今有了数字技术而有大数据和数据挖掘是同一个道理。要是我们认可"档案、碑传、文集、笔记、报章、杂志"均为不同类型的媒介,历史材料就是媒介的无中生有,那么德布雷的这句话是一点也不差的:文化和文明传承,总是通过媒介载体的使用,亦即以技术性能为出发点。⑥ 因此,"世间没有所谓自然存在之史料,凡一切资料俱必通过史家之觉识与命义始具史料意义与功能"⑦的说法,还只是出于史料和史家治史的关系,若以史料构成而言,恐怕还得加上一句:一切资料俱必由处于不同位置和关系中的媒介所开拓。

---

① [美]伊丽莎白·爱森斯坦:《作为变革动因的印刷机:早期近代欧洲的传播与文化变革》,何道宽译,北京大学出版社 2010 年版,第 68 页。

② 戈公振:《中国报学史》,生活·读书·新知三联书店 1955 年版,第 6 页。

③ 王尔敏:《史学方法》,广西师范大学出版社 2005 年版,第 122 页。

④ 戈公振:《中国报学史》,生活·读书·新知三联书店 1955 年版,第 1 页。

⑤ 转引自李剑鸣:《历史学家的修养和技艺》,上海三联书店 2007 年版,第 239 页。

⑥ [法]雷吉斯·德布雷:《媒介学引论》,刘文玲译,陈卫星审译,中国传媒大学出版社 2014 年版,第 5 页。

⑦ 王尔敏:《史学方法》,广西师范大学出版社 2005 年版,第 134 页。

媒介(档案、碑传、文集、笔记、报章、杂志等)各有所长,打开并通向不同的区间,[①]因此也就各"魅"其"魅"。档案之"魅"非报刊之"魅":如果档案可以比拟为一个矩阵,并不表达"唯一"真相,它有时引导人们去发现,有时又让人迷失;[②]报刊就是李普曼所说的"探照灯",虽然摇曳不定,但光照所向则确定不移,唯我独断。档案是无数人留下的痕迹,报刊是要让无数人围观它散发出的社会现实痕迹。就其实质,二者不应是真与假或者真实程度之辨,而是各有各的真实。好比"门"和"窗",都可以透视外界,各自的形态框架决定了其视野所及和能发挥的作用,岂能摆放在真实与否的层面进行较量?任何一种媒介,都有其特定的意图、体制制度、运作方式和性质功能,它们互为纠缠又互为区分,"各种特性的符号链与异常多样的编码模式(生物的,政治的,经济的,等等)相连接,这就发动了种种不同的符号机制和事物状态"[③],构成了历史的不同层面。"档案既提供了信息,也提供了使用信息的方式或者使信息具有逻辑性的方式"[④],报刊亦是一样。各类史料可以互相参照,但不宜随便统合。以"报"证史的历史报刊之研究,大多忽视了这一点。他们习惯于把报刊内容抽取出来,与其他史料(比如档案)辨别排比,以构成一个特定的"真",档案和报刊之"魅"也就因此荡然无存。

历史不能说源自文字,但的确是文字,使得历史有了明确记载。汉字的"史",据称其本意是史官——以文字记事的人,后又申义为文字和历史记载。到了汉代,古代的字书一概名之为"史"。"文字的作用是记事,记录下来的材料"就是"史料"。章学诚于是有言,"盈天地之间,凡涉著作之林,皆是史学"[⑤]。这既成就了历史,同时也为理解历史和史料,造就了特定的思维定式、辨析逻辑和读解方式。熟既能生巧,也导致熟视无睹,一切好似理所当然,故很少有人意识到,"严格意义上的文字是一种技术,它塑造了现代人的智能活动,给智能活动提供动力"[⑥]。这为历史及其研究带来的,就是根深蒂固的文字心智。史家以线性的文字思维来认识、读解和评判一切,成了一种布迪厄意义上的"惯习",或福柯意义上的"规训"。所以海登·怀特就特地提醒,现代的历史学家应该意识到视觉影像的解读是完全不同于书写档案的。[⑦]

其实,史学家对待视觉图像还是相当谨慎的,它毕竟与文字记事差别太大,其自身之"魅"难以忽视也不能轻易抹除,否则彼得·伯克也不必专写一本《图像证史》。可是

---

① [德]马丁·塞尔:《实在的传媒和传媒的实在》,载[德]西皮尔·克莱默尔编著:《传媒、计算机、实在性——真实性表象和新传媒》,孙和平译,中国社会科学出版社 2008 年版,第 215-237 页,引见第 215 页。

② [法]阿莱特·法尔热:《档案之魅》,申华明译,商务印书馆 2020 年版,第 68 页。

③ [法]德勒兹、加塔利:《资本主义与精神分裂(卷 2):千高原》,姜宇辉译,上海书店出版社 2010 年版,第7页。

④ [法]阿莱特·法尔热:《档案之魅》,申华明译,商务印书馆 2020 年版,第 58 页。

⑤ 许凌云:《读史入门》,中国人民大学出版社 2007 年版,第 3 页。

⑥ [美]沃尔特·翁:《口语文化与书面文化:语词的技术化》,何道宽译,北京大学出版社 2008 年版,第63页。

⑦ [美]海登·怀特:《书写史学与视听史学》,王佳怡译,《电影艺术》2014 年第 6 期,第 116-120 页。

报刊不同,本就以"文字"为本,又是一种"记事",看上去与"档案、碑传、文集、笔记"就是自家兄弟,属于"愈近愈繁"的家族自然添"丁"。这就不会使人去思想它们之间有什么不同,反而是轻车熟路随手拿来。于是报中所载,与档案、文集、碑传所录的毫无二致,在历史的报刊研究中都属于同样性质的基本事实和历史材料。

自然,对于一些具体事实的查证,比如人物、地点、时间、事件、状况等等,这确实有着不可忽视的作用,但正因仅仅关注其"记载",报刊与历史的关系也就远远得不到展示。拿报纸来说,它是有"报"有"纸":"报"以印刷为手段,以机构为标志,造就"公共书信"或"公共交谈"①式的传散沟通之范式;"纸"则有格式有面貌,长、短、疏、密、图、题、形、字之间,细细策划处处讲究,更不必说定期出版——报纸所不能或缺的时间因素。依麦克卢汉的说法,正是依仗着这样的时间,报纸才能够把社会塑造成一种整体的和延续的形象。② 当把这一切——"报"和"纸"都撇开,仅是剥离出那点内容,虽然干净,但怎能称得上是报刊研究,且又是什么意义上的报刊研究呢?比如"苏报案",醉心于《苏报》内容以检点"革命运动"的点点滴滴,也就不会关心章士钊在报纸上所做的手脚,以及报纸与张园演讲、爱国学生等等的互为作用。伊丽莎白·爱森斯坦在关于印刷术的研究中注意到这样一个现象,印刷术本有着诸多的影响,大多数欧洲近代史学者唯一熟悉的基本就是为传播新教思想出力。与关于其他运动的文字记述一样,在宗教改革记述中,印刷术的影响往往被腰斩,仅限于"传播"思想一个功能。一旦宗教改革完结,新教的传播完成,印刷商和出版商也就不再值得注意,历史的聚光灯就集中在后起似乎更加重要的发展动态上了。③ 若不是新教宣传,印刷术也就没有出场的机会,既然如此,仅限于其"传播"思想的"腰斩"式理解,也就不令人奇怪。这种状况是否同样发生在中国历史学家关于报刊与历史的记述中呢?

以此看,王奇生的《新文化运动是如何"运动"起来的》④一文,对于历史的报刊研究就深有启发意义,因为其很好地揭示了现代刊物的特殊之处,即对于社会运动的策划、运作和介入。一旦引入这一变量,报刊内容的理解就不一样,新文化运动的过程和面向马上变得复杂,尽管其本意仍是出于澄清新文化运动的过程及其复杂面向。现代政治运动和大众媒介总是在一定的境遇中互为接近并相互作用⑤(不是相互补充),成为其迥异于传统政治(比如文书政治、清议政治)的重大特征。费夫贺看到的印刷书,

① [法]加布里埃尔·塔尔德著,特里·N. 克拉克编:《传播与社会影响》,何道宽译,中国人民大学出版社2005年版,第245页。
② [加]马歇尔·麦克卢汉:《理解媒介——论人的延伸》,何道宽译,商务印书馆2000年版,第266-267页。
③ [美]伊丽莎白·爱森斯坦:《作为变革动因的印刷机:早期近代欧洲的传播与文化变革》,何道宽译,北京大学出版社2010年版,第17页。
④ 王奇生:《新文化运动是如何"运动"起来的》,《近代史研究》2007年第1期,第21-40页。
⑤ [美]托德·吉特林:《新左派运动的媒介镜像》,张锐译,胡正荣校,华夏出版社2007年版,第3页。

不单是技术上的巧妙发明,也是西方文明最有力的推手。[①] "推手"的报刊与其"记载"不能分离,脱离了前者,那些"文字记载"梳理得再仔细,也不可能是"活"的。此种重于运动的因与果,而不是政治运动的经验和实际展开,[②]按照史家自身意图,也能勾勒并验证某些历史事实,但其代价是可能失去历史报刊的实际面貌和由此带来的历史事件的特殊性,见不出"戊戌变法""苏报案""新文化运动"等等各自的"灵韵",似乎它们是在同一个平面上的"运动"之重复,不同的只是宗旨、规模、目标、过程及其社会政治背景。

书本的本性是桀骜不驯的,[③]这句话恰恰证明了媒介的力量。史料的"愈近愈繁",并没有使人脱离字书的影响,反而统统摄入字书的光束,远近高低一般同。书写在没有媒介概念的情况下充当了通用的标准性媒介,[④]使得历史研究对于报刊的历史运用和演变的研究,难有新的进展和突破。细究起来,史籍本也是十分讲究区分的,是有"媒介学"的。依我看,目录学便是。书籍编目分类的要义,即是指示、标明书籍的部次流别,以便"即类求书,因书究学","辨章学术,考镜源流"。[⑤] 史料是寻找历史之指路碑,[⑥]目录学则就是寻找辨析史料之"指路碑":注出不同书籍——"媒介"源流,就像今天的媒介理论辨别不同的媒介一样。其差异是前者始终在字书的范围之内,是字书的同异之辨,因为这就是当时媒介的状况及其要求。只是久久熏染于此,习焉不察,致使史家们没能举一反三,跳出此山中,从新的角度想象、理解和分辨"愈近愈繁"的媒介史料和报刊之"魅",在熟悉的目录学基础上,添加不熟悉的"愈近愈繁"的媒介知识,形成新的一种"目录学",从而为学史、读史、治史,开出一道新的类似目录学(比如史料媒介学)的入门之径。

另一类的研究,亦即一开始提到的"报刊的历史研究",则是另一番景象。自改革开放以来,他们一直在为如何显示报刊之"魅"——报刊史的定位及其独有价值而努力。不过其动因与媒介无关,而是来自如何与历史研究,更具体地讲是如何与政治史、革命史研究区别开来。"人们议论最多的是,编写出来的中国新闻事业史缺乏自己的个性和特色,它往往和中国近现代政治史、思想史或者中共党史差不多"[⑦]。

报刊史混同于革命史和政治史,既是最直观的现象,也是遭受诟病最多的。那么,如何做呢? 首先的建议是重新勾画体例,使之有报刊史自身的特点,不完全按照政治

---

① [法]费夫贺、马尔坦:《印刷书的诞生》,李鸿志译,广西师范大学出版社 2006 年版,作者序,第 3 页;具体可参其第八章。
② [美]林·亨特:《法国大革命中的政治、文化和阶级》,汪珍珠译,华东师范大学出版社 2011 年版,第14页。
③ [美]沃尔特·翁:《口语文化与书面文化:语词的技术化》,何道宽译,北京大学出版社 2008 年版,第59页。
④ [德]弗里德里希·基特勒:《留声机 电影 打字机》,邢春丽译,复旦大学出版社 2017 年版,第 6 页。
⑤ 许凌云:《读史入门》,中国人民大学出版社 2007 年版,第 4 页。
⑥ 周谷城语,转引自王尔敏:《史学方法》,广西师范大学出版社 2005 年版,第 120 页。
⑦ 宁树藩:《中国新闻事业史研究方法的若干问题》,载《宁树藩文集》,汕头大学出版社 2003 年版,第 147-157 页,引见第 147 页。

斗争来分期。① 进而言之,应以新闻事业发展为主线,改变让新闻事业史围绕一个个政治思想斗争和一个个政治任务展开,而是反过来,新闻事业的发展过程是主体,政治思想斗争的发展过程是客体,后者是为了说明前者而存在的,现在是错把政治现象当成了本学科的研究对象。②

一个学科居然误认了自己的研究对象,好似婴儿被调包而错换了人生。这样的表述听上去不可思议,倒也清晰昭示出论者们的思路。无论是"报刊史自身的特点",还是以"新闻事业发展为主线"、为"主体",都在在表明报刊史研究者们深信,报刊或者新闻事业可以从社会其他方面切割出来,圈出一个以"新闻现象"为界的"地块",既可以保证其独有的研究对象,又能够确立研究之特色。这就马上牵扯出一个问题:什么是"主体"(自身),怎么来认定?

作为一个哲学概念,主体不是一个自然实体。暂且不谈其词源学意义,仅就由笛卡尔所开启的主体哲学看,主体主要针对人而言。人凭着"我思"而成为认识的主体,意志的主宰,万物的尺度,自我"作为绝对本原,以理论理性的姿态踏上了自我认识之路"。③ 由于人因群而在,人的自主自为就抽象为共同体的主体性——主张、信念和目标。共同信念是群体的一种内在属性,一个团体就是作为主体的群体,团体信念就是这些作为主体的群体的认知状态。④ 所以马克思就说,"人是一个特殊的个体,并且正是他的特殊性使他成为一个个体,成为一个现实的、单个的社会存在物,同样,他也是总体,观念的总体,被思考和被感知的社会的自为的主体的存在,正如他在现实中既作为对社会存在的直观和现实享受而存在,又作为人的生命表现的总体而存在一样"。⑤ 在这个意义上,说新闻业或者报刊有其主体性也是成立的。如果真的能将此把握为"主线",一一展开其变革和演化的历史面向,报刊史研究及其体例,肯定闪耀出自己的独特色彩,不复是"政治史、党史、思想史"的摹本。

然而,事情似非这么简单。比如哈贝马斯所见的欧洲报刊,就曾有过不同的阶段:以小型手抄行业为组织形式的私人通信系统,以思想传播为主的个人新闻写作阶段,以及 19 世纪 30 年代从"传播信念的报刊业向商业报刊业的转变"⑥。美国的报刊在

---

① 方汉奇:《关于新闻史研究的几点体会和建议》,载方汉奇:《报史与报人》,新华出版社 1991 年版,第 22-37 页,引见第 23 页。

② 宁树藩:《中国新闻事业史研究方法的若干问题》,载《宁树藩文集》,汕头大学出版社 2003 年版,第 148-149 页;以及宁树藩:《关于改进中国新闻事业史的科研工作加速学科建设问题》,载《宁树藩文集》,汕头大学出版社 2003 年版,第 158-163 页,引见第 160 页。

③ 倪梁康:《自识与反思》,商务印书馆 2002 年版,第 11 页。

④ 石辰威:《潜在集体信念》,《浙江大学学报》(人文社会科学版)2020 年第 5 期,第 71-79 页,引见第 73-74 页。

⑤ [德]马克思:《1844 年经济学哲学手稿》,中共中央马克思恩格斯列宁斯大林著作编译局译,人民出版社 2000 年版,第 84 页。

⑥ [德]哈贝马斯:《公共领域的结构转型》,曹卫东、王晓珏、刘北城、宋伟杰译,学林出版社 1999 年版,第 220-221 页。

18 世纪前期,"不是政治工具,也不是新闻采集机构",早期的报纸从来不主动采集新闻,只是刊登收集到的任何东西,作为一门生意来做。直到 19 世纪中期,办报都"不是一种独立性的工作,而是在政治世界里的一条前进道路"。① 梁启超所称的"一人之报、一党之报、一国之报"和"世界之报",虽不乏渲染和夸张,但的确道出了报刊的复杂性。想想 19 世纪晚期上海的情形:传教士刊物、《申报》、《上海新报》、《时务报》等等,就见其一斑。这也就意味着,报刊(新闻事业)并无一个纯粹的唯一的"新闻现象"之"主体"(自身)。进一步说,报刊(新闻事业)是不是主体,是什么样的主体,来自研究者的体认,来自研究的角度、问题,来自历史现象与研究者与之的体验性契合,与之所设定的标准、预想某物或某方面的意义等等息息相关,并非一个客观的事实性存在。这就是利科所说的,是一个叙事认同的问题,是要讲述那个作为"谁"的活动。这个"谁",不仅仅指研究者的理解和把握,也是依赖叙事方式来塑造的。研究者既是其理解者,也是其创造者和解说者。② 由于历史书写的问题、兴趣和确定的意义不同,所判定和型塑的主体就自然不同。比如报刊的历史可以从不同的视角来展开:作为技术的历史、经济的历史、社会或文化的历史、传递新闻的历史。詹姆斯·凯瑞甚至说,报刊自身就是人类意识的一种表达。无论我们将之视为一种制度,一套关于表达的法律特权,还是技术构成的主体,它首先都是一种精神气质和想象力的表达。③ 借此我们就可以说,报刊是技术的主体、经济的主体、社会和文化的主体,也可以是新闻报道的主体乃至于意识表达的主体。历史并不知道自己是主体,也不清楚自己有着什么意义,只有历史的书写者知道可能性。历史学作为一门学科,它本质上就是理论性的。④ 可是做报刊史研究的学者中,明白这一点的似乎很少,好像历史研究不是戴着特定的"眼镜",循着预想的逻辑,做着"披沙拣金"的工作,而是凭空一扫,便是"满城尽带黄金甲"。

理论思考上的困境,迷恋而执着于"新闻情结",将其绝对化为所有报刊的本然,也就难以在研究上打开局面,转而只能在具体事例中做辨析打比方:"我们的研究主体是新闻现象而不是政治现象。如果是在政治现象对新闻现象起着支配作用的情况下,其考察的着力点是政治现象对新闻现象的制约关系,也就是政治如何影响报纸观念、办报思想、宣传策略等等。如果新闻现象和政治现象是相统一的,便要从新闻现象的历史联系中提炼出新闻的研究课题,就像《民报》和《新民丛报》的论战,既是政治现象又是新闻现象,就不是去评判其政治主张,而是研究'论战'和'党报'出现的关系,探讨双

---

① [美]迈克尔·舒德森:《好公民:美国公共生活史》,郑一卉译,北京大学出版社 2014 年版,第 29、101 页。
② [德]狄尔泰:《精神科学中历史世界的建构》,安延明译,中国人民大学出版社 2010 年版,第 81、184-185 页。
③ James W. Carey, The Problem of Journalism History, *Journalism History*, vol.1, no.1(1974).
④ [英]西蒙·冈恩:《历史学与文化理论》,韩炯译,北京大学出版社 2012 年版,第 23 页。

方的宣传形式,以及'论战'对于新闻文体改革的推动"。^① 这种"一案一策"式的经验谈,虽然充满着研究者苦心探索之印迹,毕竟是实用层面的个人体验和判断,不是一种标准也不可能形成通则,更无法放大到什么"主线"或"主体"。即就其针对的政治报刊而论,政治和报刊本就一体:报刊是政治的报刊,政治是报刊的政治,二者不存主从关系,也不能人为断开,否则就什么都不是。如果一定要做比较,其对象也是非政治报刊,而不是什么"政治现象"与"新闻现象"。

可见,历史报刊的研究是"愈近愈繁",多多益善;报刊的历史研究则要"削繁就简",试图返回到一个纯净的"新闻现象"或"新闻事业"之原点,从而勾画出其闭环式运动:产生、发展及其内在规律,展示报刊之"魅"。之所以命名为"新闻事业史"(或者"新闻史"),应该也是出于此种想法。报刊要报道新闻,或者要研究以报道新闻为己任的报刊,与将"新闻"(什么新闻?是机械复制时代的新闻还是前报刊的口语新闻?)作为整个报刊历史的质的规定性,完全不是一回事。更不必说戈公振式的"刊登新闻、揭载评论"之报纸,本身就是历史的,是报刊历史特定时期的产物,并不代表所有,更不能覆盖或贯通所有报刊或者媒介。所谓的"中国新闻事业通史",始终难以把广播、电视、通讯社等等统为一体,就足以说明其中的问题。于是只能围着所谓的"政治现象"和"新闻现象"打着转转,百般纠结又裹步难前:"在新闻史研究中,我们绕不开政治思想的影响"。"曾苦苦思索,却找不到出路。几经考究,深感以新闻特性分期,实难做到,还是依据政治斗争形势分期为妥",因为新闻史本身与政治思想斗争史之间的关系特别紧密,而"新闻史本体结构复杂多元,联系松散",带不动总体的变化。最后不得不妥协,在"无可奈何的情况下,在政治形势的空间找一个落脚点",不过"所安下的还是新闻事业自己的家",其证据就是汇全国之力的《中国新闻事业通史》,"虽是以政治斗争形势分期,可这种分期只表现于各章的题名,至于表现具体内容的节、目,写的都是新闻活动,并未因分期而导致与政治史混同"。^② 分期是历史书写的基础,历史展开过程的逻辑,不同分期就是不同的历史,这是常识,现在竟可以与史实两张皮。暂且不论是否混同,也暂且不论寄居在别人的屋檐下是否可以安下自己的"家",其中所透露的一个信息是确定无疑的,这种探索基本不成功。

新闻史结构复杂多元不是错误,错误在于要清除这些多元和复杂,归并一起塞入一件紧身衣中,无功而返自是必然。报刊历史的研究者,因未能深刻把握报刊,亦就不能把握报刊史。报刊是三位一体:它是一种物质,是符号信息的载体,同时又是一种传播运作的方式。报刊史研究者仅仅关注"信息",将报刊"内容"等同于报刊,"报"化约

---

① 宁树藩:《关于改进中国新闻事业史的科研工作加速学科建设问题》,载《宁树藩文集》,汕头大学出版社 2003 年版,第 160-161 页。

② 郭丽华、宁树藩:《树立"本体意识"、探索新闻特性、加强新闻史学科建设——与著名新闻史学家、复旦大学博士生导师宁树藩先生一席谈》,《新闻大学》2007 年第 4 期。

为"纸",此是一误。在这前提下,报刊史研究者又一厢情愿地认定内容即"新闻"(包括观念和技巧),并力图以此划界,自成一体,这既忽视了报刊的多样性与"报刊新闻"或"新闻报刊"的特殊性,又不能将"新闻现象"与"政治现象"切割清楚,于是只有再三强调报刊不是政治,但无法因此证明报刊是什么,此误二也。最后,而且更为致命的是,从内容着手,注定了把如何书写报刊史,当成了如何区分研究对象和还原对象,从未想到报刊应是报刊史书写的视角,是讲述"主体"——那个作为"谁"的活动时所抱有的特定站点。报刊史是研究报刊在历史进程中,是如何以自己的方式,在不同情境下卷入社会,在影响、改变社会的同时也改变自己,而不是拘泥于那张纸上刊载了什么和如何刊载。总而言之,报刊史研究者感觉到的病症或许没有错,渴望突出报刊之"魅"的心情和努力也十分可敬,可是开出的药方完全错了,因为他们始终没有搞清"报刊"是什么而且在什么地方。

伊格尔斯曾以"重新定向"四个字,来概括 20 世纪历史学的变化,原因是"自从19 世纪初期国际上就开始作为一种专业规范在运用着的那种历史研究方式,已经是既不符合 20 世纪下半叶的社会政治状况,也不符合现代科学的要求了"。[①] 当今中国的报刊与历史研究,无论是历史的报刊研究还是报刊的历史研究,恐怕也需要"重新定向",因为 20 世纪后期至今的"媒介"现实,已经并将继续给以往作为一种专业规范在运用着的那种报刊与历史的研究方式,带来重大的冲击,迫使我们不得不重新理解和看待一百多年前产生的新媒介——现代报刊,不得不重新领会历史书写的报刊之"魅"。

正是出于这样的缘由,遂有了"传播视野下的中国研究"学术研讨会。此会的想法以及首先发起,来自周奇先生。他是历史学出身,又到复旦大学新闻学院做过博士后,对两边的情况均有了解,属于能看到"堡垒"薄弱处的"内部人"。同时他所供职有年的《学术月刊》杂志社,在国内卓有影响,聚结着广泛的学术人脉,这也有利于选择和邀请与会者。首届的会议时间是 2012 年,由《学术月刊》杂志社和上海市对外文化交流协会共同举办,我的任务是邀请部分新闻传播学界的学者参加。隔了一年,自 2014 年第二届开始,改为由复旦大学信息与传播研究中心和《学术月刊》杂志社联合举办并持续至今,一年一次没有停顿,一转眼已经是八届。其具体如下:

2014 年 9 月,第二届传播视野下的中国研究论坛(2014),地点:上海,承办者:复旦大学信息与传播研究中心;

2015 年 7 月,第三届传播视野下的中国研究论坛(2015):传播变革与近代中国,地点:沈阳,承办者:辽宁大学新闻与传播学院;

2016 年 11 月,第四届传播视野下的中国研究论坛(2016):媒介、交往与近代化中

[①] [美]格奥尔格·伊格尔斯:《二十世纪的历史学:从科学的客观性到后现代的挑战》,何兆武译,山东大学出版社 2006 年版,第 1 页。

国,地点:广州,承办者:暨南大学新闻与传播学院;

2017年8月,第五届传播视野下的中国研究论坛(2017):近代中国的传媒、文本与社会变迁,地点:西安,承办者:西北大学新闻传播学院;

2018年10月,第六届传播视野下的中国研究论坛(2018):媒介再思:传播技术与社会变迁,地点:武汉,承办者:华中科技大学新闻与传播学院;

2019年8月,第七届传播视野下的中国研究论坛(2019):史料、史观与路径:媒介变革与近代中国,地点:南京,承办者:南京师范大学新闻与传播学院;

2020年12月,第八届传播视野下的中国研究论坛(2020):媒介变迁与知识生产,地点:广州,承办者:华南理工大学新闻与传播学院。

关于这个会议的开法,当时与周奇是有基本共识的:第一,会议规模不宜大,大概在20多人。第二,与会者必须递交完整论文。第三,要有比较充分的讨论时间,不能是走马灯似的"我方唱罢你登台"。第四,要跨学科,首先是历史学者和报刊史学者的互为切磋,然后能慢慢扩展到其他学科。以"传播视野下的中国研究"为会名,也正是想为学科的多样化留有充足的空间。第五,每年会议讨论要有重点,而且有新意(从以上所列的每年主题变化中就可以见出这一点)。就总体观之,除了学科的多样化未能完全做到之外,其他的基本上都是落实了的。无论如何,以"传播"的名义能将不同学科的学者召集一起,就是一个了不起的开创。会议主题的设想,则更是蕴含着举办者对于学术前沿的理解及其引领之意,故而显得不同一般。也正因如此,这个会在新闻传播学界赢得了不错的名声,其所具有的学术品格和展现出来的严谨会风,是有一定口碑的。

现在展现在大家面前的,就是从第二届到第七届会议论文中有所选择的成果,[①]大致上可以反映出会议的面貌和质量。显然,论文集中的文章并非篇篇都属上乘,而且有所参差也是难免,不过作者们的创新努力是明显可见的。无论是其关注的论题,切入的视角,乃至于研究和书写的路数,均不乏使人有面目一新之感。需要说明的是,论文集的编纂主要来自周奇之功,他以一个学术刊物编辑的眼光,以及本职工作所养成的细心和耐心,以文章质量为重,同时也综合考虑其他因素(比如尽量呈现地域和作者的多元),精挑细选,形成了现有这样的五卷;其间还要分别与作者联系,要考虑每一卷的主题以及文章主题的集中,完成了巨大的工作量。在此,对周奇的辛勤劳动和对报刊与历史研究的不懈推动,表示深深的谢意。自然,同样也非常感谢各位论文的作者为此所做出的贡献。

会议时间久了,就容易落入既有的套路。因此,八届会议之后,如何能够在现有基础上有进一步的推进,这既包括组织思路、主旨,也包括会议质量的提高和会议方式的

---

① 第一届会议的论文在开完之后即结集为《传播视野与中国研究》,由上海人民出版社于2014年出版;第八届会议的时间是2020年,其论文还来不及收入。

变化,已是我们面临而且必须要解决的一个问题。之前曾经和周奇有所讨论,初步也有了一些想法,不过还未有一个定案。在这个意义上说,这套论文集的出版,是总结以往,更是为开拓未来。我们愿意以此为契机,百尺竿头更进一步,也非常期待各位旧友新朋的批评、建议和支持,只有同心合力,锲而不舍,方有报刊与历史研究的新天地、新景象。

目 录

报刊与舆论

媒介与政治

报纸革命：1903 年的《苏报》*

——媒介化政治的视角

黄　旦

（浙江大学传媒与国际文化学院）

提要："媒介化政治"，既包括媒介在政治沟通中的中介作用，同时更着意媒介自身逻辑是如何改变并形塑政治的。本文以这一视角考察 1903 年的《苏报》实践，从而以为，《苏报》以"学界风潮"所导引的社会"观看"，提供并规定了观察当时社会和政治的标准视野；中国教育会介入《苏报》，使爱国学社、张园演讲与报纸交汇鼓荡，大大引发出激进倾向；章士钊主掌《苏报》后，放言革命，抨击保皇，以一旨归，从而以自己的革命实践，催生中国报刊史上一种新的报刊文化。中国此后的革命报刊实践乃至"党报"的集体知识，都可以从这里找到某些影子。

关键词：《苏报》；学界风潮；报纸革命；媒介化政治

前　言

章士钊的口气真是不小：

> 查清末革命史中，内地报纸以放言革命自甘灭亡者，苏报实为孤证。此既属前此所无，后此亦不能再有。①

这想表达什么呢？

"前此所无"好懂。《苏报》之前的内地报纸，"放言革命"者好像是没有。难解的是"后此亦不能再有"。近一点说，《苏报》被封后不久就有《国民日日报》，还曾被称为《苏

---

* 本文原载于《新闻与传播研究》2016 年第 6 期，有修改。

① 章行严：《苏报案始末记叙》，载中国史学会主编：《辛亥革命》（一），上海人民出版社 1957 年版，第 388 页。

报》第二。拉远一点,1905 年《民报》与《新民丛报》的笔战,虽非发生于内地,但"于各种问题,推极研究;一文之作,累数万言"[①],影响裹卷海内外。

这句话的重读之处莫非不在"放言革命",而是"自甘灭亡",即"自甘灭亡者,苏报实为孤证"?目今报刊史论著突出的就是这一点:畅言无忌被祸,人入狱,报关门。这一个故事,正是所有报刊史的重彩浓墨之处。[②] 由此,《苏报》值得书写不是因为《苏报》本身,而是因了"苏报案",也就是"自甘灭亡"。

可是,这又能证明什么呢?

"自甘灭亡"之说,实属事后的一种"修辞",以衬托"放言"举动之壮烈。究其实,《苏报》从来就没有"自甘灭亡"的打算,无论是陈范还是章士钊都是如此。[③] "自甘灭亡"是料想不到的变故,并非事先谋划。以结果来评判之前的活动,中国报刊史研究犯了后见之明的大忌。退一步讲,即便《苏报》真的是因"放言革命"而"自甘灭亡",亦不能显示其对于中国报刊史的任何意义。

与报刊史不同,中国现代政治史或政治思想史的研究,倒是十分在意《苏报》的"放言革命"。不过,他们关心的是"放言"了何种"革命",并常常使之与同期乃至后续的政治和社会事件比较来推断评价《苏报》,政治和社会变化的状况成为确定《苏报》价值的刻度。暂不说这有把内容等同于思想影响或社会效果之嫌,更可能导致如同法国大革命研究中的一种倾向:关心的不是大革命的经验,而是其因与果。[④] 或者如曼海姆所说的,把发生于这个阶段的一切都看作"思想"的后果。其实,"革命行动的实际爆发取决于狂热和狂喜的能量"而不是思想,思想本身成不了驱动力。[⑤] 由是,《苏报》"放言革命"的特殊性——如何"放言"——这一切关乎报刊实践的重大问题,被边缘化甚至掩而不见。媒介固然有政治工具的一面,同时媒介也是"文化能够在其中生长的技术;

---

① 胡汉民:《近年中国革命报之发达》,杨光辉、熊尚厚、吕良海、李仲民编:《中国近代报刊发展概况》,新华出版社 1986 年版,第 19 页。

② 这里仅举方汉奇先生主编的《中国新闻事业史》(卷一)(中国人民大学出版社 1996 年版)为证,其他出一辙。比较特殊的是蒋含平教授的《苏报案的辨正与思考》(《新闻与传播研究》,2006 年第 3 期),试图从新闻学的视域,讨论一个因言获罪的报案,却为何没有给当时中国新闻史留下争取言论自由的资源与基础,并因此与美国的曾格案做了比较。现在看,文章所提的问题与当时语境不太契合。此外,据舒登声,曾格案之所以辩护成功,是因为汉密尔顿面对一个急于扩大自己的权力,试图掌握法律和事实解释权的陪审团(《好公民》,郑一卉译,北京大学出版社 2014 年版,第 30 页),不具普遍意义,故最后没有成为判例。我们常常不加分辨,直接将之作为美国新闻自由的一个坚硬起点,看来也是有问题的。

③ 在章行严的《苏报案始末记叙》和蒋维乔的《中国教育会之回忆》(《辛亥革命》(一),第 485—496 页)中,均提到章任主笔伊始,当《论中国当道者皆革命党》见诸报纸时,陈范惊慌失措,冲入房间见章,谓报纸将因此被毁,章见此也不知所措。后因了钱宝仁的忽悠,陈范才改心转意。同时,上海"租界"这一特殊性,使他们感觉安全无虞,才敢昌言无忌。"灭亡"的结局完全不在意料之中。也可参王敏:《苏报案研究》,上海人民出版社 2010 年版。

④ 林·亨特:《法国大革命中的政治、文化和阶级》,汪珍珠译,华东师范大学出版社 2011 年版,第 14 页。

⑤ 卡尔·曼海姆:《意识形态与乌托邦》,黎鸣、李书崇译,商务印书馆 2000 年版,第 218 页。

换句话说,媒介能够使文化里的政治、社会组织和思维方式具有一定的形态"①。忽略了后者,就可能将不同媒介形态中的政治(比如口头政治、印刷政治,乃至于今天的互联网政治)全都混为一谈,自然也谈不上对这般"放言"的报刊史意义做出评估。当然,有论者曾深刻指出,《苏报》"不是由带有明确政治目标的人士或团体所办",与一般政论报纸的状况不同,"最明显的一点是与社会风气互相激荡",②遗憾的是没有进一步展开(什么是"互相激荡","互相激荡"意味着什么)。另外一位学者注意到了这种"互相激荡"的具体作为,称其以激烈方式介入了学潮,把学潮置于公共视野之下,从而也改变了学潮起初的含义。在章士钊的"大改良"后,更是着意灌输和制造"革命",具有了政党报刊的特征。③ 这个看法很有见地,可见《苏报》不仅有自己特定的"放言"方式,并且对实际运动有建构和激发作用。可惜研究者囿于哈贝马斯"公共领域"的既定视角,批评《苏报》只重一面之言,偏离了公共舆论所应有的对话交谈机制。一个本来很有新意的经验性发现,变成了一个舆论应该如何形成的操作性规范。

媒介和政治一贯难舍难分,但各自逻辑——"操控一个特定范畴的特定的规则和资源"④不一样。媒介逻辑主要体现在其"传播形态"上,"包含不同的媒介以及这些媒介所使用的样式",即其"如何组织材料,媒介所显示的风格,所关注的行为特征的焦点或重点,以及媒介传播的语法"。⑤ 本文以"媒介化政治"为视角,意在突出媒介逻辑对政治的侵入,并以此对《苏报》"放言革命"及意义,另做一番读解。

"媒介化"(mediatization)不是简单的媒介影响,至少它不等同于之前的以媒介内容为重点,着眼于个体层面和与受众相关的媒介效果,它是一个包含同时又超越效果的概念。⑥ 目前欧美国家的政治媒介化研究,主要路径是在结构层面考察政治和媒介在系统、制度、行动者乃至文化及意义控制等方面的互动⑦,比如媒介在关于政治和社会信息来源方面所具的重要程度,媒介独立于政治制度的程度,是媒介逻辑还是政治

① 尼尔·波斯曼:《媒介环境学的人文关怀》,林文刚编:《媒介环境学》,何道宽译,北京大学出版社 2007 年版,第 44 页。
② 周佳荣:《苏报及苏报案:1903 年上海新闻事件》,上海社会科学院出版社 2005 年版,第 86 页。
③ 方平:《晚清上海的公共领域(1895—1911)》,上海人民出版社 2007 年版,第 113-115 页。
④ 施蒂格·夏瓦:《媒介化:社会变迁中媒介的角色》,刘君、范伊馨译,《山西大学学报》(哲学社会科学版)2015 年第 38 卷第 5 期,第 61 页。
⑤ David L. Altheide and Robert P. Snow, *Media Logic*, Beverly Hills, CA: Sage, 1979. 转引自 Jesper Strömbäck,"Four phases of mediatization: An analysis of the mediatization of politics", *International Journal of Press/Politics*, vol.13, no.3(2008), p.233.
⑥ Jesper Strömbäck, "Four phases of mediatization: An analysis of the mediatization of politics", *International Journal of Press/Politics*, vol.13, no.3 (2008), p.232.
⑦ 据唐士哲梳理,政治媒介化的相关讨论,比较密集地出现在 2000 年左右至今的北欧,以及德国的政治传播学界研究中,且多数的重点在于关切媒介对政治过程的扭曲效应。(《重构媒介?"中介"与"媒介化"概念爬梳》,《新闻学研究》(台湾)2014 年第 121 期,第 1-39 页。)

逻辑主导媒介内容,政治人物是受政治逻辑主导还是媒介逻辑主导,等等。[①] 这种主要以"二战"后西方发达国家的常规政治环境为经验性场域的研究对我很有启发,但与《苏报》的研究不完全契合,其缘由不仅在于当时中国不存在成熟的可资在制度上进行比较的现代媒介和现代政治,更重要的在于报纸革命是抵抗政治,不是常态环境下媒介与政治的关系。在本文中,我倾向于从媒介的操作实践,来探究《苏报》是如何卷入政治同时也改变了政治,不是把"媒介化"看成媒介与各种建制化社会实践之间的互相影响和改变过程,而是媒介在交往与沟通过程中,使不同主体与其他主体或者与环境产生关系的行为和方式[②],之所以择用"媒介化政治"而不是欧美学者习用的"政治媒介化",此乃主要原因之一。另外,"政治媒介化"的重点是在政治规范框架内讨论媒介与政治的关系,关注的是媒介作为"因变量",如何引致政治预定目标与现实状况之间发生间隙或者失衡[③],而不是探究媒介及其实践作为一种动力要素,如何构成政治交往及其关系。这,与我意在从经验角度揭示媒介实践作用于政治的想法不合,与《苏报》个案的历史社会场景也不谐。

总之,本文就是想考察《苏报》在其"革命"实践中,是如何规定了内容的组织和呈现,规定了接收和体验的方式,重组了人们之间以及与现实的关系[④],从而改变了社会政治运动。简而言之,即《苏报》"革命"做了什么,与之相关又发生了什么,"人们(个人、群体、机构)在做什么与媒介相关的事"[⑤],并由此又如何规定了他们的思想和行为。最后,试着对《苏报》革命在报刊史上的意义做一粗浅归纳和评估。

一、增入"学界风潮"一栏,"大为阅者之所注目矣"

陈范当初买下声誉不佳且无所影响[⑥]的《苏报》,是否有何雄伟壮志,已不可考。19 世纪 60 年代以后,江南文人蜂拥来沪谋一生活之地是一个潮流。当时上海欣欣向

---

① Jesper Strömbäck, "Four phases of mediatization:An analysis of the mediatization of politics". *International Journal of Press/Politics*,vol.13,no.3(2008),pp.232-234.就我个人的粗浅看法,此种政治媒介化的思路,似乎是德弗勒的"媒介依赖理论"的改进版(参梅尔文·德弗勒、桑德拉·鲍尔-洛基奇:《大众传播学诸论》,杜力平译,新华出版社 1990 年版;或丹尼斯·麦奎尔、斯文·温德尔:《大众传播模式论》,祝建华、武伟译,上海译文出版社 1987 年版,第 88-91 页。另据 Jay G. Blumler 和 Dennis Kavanagh 的说法,欧美现在已进入"政治媒介化"的第三个时期,见"The third age of political communication:Influence and Features",*Political Communication*,vol.16,no.3(1999),pp.209-230.
② 《重构媒介?"中介"与"媒介化"概念爬梳》,《新闻学研究》(台湾)2014 年第 121 期,第 11 页。
③ 按阿兰·巴迪欧的判定,这是将本来应该是在实践状况中具体形成的政治,变成了预设概念的附庸。参《元政治学概述》,蓝江译,复旦大学出版社 2015 年版。
④ Friedrich Krotz, "Mediatization:A Concept With Which to Grasp Media and Societal Change", in *Mediatization:Concept,Changes,Consequences*,Knut Lundby(ed.),NY:Peter Lang,p.23.
⑤ 尼克·库尔德利:《媒介、社会与世界》,何道宽译,复旦大学出版社 2014 年版,第 41 页。
⑥ 按胡道静:《苏报》"所刊消息议论,颇为无聊,故在新闻纸中占的地位极不重要"。参《上海的日报》,载《胡道静文集·上海历史研究》,上海人民出版社 2011 年版,第 193 页。

荣的新型文化职业,比如报刊、书局之类的,的确为文人谋职创造出得天独厚之机会。① 陈范失去知县乌纱,从常州奔到十里洋场并接手《苏报》,只是追随这一大潮的普通一员,并无任何格外意味。

然而,其妹夫,也就是后来被委以《苏报》主笔的汪文溥回忆说,在 1897 至 1898 年之际,陈范对"康梁"们的主张就有微词,私下曾说:"康君所持非也,君盍偕我以文字饷国人,俾无再入迷途。"于是"相与在沪组织一日报",此即日后"以言被祸之《苏报》也"。② 事后的回忆难为依凭,唯一可以确认的是,陈范接办《苏报》的时间,大约在 1898 年 9 月下旬至 1899 年间③,正是"戊戌维新"的同时或稍后,陈范若对"康梁"们的某些主张不赞同,倒是也有可能。不过,因为"康君之非",以致要"以文字饷国人,俾无再入迷途",在报纸上并无突出之处,相反,与之一脉相通倒是所在多有。梁启超盛赞其为"日报矫矫者,屹立于惊涛骇浪狂飙毒雾之中"④,即为一个明证。不仅如此,"《苏报》的若干论说,曾频繁见于《清议报》《新民丛报》"⑤及《湘报》。因此,"初立足变法","嗣复中于康、梁学说,高唱保皇立宪之论,时人多以康党目之"⑥,与陈范所主《苏报》的基本面貌,应该相差不远。论及其在上海滩的影响,当然不会没有,但谈不上有多大的号召力,与《清议报》和《新民丛报》是绝对无法相提并论的。⑦ 其后果是报纸销量上不去,经费入不敷出。先是陈范北上筹款经年,似空手而回;接着是汪文溥赴湘求援,结果也不尽如人意。⑧ 最终,"在上海当时的五家日报中,《苏报》馆还是规模最小,资本最弱,发行量较少,后盾最不足恃的一家"⑨。

陈范为《苏报》焦头烂额之时,恰是中国自"戊戌变法"之后,又一次面临政治风潮汹涌澎湃的时机。李剑农先生认定,20 世纪最初五年,"可称为中国新势力复活的酝酿时期"⑩。以上海而论,"在辛丑、壬寅(一九〇一至一九〇二)两年为上海新学书报最风行时代,……竞出新籍,如雨后之春笋"⑪。与此同时,1901 年清政府正式宣布全国改书院为学堂,各地纷起响应,"一夜之间,无虑千百"⑫。"据学堂总务司统计,到

① 张敏:《晚清上海租界文人职业生活(1843—1900)》,载马长林主编:《租界里的上海》,上海社会科学院出版社 2003 年版,第 60-62 页。
② 转引自周佳荣:《苏报及苏报案——1903 年上海新闻事件》,上海社会科学院出版社 2005 年版,第 13 页。
③ 转引自周佳荣:《苏报及苏报案——1903 年上海新闻事件》,上海社会科学院出版社 2005 年版,第 13 页。另:按王敏的说法,陈范买下《苏报》是在 1897 到 1898 年间。王敏:《苏报案研究》,上海人民出版社 2010 年版,第 12 页。
④ 梁启超:《中国各报存佚表》,《清议报》1901 年第 100 期。
⑤ 转引自周佳荣:《苏报及苏报案——1903 年上海新闻事件》,上海社会科学院出版社 2005 年版,第 13 页。
⑥ 冯自由:《陈梦坡事略》,载冯自由:《革命逸史》,新星出版社 2009 年版,第 95 页。
⑦ 转引自周佳荣:《苏报及苏报案——1903 年上海新闻事件》,上海社会科学院出版社 2005 年版,第 16 页。
⑧ 王敏:《苏报案研究》,上海人民出版社 2010 年版,第 14 页。
⑨ 马光仁主编:《上海新闻史》,复旦大学出版社 1996 年版,第 231 页。
⑩ 李剑农:《中国近百年政治史》,武汉大学出版社 2006 年版,第 170 页。
⑪ 冯自由:《中国教育会与爱国学社》,载冯自由:《革命逸史》(上),新星出版社 2009 年版,第 92 页。
⑫ 《教育会支部研究会序》,《苏报》1903 年 3 月 2 日。

1907 年,京师一地有中学堂 21 所,各类小学堂 144 所;全国有中学堂 398 所,各类小学 33605 所,有近百万学生在这些学堂中接受普通教育。"①

　　书院向新式学堂的转变,是教育制度的彻底改造,关系到知识的重新构建、新师资的来源②、人才的培养方式和目标以及知识人的未来去向等等。要是考虑到中国原有书院与科举的关系,更是一场前所未有的重大社会变动。③ 学堂的状况"形式驳杂",精神各异,"似欧化非欧化,似国粹非国粹,其守旧也极端,其维新也亦极端;其专制也极端,其放任也亦极端"④,一举一动都触及各方神经,关切众多利益。晚清新报新学是相提并论,报纸就是一所新式学堂的标配(不少学潮的起因就是学监不让读报)。将这些似乎人人皆知的东西简要摆列,我是想到了胡道静对于陈范的评价:"头脑极清楚,同情于革命运动"⑤。这一特点在此时似有了鲜明体现,那就是从时局和学堂的关联中,他敏锐地捕捉到了扩展报纸的机遇。于是,在 1902 年冬天,在报纸上新辟一专栏,名曰"学界风潮"。⑥

　　"学界风潮"出现是在南洋公学学生退学事件之后,然此"学界风潮"并非彼"学潮"。可惜看不到始设这一栏目的当天报纸,未知有否关于栏目命名及意图的具体说明,倒是在 1903 年 5 月初《苏报》的一个广告中发现了一点踪迹,内云:"我国学界萌芽,所望各省学堂有日新之象,特添学界风潮一门。学堂章程、教课,无论教习学生,倘蒙开示,或加之论列,邮寄本馆,本馆乐于刊登,籍以互勘优劣。"⑦"籍以互勘优劣","所望各省学堂有日新之象",可见"风潮"非其主旨。虽然命名是"风潮",实际是关于学堂的动态。这基本符合该栏目之面目,下面就是笔者所整理的其中一个月的内容。

---

① 田正平:《留学生与中国教育近代化》,广东教育出版社 1996 年版,第 92 页。据另一处的材料统计,从 1902 年到 1905 年,中国学生人数从 6912 人猛增至 258876 人。(桑兵:《晚清学堂学生与社会变迁》,学林出版社 1995 年版,第 66 页。)

② 直到 1905 年,初等小学堂的教师中,还有百分之四十八是不了解新式教育且有传统功名的人。费正清、刘广京编:《剑桥中国晚清史》(下卷),中国社会科学出版社 1985 年版,第 373 页。

③ 科举改革导致的社会影响,可参罗志田:《清季科举改革的社会影响》,《中国社会科学》1998 年第 4 期,第 185-196 页。

④ 《教育会支部研究会序》,《苏报》1903 年 3 月 2 日。另:1908 年进入萍乡县立小学堂的张国焘,遇到的还是这种情况,主持学校者是那些不让"异端邪说"侵入学生的"方正之士",担任科学常识一类课程教学的,多是希望学生了解新事物的青年先进人物,学生脑海中新旧东西混杂。(张国焘:《我的回忆》(第一册),东方出版社 1998 年版,第 17 页。)

⑤ 胡道静:《上海新闻事业之史的发展》,载《胡道静文集·上海历史研究》,上海人民出版社 2011 年版,第 323 页。不过章太炎对于陈范的评价是有癔病,头脑不清楚(王敏:《苏报案研究》,上海人民出版社第 2010 年版,第 17 页)。

⑥ 章士钊说,"学界风潮"一门,实始于 1902 年冬天。见《苏报案纪事》,载章含之、白吉庵主编:《章士钊全集》(卷 1),文汇出版社 2000 年版,第 357 页。

⑦ 《敬告各省学堂》,1903 年 5 月 6 日。这可能是第一次刊载这个广告,之前的报纸中没有见到。这一天也是《苏报》改版,一版全部是广告。一直到 5 月底,该广告不断出现在版面上。

学界风潮（1903 年 2 月 27 日—3 月 27 日）

2 月 27 日	1.两纪广东女学堂城西女学堂；2.志两粤理科师范学堂；3.志暹人冒险求学
3 月 1 日	1.杨君千里致教育会函；2.震旦学院开学记；3.公学之外务部；4.寄函劝学；5.江西学务杂事；6.嘉惠书庄之腐败
3 月 2 日	1.接川沙小学堂；2.志芜湖小学堂；3.志黑龙江俄文学堂
3 月 3 日	1.纪熊本留学情形；2.劝镇江士君子出洋留学书
3 月 4 日	劝镇江士君子出洋留学书（续昨稿）
3 月 5 日	河南学堂之来函
3 月 6 日	1.湖南续派出洋游学生；2.志士东游
3 月 7 日	1.志杭州某书店；2.志鄂抚挑选学生出洋游
3 月 8 日	1.庄君忝亦致学界诸君函；2.南翔寻源书塾主人来函
3 月 9 日	1.记满洲□□□①；2.记浙江大学堂之冲突；3.绍兴教育会
3 月 10 日	1.汉□学务汇纪；2.□□督于本月初一日□轮笠查阅夏汉中学□后二堂课程及一切情形；3.□启刘君师培留别扬州人士书
3 月 11 日	续仪征刘君师培留别扬州人士书
3 月 12 日	蔡民友演说绍兴教育会之关系
3 月 13 日	续蔡民友演说绍兴教育会之关系
3 月 14 日	1.记中国游学生美国考试事；2.志莆田学务；3.纪储英学堂；4.谕办小学堂；5.女学得人
3 月 15 日	1.苏府中学堂专制；2.详纪湖北仕学堂；3.教习更换；4.录梁溪陶仲实敬告无锡公私学校中诸教习文
3 月 16 日	续梁溪陶仲实敬告无锡公私学校中诸教习文
3 月 17 日	1.纪福州尚志学堂；2.纪福州益闻社；3.南昌派报处复江西学界革命人书
3 月 18 日	纪杭州崇文小学堂
3 月 19 日	（该栏空缺）
3 月 20 日	客□东京学院退学事
3 月 21 日	（该栏空缺）
3 月 22 日	杜亚泉演说绍兴设立公学及教育之意旨
3 月 23 日	梁溪陶仲实敬告我国学生
3 月 24 日	1.梁溪陶仲实敬告我国学生（续昨稿）；2.粤省拟创公益学堂；3.开学演说（粤省岭东同文学堂于日前开学）
3 月 25 日	何豫才演说创设公学之事状
3 月 26 日	常昭书院改学堂论
3 月 27 日	1.闽建□务□□；2.十井巷中西学堂设立有年；3.纪常□小学堂

---

① □为字迹不清,下同。

依此可见,陈范不愧为媒介运用老手,本以"学堂动态"似更名至实归的东西①,偏冠之为"学界风潮",其哗众取宠吸引眼球之意昭然。效果果然不错,据说自《苏报》"增入'学界风潮'一栏,所载文章,素为东南学界所注目"②,甚至是"大为阅者之所注目矣"③。

说起来,这也非是"学界风潮"一个栏目之功。平素的《苏报》,版面格局和栏目大致固定,内中包括"论说""世界要闻""时事要闻""各省纪事""本埠纪事""专件择要""学界风潮",后又增加"新书告白"和"新谐录雅"。"学界风潮"是处在各新闻栏目之后、"告白"之前的三版靠后或四版的位置,版面处理并不突出。报纸每天关涉学堂的报道不少,且是散落于不同栏目中,"时事要闻""各省纪事"及"专件择要"均有所见,"各省纪事"中尤多,还包括每天的重头戏"论说"④。"论说"的执笔者来自学界(当然与爱国学社教员轮流执笔有关,此地不论),而且论及"学界",总是口吻激烈,锋芒毕露。1903年2月28日的一封读者来函就称赞道:"近阅贵报一切论说,凡与学界之关系,教育之程度,无不剀切详言,以振发当世之聋聩,唤起国民之精神,有志之士,同声钦佩。"⑤依此见,《苏报》的"大为阅者之所注目",并非由于"学界风潮",而是因为报纸将重心转向了"学界",恰与全国新学堂之风行相呼应。

自1903年4月10日开始,"学界风潮"栏目从原来的三、四版之间,往前挪到了一、二版之间,被排在"论说""时事要闻"和"世界要闻"之后,地位大大提升。揣测原因,或是读者对这个栏目的兴趣超出了陈范的预料,故而顺势进一步突出。但无论如何,1902年冬之后的《苏报》,之所以大为阅者所"注目",主要在于报纸抓住了当时事关中国变革图强的中心环节的"教育",把上海滩上一张原本没有什么特色的报纸,在某种程度上改造为一份"教育报",或者说一份"新学界的报纸"。⑥从而在以商业报纸为主导的上海报业市场上,拓掘出自己的新定位,同时也建构出自己的读者群。一些来函就这样说道:"贵报改良于学界,放一大异彩于海内,志士论学书尤乐为之览,……佩服佩服。"⑦"贵馆顷年以来,主张学界不遗余力,于仆等留学海外之人尤殷殷力表同情,故贵报东□欢迎者众。"⑧报纸发行量因此急升,1903年春仅江西一地就比前一年

---

① 马光仁主编的《上海新闻史》称"从1902年冬起,《苏报》实际上已成了以报道学运为最大特色的报纸"(见该书233页),与实际情形不甚合。

② 张篁溪:《苏报案实录》,载中国史学会主编:《辛亥革命》(一),上海人民出版社1957年版,第367页。

③ 《苏报案纪事》,载章含之、白吉庵主编:《章士钊全集》(卷1),文汇出版社2000年版,第357页。

④ 篇幅长短可能是其处理稿子的一个考虑。比如在1903年3月15日的论说前就有这样一个说明,当天论说栏中的《镜湖北来函述桃花岭普通中学校散班事》一文,"例因录入学界风潮,因篇幅过长,故登报首以代论说"。由此也可见,栏目之间的界限比较模糊,并非只有"学界风潮"一栏登载学界之事。

⑤ 《函论学堂之弊》,《苏报》1903年2月28日。

⑥ 转引自周佳荣《苏报及苏报案——1903年上海新闻事件》,上海社会科学院出版社2005年版,第17页。

⑦ 《劝潞河友人□学独立书》,《苏报》1903年3月30日。

⑧ 《来函照登》,《苏报》1903年4月9日。

骤增四分之三①,这一定程度上印证了这个说法,《苏报》增辟"学界风潮"之后,"声价大起"。②

"大为阅者之所注目",指的是报纸,读者所见却是学界动静乃至学界风潮。也就是说,当《苏报》专注于学界,并因此"大为阅者之所注目"时,学界及其"学界风潮",同时也具有了前所未有的"可见性"。具体而言,包括两个方面:第一,散落四处并以地方为界的学堂,借此"窗口"结成无形而可"见"的网络,得以互相观摩互相交流并"互勘优劣",学界互动有了基础和可能。第二,作为一种新兴的教育方式、制度和机构,新式学堂的整体面貌,也就是整个"新学界"被集中突显在人们面前,引发了社会的关注。《苏报》上关于学堂的报道,包括"学界风潮"在内,学堂风波与学生退学之事固时有所见,鸡毛蒜皮的动态,诸如开学、招聘教习、考试录取等也不在少数;情感激奋语气沉重的不少,调侃取笑轻佻无聊的也有,但没有人提出异议,看上去读者倾心的是"学界"这一现象,至于究竟报道了什么,似乎不是其全部兴趣之所在。李普曼曾将报纸比之于探照灯,摇来晃去将"一个事件从暗处摆到了明处"③,其中的奥妙不是使暗处的事件显身,而是让什么事件以何种方式在亮光中现身。从这个意义上说,报纸岂止是"探照灯",更像是"聚光灯":它聚集光圈,突出焦点,造就可见,引领关注,让"我们从我们所不在的位置、从我们从未到过的地方注视着世界",并因此而"有效地夺走我们的眼睛"。④ 就此言,《苏报》增添"学界风潮"而"大为阅者之所注目",其更重要的不在于报纸内容受关注,更在于"注目"这一行为实践本身。《苏报》的"看"——增入"学界风潮"牵引着"阅者"的注目,使读者不约而同将眼光投向"学界",有意无意接受了一个认识并理解当时社会现实,尤其是学界状况的一个内在视角。"自设立学界风潮一门,不过三四个月,其载学校冲突之事,已有数十件之多,种种奇奇怪怪腐败专制之情形日有所见,读之令人或惊或怒或笑或骂或叫或哭"⑤,报纸为读者提供的这一双"眼睛",成为读者与报纸,同时也是与现实交往的中介——人们终于看到了现实并参与现实,形成了一个观望"学界"的共同体。"不仅被他人而且也被我们自己看到和听到——构成着实在",这种最大程度的公开,就是公共性的一种表现。⑥ 这就不仅是社会学、政治学惯常意义上的报纸"舆论功能","一支笔足以启动上百万的舌头交谈"⑦,也不仅是认识论层面,类似"议程设置"那样对外界感知的影响,而是关涉社会存在层面,报纸的实践介入读者的观看,二者互为交织,共同生产出一个学界和"学界风潮"的面貌。因

---

① 《来函述江西报界发达之现状》,《苏报》1903 年 5 月 30 日。

② 章行严:《苏报案始末记叙》,载中国史学会主编:《辛亥革命》(一),上海人民出版社 1957 年版,第 388 页。

③ 李普曼:《公众舆论》,阎克文、江红译,上海人民出版社 2002 年版,第 287 页。

④ 斯科特·麦奎尔:《媒体城市》,邵文实译,江苏教育出版社 2013 年版,第 12 页。

⑤ 《无声来函照录》,《苏报》1903 年 5 月 20 日。

⑥ 汉娜·阿伦特:《人的境况》,王寅丽译,上海人民出版社 2009 年版,第 32 页。

⑦ 塔尔德:《传播与社会影响》,何道宽译,中国人民大学出版社 2005 年版,第 235 页。

此,《苏报》转向"学界"并开拓"学界风潮"栏目,与其说是反映了"学潮",不如说其更为重要的意义,是将社会导引到了"学界",意味着"对一个唯一的内在性视角的承认和假定"。① 有来函曾称:"贵报于学界最为留心,实为报界特色,改良□后,增设学界风潮一门,遍征来函,以饷同□,不胜钦佩。"②"遍征来函",固有夸大,但"学界风潮"一栏中来函的确非常之多,越到后面越多。这一方面或许证明报馆自己的采编力量不足,不得不借助外稿;另一方面,一定程度上表明"学界风潮"受到社会的重视和关切。"遍征"与来函互为呼应和生产,遂使报纸的"学界风潮"成就为全社会的"学界风潮"。"现在中国的人,眼睛统统注定了爱国学社。"③报纸与阅者由此互相通达和卷入,在"大为注目"中不断增生"学界风潮"的热度。

二、"教育会之附属机关":显示出集体的轮廓

陈范敢于创辟"学界风潮",当然有其所恃,他与学界似有着非同一般的人脉关系。他参加了中国教育会,共同发起女校;与中国教育会和爱国学社的一些成员多有往来,甚至不排除有私人关系,爱国学社社员沈步洲,据说是其外甥④。蔡元培在1901年4月21日的日记中记有"《苏报》馆陈梦坡世叔来"。⑤ 从这熟稔的口气看,二人认识绝非一天两天。在中国教育会成立周年及爱国学社开学典礼中,均有陈范的身影。

以陈范的为人、个性以至政治偏好⑥看,《苏报》和教育会、爱国学社的合作,很大程度上是出于功利考虑。陈范手里的《苏报》,被人戏称为"合家欢":馆主是陈范,主笔是其妹夫汪文溥;编发新闻和撰写论说,则是父子兵——陈范与其子陈仲彝。女儿陈撷芬打打下手,编些诗词小品,外聘的只有经理和负责广告的两位。⑦ 如此基础上,持续每天的出版自然是很辛苦。包天笑说:"报馆中经济既困,人才亦少,陈氏常拉人写论说。"⑧中国教育会和爱国学社一方,首先是深受经费危困之苦;其次是因倡言革命,遭到"顽旧之辈"的"极端反对",上海"申""新"等各大报,均为之推波助澜,于是迫切须

① 伊蕾娜·爱斯波西托:《虚构和实在性》,载西皮尔·克莱默尔编著:《传媒、计算机、实在性——真实性表象和新传媒》,孙和平译,中国社会科学出版社2008年版,第241页。
② 《来函述学界事》,《苏报》1903年5月8日。
③ 《教育会会员蒋君性才由日本寄来演说稿》,《苏报》1903年5月12日。
④ 吴稚晖:《回忆蒋竹庄先生之回忆》,《东方杂志》1936年第33卷第1期,第26页。
⑤ 王世儒编:《蔡元培日记》(上),北京大学出版社2010年版,第171页。
⑥ 章士钊言,陈范"思更以适时言论张之、扩其销路,而未必有醉心革命,道人木铎之坚决意志也。""彼以对朋友之温情,偶掌革命之旗鼓,准情酌势,于职实不相称。"章行严:《苏报案始末记叙》,载中国史学会主编:《辛亥革命》(一),上海人民出版社1957年版,第388-389页。王敏根据苏报案前后陈范的举止表现,断定他是阴差阳错被卷入的。王敏:《苏报案研究》,上海人民出版社2010年版,第17页。
⑦ 马光仁主编:《上海新闻史》,复旦大学出版社1996年版,第231页。
⑧ 包天笑:《辛亥革命前后的上海新闻界》,载杨光辉、熊尚厚、吕良海、李仲民编:《中国近代报刊发展概况》,新华出版社1986年版,第151页。

有与之对抗的报纸。① 双方因此一拍即合,《苏报》"率先自承为教育会之附属机关"②,爱国学社为之定期供稿,"每日由学社教员七人轮流担任撰著论说一篇";作为回报,"苏报馆则月赠爱国学社百金,于是互受其利"。③《苏报》自此解决了稿荒,教育会则有了自己的喉舌,爱国学社经费困顿亦有所纾缓④,皆大欢喜。

虽然没有看到《苏报》与中国教育会的什么文字约定,但彼此肯定有郑重其事的承诺并且是人所共知的。据一位亲历者言,南洋公学风潮后,《苏报》辟"学界风潮"栏借资号召,声价大起,后请章士钊主笔,约教育会诸公轮流撰文,一时轰动全上海。⑤ "轰动"二字无论是否夸大,至少说明这不是秘密而是众所周知。教育会对此也是毫不隐晦,在向海外华侨募捐资金时,就明确告知,若需进一步了解该会之情况,可就教育会和爱国学社章程及"敝会机关之《苏报》","取而览之,必更详知其情状矣"。⑥ 由此看来,称《苏报》"与急进知识分子结上不可分割的关系",对于报纸的变化起到了"更有决定性的作用"⑦,前者是一个真确的事实,但需要追问,这是一种什么样的关系,起到了何种"更有决定性的作用"?

成立于 1902 年的中国教育会,"表面办理教育,暗中鼓吹革命"⑧,具秘密和公开的双重角色。概而言之,在性质上中国教育会是一个政治团体而不是教育团体,是"一个具有秘密革命宗旨和组织核心的"机构,试图通过"广泛地进行革命宣传和暗中培养革命力量",实现"推翻君主专制统治,建立民主共和政治"之目标。⑨"论者咸认中国教育会是近代中国第一个寓革命于教育的团体","成为上海教育团体从事革命活动的大本营"。⑩ 爱国学社作为沪宁两地退学学生的安身之所,与教育会本就一家,"社员全

---

① 蒋维乔:《中国教育会之回忆》,载中国史学会主编:《辛亥革命》(一),上海人民出版社 1957 年版,第 489 页。

② 冯自由:《中国教育会与爱国学社》,载冯自由:《革命逸史》(上),新星出版社 2009 年版,第 94 页。

③ 张篁溪:《苏报案实录》,载中国史学会主编:《辛亥革命》(一),上海人民出版社 1957 年版,第 368 页。

④ 据说爱国学社初创时,遇到的最大困难是经费,"学生一文不名,教员纯尽义务"不必说,关键是连吃饭都有问题,"伙食费急于燃眉",推举蔡元培赴南京借款救急,蔡到码头,接长子"病急气绝",蔡"挥泪托教育会同人代办后事,匆匆登轮径去","三日后,借得六千元而归",爱国学社"得以正式开办"。(高平叔:《蔡元培年谱》,中华书局 1980 年版,第 13-14 页。)同样可参吴稚晖:《回忆蒋竹庄先生之回忆》,《东方杂志》1936 年第 33 卷第 1 期,第 20 页。由此可想见,《苏报》与之的合作,颇具雪中送炭之意味。

⑤ 俞子夷:《蔡元培与光复会草创时期》,载中国人民政治协商会议全国委员会文史资料研究委员会编:《辛亥革命回忆录》(第七集),中国文史出版社 2012 年版,第 462-463 页。

⑥ 《教育会之公函》,《清议报》1903 年第 27 号。另:陈伯熙《上海轶事大观》中的"《苏报》案"一条,劈头就是"《苏报》实一革命机关报"(上海书店出版社 2000 年版,第 274 页)。考虑到该书性质属当时社会所流传的逸闻轶事之汇集,或许可表明《苏报》的机关报性质已是时人所公认且无遑多论。

⑦ 转引自周佳荣:《苏报及苏报案——1903 年上海新闻事件》,上海社会科学院出版社 2005 年版,第 18 页。

⑧ 蒋维乔:《中国教育会之回忆》,载中国史学会主编:《辛亥革命》(一),上海人民出版社 1957 年版,第 485 页。

⑨ 桑兵:《清末新知识界的社团与活动》,生活·读书·新知三联书店 1995 年版,第 200 页。不过吴稚晖对此不认可,据他自称,当初加入中国教育会之时,并不以为是一个革命团体,不过类似于一个"校董会"。(吴稚晖:《回忆蒋竹庄先生之回忆》,《东方杂志》1936 年第 33 卷第 1 期,第 20-21 页。)

⑩ 陶英惠:《蔡元培与清季革命》,载中华民国史料研究中心编:《中国现代史专题研究报告》(第八辑),中华民国史料研究中心 1978 年版,第 38-39 页。

体,加入教育会。会与社,二而一,一而二,原无畛域之分"①。即便后来二者关系有了
龃龉,仍不否认"学社与教育会诸君宗旨相同,臭味相亲",是"同声相应、同气相求"。②
中国教育会又是日本和国内学界联通的渠道。不仅如此,作为"在华兴会光复会成立
之前","除兴中会以外的国内仅有的带革命性的组织",中国教育会还与孙中山、兴中
会有着频繁联络、沟通和呼应。③ 因此,这一联姻最为显在的表现,是《苏报》的性质发
生了转变,从媒介使用的角度,一个家族报纸开始成为激进派乃至革命派的工具。

　　然而,如果我们也像汤普森讨论"阶级"那样,不把中国教育会、爱国学社以及"激
进派""革命派"之类,看成是先存的"结构"或者"范畴",而是作为一种历史的动态呈
现,落实到其时的场景④,那么,《苏报》和"急进知识分子",就不是被使用与使用那么
简单了。

　　大而言之,出于对行动方针和策略的不同看法,中国教育会内部可分激烈和温和
两派,类似一个政治联盟。⑤ 然而具体成员状况,可能远比这要斑驳复杂。比如龙积
之是坚硬的康门生徒,即使日后非常激进的吴稚晖,声明在壬寅十月加入中国教育会
时,"便不是一个革命党",下意识中或许有革命之暗示,"却丝毫不曾以革命党心理"。
据他说后来的革命健将胡汉民、汪精卫,在其时与革命也扯不上什么关系。⑥ 就教育
会成立周年到会 60 余名会员的出身背景看,"组成分子是相当复杂",非革命与维新所
能区分。⑦ 不仅如此,其时的"社会想象"——存在于日常知识之中,对"所处的整个环
境的未经过组织的、未经过表达的一种认识"⑧中,实并无保皇和革命之分。南洋公学
学生退学和爱国学社的成立,日本的《新民丛报》都是立即做出反应,表示出极大的关
切。⑨ 梁启超 1903 年去往美洲时,附带的一件事,就是为大同学校和爱国学社募捐,
其自言,"爱国学社事无日不来往胸中",而且是"有书往沪,望勖同志以坚持而已"。⑩
中国教育会向海外募捐,其公函也是登载在《新民丛报》上⑪,甚至到 1903 年 4、5 月

① 蒋维乔:《中国教育会之回忆》,载中国史学会主编:《辛亥革命》(一),上海人民出版社 1957 年版,第 490 页。
② 《爱国学社之主人翁》,《童子世界》1903 年第 32 期。
③ 桑兵:《清末新知识界的社团与活动》,生活·读书·新知三联书店 1995 年版,第 208-210 页。
④ 其原话是:"我们不能有两个泾渭分明的阶级,其存在各自独立,然后再把它们拉进彼此的关系中去。""阶级
　是一种历史现象",不能看成是"结构",也不是一个"范畴"。(E.P.汤普森:《英国工人阶级的形成》,钱乘旦
　译,译林出版社 2013 年版,前言,第 1 页。)
⑤ 桑兵:《清末新知识界的社团与活动》,生活·读书·新知三联书店 1995 年版,第 200 页。
⑥ 吴稚晖:《回忆蒋竹庄先生之回忆》,《东方杂志》1936 年第 33 卷第 1 期,第 17、20 页。
⑦ 陶英惠:《蔡元培与清季革命》,载中华民国史料研究中心编:《中国现代史专题研究报告》(第八辑),中华民国
　史料研究中心 1978 年版,第 39 页。
⑧ 查尔斯·泰勒:《现代社会现象》,林曼红译,译林出版社 2014 年版,第 1-2 页。
⑨ 《南洋公学学生退学事件》,《新民丛报》1902 年第 21 号。
⑩ 丁文江、赵丰田编:《梁启超年谱长编》,上海人民出版社 2009 年版,第 203 页。
⑪ 《教育会之公函》,《新民丛报》1903 年第 27 号。

份,《苏报》中提及康梁大多也不是负面,还有将孙文和康有为相提并论的。[①] 即就孙中山本人,从现存文字资料来看,大约也是到了 1903 年底,才开始在公共演讲及私函中频频出现"革命",尽管他的革命思想之萌发远早于此时。[②]

因而,如果中国教育会有通过激烈革命达到推翻君主专制并建立民主共和政治之设想,其主要方式是"体现在广泛革命宣传和暗中培养革命力量"的话,那么,这均与《苏报》的推动密切有关,甚至可以说,中国教育会是在报纸的作用下,明晰并凝聚起其"激烈革命"的面向,强化和扩展了其影响。《苏报》与"急进知识分子"结成的是一种互为规定和推进的关系。"教育会自从爱国学社成立后,一方面有《苏报》作为机关报,一方面有陆师学堂的退学生章士钊等协助教授兵式体操,组织义勇队,同时在张园办演说会,鼓吹革命,可以说是全盛时期。"[③]

几乎所有论者都没有注意到的是,作为"略师日本吉田氏松下讲社、西乡式鹿儿私学之意,重精神教育"[④]的爱国学社的社员,过的是吃住学一体化的集体生活。这对于集体行动和社会运动,都是至关重要的,因为"社会运动的参与者之间必需有相互信任,而这种相互信任没有面对面的接触是不可能产生的"[⑤]。爱国学社的集体生活,恰为此提供了极大便利。"中国教育会与爱国学社同在一处办公,会中经常有新学界名人出入来往"。学生们"倡言革命已胜过求学;上课时谈,课余时亦谈,社内谈不过瘾,每星期总有一二个下午在张园安恺第公开演讲"。[⑥] 在这个意义上说,"爆炸性一击"就是在爱国学社内开始蔓延和酝酿的。爱国学社是扩展教育会宗旨的主要媒介之一,没有爱国学社教育会当然也存在,但未必能如此迅速产生社会震动和影响。

爱国学社开学的当天,就明确宣示以"制造神经为主义","用吾理想普及全国如神经系之遍布脑筋于全体是也"。[⑦] 除了学社内部,爱国学社的以制造神经为主义,还向着另一个空间延伸,那就是张园。张园演说会由吴敬恒等发起,倡言革命[⑧],"各界人士均可自由前往听讲,遂使张园几成为一个讨论政治或鼓吹革命的集中地点"[⑨]。爱

---

① 参《某君得东京留学生来书节录送馆特为照登》,《苏报》1903 年 4 月 6 日;《教育会会员蒋君性才由日本寄来演说稿》,《苏报》1903 年 5 月 12 日。

② 陈建华:《孙中山"革命"话语与东西方政治文化考辨——关于"革命"的历史化与"后设"诠释问题》,载陈建华:《从革命到共和:清末至民国时期文学、电影与文化的转型》,广西师范大学出版社 2009 年版,第 60 页。

③ 陶英惠:《蔡元培与清季革命》,载中华民国史料研究中心编:《中国现代史专题研究报告》(第八辑),中华民国史料研究中心 1978 年版,第 41 页。

④ 《爱国学生章程》,《政艺通报》1902 年第 22 期。

⑤ Sidney Tarrow, "Power in Movement",1994,转引自赵鼎新:《社会与政治运动讲义》,社会科学文献出版社 2006 年版,第 273 页。

⑥ 俞子夷:《蔡元培与光复会草创时期》,载中国人民政治协商会议全国委员会文史资料研究委员会编:《辛亥革命回忆录》(第七集),中国文史出版社 2012 年版,第 460、462 页。

⑦ 《爱国学社开校祝辞》,《选报》1902 年第 35 期。

⑧ 张篁溪:《苏报案实录》,载中国史学会主编:《辛亥革命》(一),上海人民出版社 1957 年版,第 367-368 页。

⑨ 陶英惠:《蔡元培与清季革命》,载中华民国史料研究中心编:《中国现代史专题研究报告》(第八辑),中华民国史料研究中心 1978 年版,第八辑,第 43 页。

国学社的师生是张园的主力军。据回忆,正式上课是很少的,有说是"每周"都去张园,"开会演说"①;有说是"每月要到张园去演说一次","演说的内容都是爱国主义、排满、革命等等,这样子人数就越来越多了。各方面的人,大部分是有革命思想的,有的是《革命军》的读者。有的是从日本回来的,各省来的人也很多。就这样一直到夏天,有半年的时光"②。吴稚晖自己说,他就是"在张园演说,演高兴了,才开始称说革命"③。此话当真,那么被"演高兴"了的还有爱国学社的学生,他们自称,当时"思想也是没有系统的。就这么样听听章太炎那些人讲讲,自己没有什么主观的意见。听了以后跟着到处谈谈这些东西。"④有社员听了演讲"心乱如麻内热如沸,悲俱忧喜百念交集,夜眠亦不得安稳",不禁感叹"何惑人之深至于此极也"。⑤ 爱国学社的位置在东面,张园在西面,试想,教育会若真的是如人所说,定时(不管每周还是每月)率领学生去那儿开会演说,沿着南京路成群结队由东往西招摇过市,就是一种固定的仪式表演。这种表演还发生在演讲现场。有一次蔡元培、马君武演讲毕,唱爱国歌,"千人同声音节甚壮"。又"忽接东京留学生飞电","留学生已电北洋主战,结义勇队赴敌",在场"同人闻之惊愕欲绝"。龙君当即呼曰:"上海同志独非中国民乎? 东京留学生可以结义勇队赴战,吾辈岂可放弃责任耶?"遂同"与会者步出大草场排成军队向东一鞠躬",以向留学生表示同情和敬意。"操演即毕列队而入复入座,严整之气象盖我国所仅见也。"⑥涂尔干说得有理,集会上爆发出来的集体情感,不只是表达个人的情感,而是"个人意识之间相互影响的作用和反作用的产物"。这种共鸣,也"不是因为彼此之间有一种事先安排好的协议,而是因为有一种同一的力量把大家引向同一个方向"。⑦

这两个实体空间的活动及其产生的引力,经过《苏报》又被汇聚到一起而广为人知。据说教育会之所以需要以报纸为机关,就是与张园有关。因为教育会率领学生去张园安恺第"开会演说","震动全国",招致"顽旧之辈"激烈反对。吴稚晖提议,必须有机关报。⑧ 现在《苏报》在手,对于张园演讲当然是紧紧跟上,"大登特登"。⑨ 报纸上的张园,不是一个动态消息,而是对于整个演讲不厌其烦的全面描述:现场气氛、演讲人、演讲次序乃至"每周演说讲稿,恒在此发表,崇论横议,震撼一世"⑩,等于是张园现场

① 蒋维乔:《中国教育会之回忆》,载中国史学会主编:《辛亥革命》(一),上海人民出版社1957年版,第489页。

② 《南洋公学的一九〇二年罢课风波和爱国学社——座谈记录》,载中国人民政治协商会议全国委员会文史资料研究委员会编:《辛亥革命回忆录》(第四集),中国文史出版社2012年版,第66页。

③ 吴稚晖:《回忆蒋竹庄先生之回忆》,《东方杂志》1936年第33卷第1期,第17页。

④ 《南洋公学的一九〇二年罢课风波和爱国学社——座谈记录》,载中国人民政治协商会议全国委员会文史资料研究委员会编:《辛亥革命回忆录》(第四集),中国文史出版社2012年版,第62页。

⑤ 敖蒙姜:《演说会不可当一大酒肆》,《苏报》1903年3月19日。

⑥ 《张园集议》《留学生已结义勇队》,《苏报》1903年5月1日。

⑦ 迪尔凯姆:《社会学方法的准则》,狄玉明译,商务印书馆1995年版,第31页。

⑧ 蒋维乔:《中国教育会之回忆》,载中国史学会主编:《辛亥革命》(一),上海人民出版社1957年版,第489页。

⑨ 吴稚晖:《上海苏报案纪事》,载中国史学会主编:《辛亥革命》(一),上海人民出版社1957年版,第401页。

⑩ 冯自由:《陈梦坡事略》,载冯自由:《革命逸史》,新星出版社2009年版,第95页。

在报纸上的复现。口头接转着印刷,人际传播勾连起大众传播,身体在场者和借助报纸在场者,实体空间的张园和《苏报》报道的张园互为叠加交叉,读者们在报纸和张园的交接处来回穿梭,"他们看见了我所见的,听见了我所听的",就形成了一种"公共领域"。公共领域的"实在性",就"依赖于无数视角和方面的同时在场"①;同时又把各方的注意力集中到特别指明的某种社会关系和行动,激荡起一种新认识②。"一时校中师生皆议论时政,放言无忌,东南各省学界逐渐为此种革命高潮所激荡。"③从此,教育会、学社转变为宣传革命的中心,其斗争矛头正对着无能的清廷。④ 导致的后果是,"投稿于本报者殆无虚日"⑤,投奔爱国学社者络绎不绝,人满为患,难以承受,不得不一再发告白:"前月已曾登额满告白,而来者仍源源不绝,本社实不能容。"⑥"海内同志有遭横逆之压制,脱羁绊而出如本社之遭遇者,即请自行建设校舍,本社愿通声气。"⑦如果说爱国学社是鼓动学潮的大本营⑧,那么,《苏报》则是爱国学社——全国学潮串联协调的大本营。

1903 年的教育会、爱国学社和《苏报》,就这样共同促成会交"革命"的信念,熏染传播汇聚激进的情绪。中国教育会也正是在此时,进入其全盛期。⑨ 这与其说是报纸对于现实革命的反映,不如说是报纸在革命,报纸革命鼓起了革命热情,并强化了革命群体的意识。政治共同体本具"族群群体"的性质,依赖于有亲和力的信念,主观上信奉共同的东西。⑩ 1903 年的"革命",就变成了这样一种有亲和力的信念。《苏报》促成"亲和力的信念",强化了"族群群体"的关系;具有亲和力信念的共同体又进一步推进这种信念,这就是《苏报》自承为"教育会之附属机关"所带来的实践及其效应。当革命话语被人们所接受时,话语也就被赋予了实际的政治机制的力量。⑪ 传媒有"一种像水那样的特性",具有"流动的逻辑","它把所接触到的东西都置入流之中",最终,"任何一个服从于这一传媒的行为都是一个组合事物。我抓住了它,它也抓住我"。⑫ 《苏

---

① 汉娜·阿伦特:《人的境况》,王寅丽译,上海人民出版社 2009 年版,第 38 页。

② S. Lukes, "Political Ritual and Social Integration", *Sociology*, vol.9, no.2(May 1975), p.301.

③ 张篁溪:《苏报案实录》,载中国史学会主编:《辛亥革命》(一),上海人民出版社 1957 年版,第 367-368 页。

④ 俞子夷:《蔡元培与光复会草创时期》,载中国人民政治协商会议全国委员会文史资料研究委员会编:《辛亥革命回忆录》(第七集),中国文史出版社 2012 年版,第 462-463 页。

⑤ 《本报大感情》,《苏报》1903 年 6 月 9 日。

⑥ 《苏报》1903 年 3 月 31 日。

⑦ 《特别告白》,《苏报》1903 年 5 月 3 日。

⑧ 转引自周佳荣:《苏报及苏报案——1903 年上海新闻事件》,上海社会科学院出版社 2005 年版,第 23 页。

⑨ 桑兵:《清末新知识界的社团与活动》,生活·读书·新知三联书店 1995 年版,第 213 页。

⑩ 马克斯·韦伯:《经济、诸社会领域及权力》,甘阳编,李强译,生活·读书·新知三联书店 1998 年版,第 111-112 页。

⑪ 陈建华:《孙中山"革命"话语与东西方政治文化考辨——关于"革命"的历史化与"后设"诠释问题》,载陈建华:《从革命到共和:清末至民国时期文学、电影与文化的转型》,广西师范大学出版社 2009 年版,第 61 页。

⑫ 马丁·布克哈特:《在电磁流中:作者和电磁书写》,载西皮尔·克莱默尔编著:《传媒、计算机、实在性——真实性表象和新传媒》,孙和平译,中国社会科学出版社 2008 年版,第 29-30 页。

报》与新学界捆绑在一起,形成了自己的轮廓:"好比一瞬间他们共同接通了电磁流",在共应中产生出"一个集体的造型"。① 故教育会之发起爱国学社,发起演说会,发起体育会,即无异一个人发起一事业","其间有发起类表同情类之分别,全无主体与客体之分别者也"。②

《苏报》的这种动感,因一个偶然的因素——陈范聘请章士钊为主笔,刹那间加力波及全社会。

三、"供吾徒恣意挥发":内在于书写空间运动的革命自我

章士钊在爱国学社与章炳麟、邹容结为兄弟同屋而居③,有"张脉偾兴,虎气腾上之候",同时又为英雄无用武之地而怀恨。他与邹容甚至"联床太息,深以屠门不得,无由吐纳为憾"。邹容对他说的那一句话,一直萦环于心:"革命非公开昌言不为功,将何处得有形势已成之言论机关,供吾徒恣意挥发为哉?"陈范请其"董理斯报",可谓正中其怀。④

章士钊一上台,连续发表《本报大改良》《本报大注意》《本报大沙汰》特别告白,三天内放了三把火:先是调字号,"特于发论精当,时议绝要之处,夹印二号字样",以"冀速感阅者之神经"。而后是调栏目,"特将'学界风潮'异常注重",安排在"论说"之后。接着又增列"舆论商榷","凡诸君子以有关于学界政界各条件,愿以己见公诸天下者,本报当恪守报馆为发表舆论之天职,敬与诸君子从长商榷"。最后是调内容,除非紧要军报之类关涉绝大关系之事,否则"所有各省及本埠之琐屑新闻","严从沙汰,以一旨归","务以单纯之议论,作时局之机关"⑤,报纸变成"言论纸"。因此,自5月13日开始刊载的《招请苏杭南京特别访事员》,以提供"学务政务商务教务"新闻的告白,章士钊上任后再不给留有版面。

吴稚晖说,《苏报》改请章行严之后,是"每日公开载革命文章"。⑥ 哪里是"载",分明就是每日在呼叫。且看,用不同的字号突出某些词句,这在中国报刊史上,确是"前此所无"。这看上去只是字号变化,实质是章士钊在发表见解。哪些词句选用二号字,完全是其个人意向,无须征得作者同意。这不是"把关人",而是一个"导读员":以视觉化手法,将自己的阅读逻辑强行推介给读者。报纸的版面,不再是疏密有度、张弛有

---

① 马丁·布克哈特:《在电磁流中:作者和电磁书写》,载西皮尔·克莱默尔编著:《传媒、计算机、实在性——真实性表象和新传媒》,孙和平译,中国社会科学出版社2008年版,第32页。
② 《致爱国学社诸公书》,《苏报》1903年3月18日。
③ 邹容自称,"三月间到上海,与章炳麟同寓至四五月"。见《纪苏报之案情》,《鹭江报》1904年第54册,第13-14页。
④ 章行严:《苏报案始末记叙》,载中国史学会主编:《辛亥革命》(一),上海人民出版社1957年版,第387-388页。
⑤ 《本报大改良》《本报大注意》《本报大沙汰》,《苏报》1903年6月1日、2日、3日。
⑥ 吴稚晖:《上海苏报案纪事》,载中国史学会主编:《辛亥革命》(一),上海人民出版社1957年版,第401页。

法,反是凹凸不平,不仅无法顺畅阅读,甚至是被迫跟着大大小小跳来跳去的字号走。
"舆论商榷"一栏,看似要进行某种讨论,究其实却是"诸君子有赐教者,本报自极欢迎,
而本报或有问题,愿就正于诸君子"①,显然是报纸编辑和读者直接讨论的平台:"将各
志士来函之有关系者,一一具答","以收千里一堂之雅务"。② 其呈现的实际面貌,既
有报纸对所发表的某篇文章的看法,也有报纸对外来批评的辨正乃至反驳,说到底,还
是报纸表达自己的观点,与"时议绝要之处夹印二号字"的做法异曲同工,都是为了"冀
速感阅者之神经"。即便如此,章士钊仍觉不过瘾,还随时任意调整版面。比如在6月
3日,他没做任何告知,在"论说"之后突然又增加了一个"特别要闻",专门登载突发的
重大政治事件。过了几天(6月8日),冷不丁又多了个"译件"栏目,紧跟在"特别要
闻"之后。同样在这一天,为一个多月之前的常熟演说会之演讲,冠了个"特别要件"的
名目刊出,理由是"此事于国家前途大有影响,岂可不一质同志"③。仅在版面上动来
动去,章士钊大概仍未能尽意,又想一计,在不同地方安插"按语":或抒发情感,或评点
是非,或议论现实。章士钊的《苏报》关注的不再是新学界自身,也不再是"学堂动态",
主要是为了紧跟时势变化,突出革命"排满"之主旨,做"时局之机关"。所以,他最重视
的是论说、舆论商榷、特别要闻之类,至于"学界风潮",不过是其"公开倡言革命"的一
个组成部分,并非重点。举一例子,前面提到过的《敬告各省学堂》之告白,在章士钊主
掌报纸后马上消失,至少表明,那样的"学界"已不合章士钊的胃口。到了6月25日的
"重改良",内容均分为"十界"④,教育色彩荡然无存,政治言论报的意图昭然若揭。章
士钊还生怕别人不明白,特地告知自己的意图:"本报内容之不完备,久已辜海内外读
者之所望,然其发行之趣意,有以别异于各新闻纸者,当以诸君子之所能谅。"⑤

当然,报纸上"学界风潮"仍然在继续。与陈范时期相比,这个时候的"学界风潮"
可谓实至名归,其内容不是控诉学堂腐败,就是有关学堂学生冲突。那些动态一
类——"学界零件不成片段者",全被"列入时事要闻"。⑥ 不仅如此,5月底就有来函
称:"读贵报学界风潮一门未及一□,退学已有数起,我国民尚有独立不羁之气质,阅之
不胜忻跃。"⑦6月开始的"学界风潮"栏目中,几乎都是来自各地的函件,可见到处是
"不胜忻跃"。学生、学堂和《苏报》互通声气,彼此呼应,退学成了一种荣光甚至"美誉,
各省官立学堂学生之反抗退学风潮,乃相继以起"。"凡是闹学的地方,我们爱国学社

① 《舆论商榷》,《苏报》1903年6月4日。
② 《紧要告白》,《苏报》1903年6月5日。
③ 《常熟敦学会与开智会共和特别演说》,《苏报》1903年6月8日。
④ 《本报重改良》,《苏报》1903年6月25日。
⑤ 《敬告民族自治会代表者》,《苏报》1903年6月18日。
⑥ 《学界风潮》,《苏报》1903年6月8日。
⑦ 《函述江宁水师学堂之腐败》,《苏报》1903年5月28日。

的人都打电报去鼓舞他们,吸收他们来参加爱国学社。因此以后各方面来的人很多。"① 以致在 1902—1903 年,有十余所学校出现退学风潮,有报纸因而质疑,"自散学之习气开一处,行之各处,因之不辨事理之是非,不辨彼此之曲直,以□但能率众一呼百应即为英雄"②。《时报》在 1905 年的一个报道中甚至称,连"进士馆中亦染此风潮也"③。此话若真,可见波及既广且深。梁启超曾有言,《苏报》实行的是"鼓气主义"——"单易直捷以鼓其前进之气"。因此,"自苏报学界风潮一门立,不能破坏一书院,而惟破坏许多学堂"④。对此,章士钊自己也不否认:"说者以东南学界之屡次破坏,皆苏报之罪,亦未始无因。"⑤

鼓气是在学堂,缘由与当时整个中国的内忧外患之情势相关,《苏报》以为,"改革政体无不从学界起点"⑥,因此"学潮"所向,势必与国家政治联系一起。其在修辞上,用得最多的就是"腐败"。从总办压制、教习顽陋乃至学堂饮食小故⑦以及教育管理和方式的落后等引起退学之原因,到政府官员的迂腐顽固、清政府应对大局的无能,直至专制政治体制欺压民众,所有均可用"腐败"一言以蔽之。学生运动就是社会运动,教育问题就是政治问题,学堂的变革就是国家政治变革。这与其说是对学潮性质的认定,不如说是《苏报》直接要推向的目标——"鼓吹罢学与夹带革命,双方并进"⑧。推翻清朝统治的革命和教育改革,本就是一回事。"革命与教育并行","革命之前,须有教育;革命之后,须有教育"⑨。"居今日我国而言教育普及,惟在导之脱奴隶就国民。脱奴隶就国民如何?曰革命",邹容的《革命军》,便成为"今日国民教育之一教科书也"⑩。以汉语"革命"之义,"排满"未必是革命,故章炳麟称为"光复",但革命却的确由"排满"所激起,而且因此也最容易击中当时的社会心理,"稍有种族思想者",读之《革命军》,"当无不拔剑起舞发冲肩竖"⑪。正是在此种鼓吹"排满"革命的进程中,章士钊手里的《苏报》,以水火不容的决绝姿态,大力抨击保皇立宪的言行,首先打出了革命党旗号,"保皇革命,两党并立,《苏报》者,革命之机关也,故其攻保皇党最力"⑫。在这种报纸革命的公共空间中,不容有异见,不许他人反对,而且必欲置对方于死地不

① 《南洋公学的一九〇二年罢课风波和爱国学社——座谈记录》,载中国人民政治协商会议全国委员会文史资料研究委员会编:《辛亥革命回忆录》(第四集),中国文史出版社 2012 年版,第 66 页。
② 《书近日新闻后》,《苏报》1903 年 4 月 30 日。
③ 《进士馆之风波》,《时报》1905 年 5 月 1 日。
④ 梁启超:《答飞生》,《新民丛报》1903 年 40/41 号合本。
⑤ 《苏报案纪事》,载章含之、白吉庵主编:《章士钊全集》(卷 1),文汇出版社 2000 年版,第 357 页。
⑥ 《续志俄国学生大冲突》,《苏报》1903 年 5 月 6 日。
⑦ 《论江西学堂学生无再留学之理》,《苏报》1903 年 5 月 31 日。
⑧ 吴稚晖,《回忆蒋竹庄先生之回忆》,《东方杂志》1936 年第 33 卷第 1 期,第 21 页。
⑨ 邹容:《革命军》,冯小琴评注,华夏出版社 2002 年版,第 36 页。
⑩ 爱读革命军者:《读〈革命军〉》,《苏报》1903 年 6 月 9 日。
⑪ "新书介绍":《革命军》,《苏报》1903 年 6 月 9 日。
⑫ 《苏报案纪事》,载章含之、白吉庵主编:《章士钊全集》(卷 1),文汇出版社 2000 年版,第 402 页。

可。"看一二部时务书,买一二份新民报,抑能以空言救之耶? ……居今日而与救吾同胞,舍革命外无他术,非革命不足以破坏,非破坏不足以建设,故革命实救中国之不二法门也。"①康梁的保皇派必然就是革命的对象和敌人。"其后数日即登章炳麟所撰之康有为,续登革命军序等文字,革命旗帜于是益鲜明矣"②,"一时欢迎如狂"③。就这样,章士钊在"不惜以身家性命与其所得发纵指示之传达机构,併为爆炸性之一击"中,成就了报纸革命之壮举。"辛亥前之内地革命论潮,以癸卯一年为最高峰,其所以成为高峰,则明明苏报为之职志而已。"④

报纸革命,造就了思潮和运动,同时也成全了革命话语主体。"在现代中国,革命话语的主体是普世'真理'的代言者"⑤,报纸革命的叙述者、主持者,也就是"公理"和"公例"的天然化身,是某种因符合"公理"和"公例"所获得的合法权力的代言人。报纸革命既是宣传革命,也是在树立革命正统和权威,也成就自己的对手——反革命或反动派。以此见,所谓"务以单纯之议论,作时局之机关",达到"以一旨归",显得既决绝、单纯又带有几分粗暴。它明确划分"我"与"非我"的单一界限,使"不合本报之格,严从沙汰"有了一把衡量的尺子,从而也为"报纸革命"奠定了基调。章士钊的各种改革报纸的举措,比如改字号、强言论、添按语、重论辩等等,都是为明确亮出自己的旗号和姿态。如果《苏报》就是一辆以"革命"为轮轴的"公共汽车",那么,"这样一种公共汽车不仅按照特定的方式将我们从这里运送到那里",而且"这种向前运动的工具"也把其他的运动模式给排除了。坐车者如此,开车者也是如此,章士钊是全身心投入于此种"革命"轨辙的"书写",在"书写中运动,就像人们在空间里运动一样"。⑥

章士钊上任后的第五天,名为"寝馈风潮中人"的读者来了一封信,批评报纸不是让"天下公理"丛集,"籍以质诸天下",反是"没其一而表其一";不是借助是非曲直的判断,"从长善诱",而是过于重"从严扑责"。《苏报》不否认这些指责,给出的回答是,虽然"方今报界之发达,人心之奋起"已大有变化,但"各报之顾忌如故,国民之酣睡如故",咻咻不止的"劝进之言","日聒其侧"也无济于事,报纸也不耐烦于此,所以为"达成宗旨",唯有"稍易其手段"。⑦"稍易其手段",也就意味着,只要目的正当,手段如何可以不计,哪怕是"没其一而表其一"。还不止这些,更需引起注意的是章士钊后来的这样一个说法。针对当初刊登《祝北京大学堂学生》一文招致社会批评,认为是以过激

---

① 《敬告守旧诸君子》,《苏报》1903 年 6 月 13 日。
② 张篁溪:《苏报案实录》,载中国史学会主编:《辛亥革命》(一),上海人民出版社 1957 年版,第 368 页。
③ 吴稚晖:《回忆蒋竹庄先生之回忆》,《东方杂志》1936 年第 33 卷第 1 期,第 21-22 页。
④ 章行严:《苏报案始末记叙》,载中国史学会主编:《辛亥革命》(一),上海人民出版社 1957 年版,第 389 页。
⑤ 陈建华:《"革命"的现代性:中国革命话语考论》,上海古籍出版社 2000 年版,第 28 页。
⑥ 马丁·布克哈特:《在电磁流中:作者和电磁书写》,载西皮尔·克莱默尔编著:《传媒、计算机、实在性——真实性表象和新传媒》,孙和平译,中国社会科学出版社 2008 年版,第 31 页。
⑦ 寝馈风潮中人:《来函》《答书》,《苏报》1903 年 6 月 5 日。

之论倾陷学生,即便真有此事,"尤不可发觉之败人之事",章士钊事后袒露心迹并辩解道:"吾揣《苏报》意,则明知其无而鼓吹之也。若知其有而发觉之,《苏报》亦不欲为耳。"①

"明知其无而鼓吹之",当然不是无中生有、造谣生非,或许作为"恣意挥发"的另一种解释更合适。它包含着创造性发挥,包含着不按常理出牌,包含着可以根据主观好恶任意处之,包含着鼓吹比事实——知其有而发觉之更重要。不过也正是因此,章士钊的《苏报》与之前的一个很大区别,就是不时受到读者质疑。与"寝馈风潮中人"来函在同一天,还有一封《江苏武备学堂肄业生公函》,认为报纸有关该学堂之事,不是依"公理"而断,而是"误听人言",故而不能"默而不言,坐视公理不明",要"胪列堂中情形于后",以正视听。《苏报》在"按语"中没有就是否"误听"做出回应,云"贵学堂事,言人人殊,想其中轇轕,亦非局外人所能道",但话头一转,"视公理以定是非",正是报纸所践行的,因此将之列在"舆论商榷",以供大家讨论判断。② 6 月 27 日,又有读者批评其关于"杭州学堂腐败一则,丑诋总办伍氏,窃以为过"③。直到 7 月份,仍有类似书函,甚至直接指责其"记事不实",论说袭用《新民丛报》,成为《新民丛报》之奴隶。④

章士钊或许对于"明知其无而鼓吹之"的风险也有所预料,自 6 月 7 日开始,凡属论说来稿,他都在下面注明"书中词意本馆不担其责"。不过,此种表白恐怕也是"欲盖弥彰",恰好显露其"放言革命"之心迹。"政治仪式"本来就属于"偏见的动员"⑤,对章士钊的做法似也不必大惊小怪,需要注意的倒是中国革命话语的特殊语境。一位学者曾深刻指出,在中国,"'革命'被等同于政治结构的激烈变革,它与暴力密切相连,并与'改良'相对立"。这种"革命和改良的二元模式,与其说是对世界革命各种模式的审慎比较和选择的结果,不如说是在很大程度上遵循了自身文化的语言和思维的历史轨道,尚未脱离传统暴力革命的语境"。⑥ 章士钊主持的《苏报》革命及其实践,显然正应答着此种"暴力革命"的文化语境,展示的是武器批判的身段和姿态。

结语:《苏报》革命:"收得风起云涌"

《苏报》参与并推动革命实践,革命实践也改变了报纸自身。以此来回看章士钊的

---

① 《苏报案纪事》,载章含之、白吉庵主编:《章士钊全集》(卷 1),文汇出版社 2000 年版,第 371 页。

② 《江苏武备学堂肄业生公函》,《苏报》1903 年 6 月 5 日。

③ 《杭州武备学堂之两辩护》,《苏报》1903 年 6 月 27 日。

④ 《复候君书》,《苏报》1903 年 7 月 3 日。

⑤ S. Lukes, "Political Ritual and Social Integration", *Sociology*, vol.9, no.2 (May 1975), p.305.

⑥ 陈建华:《"革命"的现代性:中国革命话语考论》,上海古籍出版社 2000 年版,第 3-4 页。

"前此所无,后此亦不能再有"之豪言,也不能说没有其道理。他是以"前""后"这样的时间隔绝,凸显《苏报》的"现时"作为,强调"放言革命"的独一无二性。《苏报》正是以这种"爆炸性之一击",突出"其发行之趣意,有以别异于各新闻纸者",从而创造出一种新型的报纸革命文化。

所谓新型,首先表现在一种不同以往的报纸实践之目的。同样是政治报,与《苏报》同期的《清议报》,仍延续着"开智新民"之轨辙,意在"广民智振民气"①。梁启超所认同的"新闻记者之责任,必在于新民也已"②,正是章士钊所不为的"日眈其侧""从长善诱"之无用功,《苏报》的主旨则是"放言革命",挑起行动。与《苏报》同在一城的《时报》虽也意在政治,但所担负的是"中间阶层"③之角色,以图汇聚上下力量推动变革。《苏报》却是以决绝的态度,以清政府以及一切非革命者的对立面而出现,"以一旨归",不容异议。

因此,1903年的《苏报》在渐趋激进中,是以动员为风格,以组织行动为旨归,而不是思想性的启发、知识性的教育启蒙,更不是新闻性的上下中外之沟通。就其实践也可看得很清楚,它既是"反满"革命的鼓吹者,"铸革命之剑"④;同时又是革命实践的推行者,"卒天下之积势为《苏报》之激荡"⑤。按谱系说属于宣传类没有错,但《苏报》的宣传最终是要引发、介入乃至发动运动,而不是仅仅落在思想意识层面。此种苗头,在其前的留日学生刊物中露有端倪,在内地确实"前此所无"。

目今诸多时贤以"文人论政"来概括中国现代报刊的特色,确有其依据,至少重"论"而不是新闻,是彰彰然之事实。不过,仍需要深入,要具体到什么文人,如何论。比如梁启超的"论"及其出场,就不同于章士钊与《苏报》。梁氏的"笔锋常带感情",是出于"教师之师"⑥视野的"哀其不幸";章士钊的"放言革命",则更多是发动者眼光的"怒其不争"。梁启超是"先觉知后觉"的姿态,章士钊是"先行赶后行"的架势。因此,说章士钊在"论"政不如说在"政"论,是直接表露"政见"。这些"政见"是万古不移的公理,无须置疑也不容分辩,具有"以言行事"之特点,"并像魔法似的将其所说立为授权证明",这种"魔法"不在语言本身,"而是在于赞同它并以它为依据,承认它并从中认出自己的集团"。⑦报刊就是行动的指南,这正应了阿伦特的那个论断:"在恰当的时刻

---

① 梁启超:《本馆一百册祝辞并论报馆之责任及本馆之经历》,载复旦大学新闻系新闻史教研室编:《中国新闻史文集》,上海人民出版社1987年版,第49-50页。
② 《答飞生》,《新民丛报》1903年40/41号合本。
③ 参季家珍:《印刷与政治》,王樊一婧译,广西师范大学出版社2015年版。
④ 自强:《革命之剑》,载陈匡时整理校点:《开智录》1900年改良第一期,转引自《中国文化研究集刊》(第四辑),复旦大学出版社1987年版,第336页。
⑤ 《苏报案纪事》,载章含之、白吉庵主编:《章士钊全集》(卷1),文汇出版社2000年版,第357页。
⑥ 梁启超:《本馆一百册祝辞并论报馆之责任及本馆之经历》,载复旦大学新闻系新闻史教研室编:《中国新闻史文集》,上海人民出版社1987年版,第45页。1903年的《浙江潮》上,就有人刊文批评梁启超的文章是"教育家之言,非新闻记者之言也"。见《答飞生》,《新民丛报》1903年40/41号合本。
⑦ 皮埃尔·布迪厄:《实践感》,蒋梓骅译,译林出版社2012年版,第159页。

找到恰当的言辞本身就是行动。"①越是在动荡时期,媒介推动政治甚至塑造政治的可能性就越大。《苏报》革命为此做了一见证。

"放言革命"与"笔锋常带感情"还有一大不同,后者是个人情感的蕴蓄和投入,前者是对社会的宣讲。因此,"放"既有肆无忌惮之味又显目中无人之态,显示出其决绝和坚硬,或者说,具备了这样一种决绝和坚硬,才使得"放言革命"有了可能。所以,《苏报》中用得与"腐败"几乎一样多的词,就是"奴隶",说中国人既是"满洲政府"的奴隶,又是外来列强的奴隶。奴隶的反面是主人,培养主人而不是奴隶,正是《苏报》和教育会所认为的新旧教育之根本区别,也是爱国学社学生所自许的。这种主人的意识,在章士钊的"放言革命"中已多有体现:"严从沙汰""夹印二号字""舆论商榷",见缝插针嵌入按语,乃至"明知其无而鼓吹之",在在可见章士钊的"挥斥方遒"。至于论点的铺陈和展开是否合理,事实是否成立,均不是第一位的。诸如此类,可见"放言"是有对象又是没有对象。所谓有对象,因为"放言"是针对中国人;所谓没有对象,是这些中国人并非共同讨论的独立个体,而是有待被一掌击醒的"奴隶",二者属于"训示型"②的传受关系。这当然是一种公共性,不过不是平等私人个体自由参与协商的"公共领域",而是"必须依靠精心策划和具体事例来人为地加以制造"的公共性,"它从一开始就具有启蒙和控制、信息和广告、教育和操纵的双重面孔"。③

如果"知识的'集体性'是通过知识生产的特殊规则、通过交往的确证模式而形成的"④,那么,1903年的《苏报》革命,就是在改变政治运动方式的同时,以自己的现场表演,首次为中国社会生产了一种新的媒介文化——知识,并通过后来报纸的参与性体验和经验,一次又一次地予以证实和修订,从而沉淀积聚成一个"实在",一个"我们在交往中所说的'实在'","它是集体知识中的真实性"⑤。此种"集体知识中的真实性",至今牢不可破且坚不可摧。顺着这样的线索来看《新民丛报》与《民报》之辩论,民国初成时的"报律之争",民国之后的党报林立以及《新青年》与"新文化是如何运动起来的"⑥……,或许可以触发我们更多的联想和解读。

自然,陈范、中国教育会以及章士钊这一批当事人,某种程度上类似于身处大革命中的法国人,"对正在发生的事情只有朦朦胧胧的意识",却因此而"一步一步地建立起

---

① 汉娜·阿伦特:《人的境况》,王寅丽译,上海人民出版社2009年版,第16页。
② 丹尼斯·麦奎尔:《受众分析》,刘燕南、李颖、杨振荣译,中国人民大学出版社2006年版,第51页。
③ 哈贝马斯:《公共领域的结构转型》,曹卫东、王晓珏、刘北城、宋伟杰译,学林出版社1999年版,第236-237页。
④ 西格弗里德·J.施密特:《传媒:传播与认识的结合》,载西皮尔·克莱默尔编著:《传媒、计算机、实在性——真实性表象和新传媒》,孙和平译,中国社会科学出版社2008年版,第53页。
⑤ 西格弗里德·J.施密特:《传媒:传播与认识的结合》,载西皮尔·克莱默尔编著:《传媒、计算机、实在性——真实性表象和新传媒》,孙和平译,中国社会科学出版社2008年版,第53页。
⑥ 王奇生:《新文化是如何"运动"起来的》,载王奇生:《革命与反革命:社会文化视野下的民国政治》,社会科学文献出版社2010年版,第1-38页。

了一个革命的传统,延续至今"①。所以,所谓《苏报》"放言革命自甘灭亡"且"后此亦不能再有"者,只代表章士钊的认识,未必是中国报刊史之事实。要是"此后革命报纸在上海前仆后继,不能不说是《苏报》留下来的影响"②一说不虚,那么,关于《苏报》,章士钊的另一句话可能更合适:"合心力于一响,从而收得风起云涌,促成革命之效。"③

---

① 林·亨特:《法国大革命中的政治、文化和阶级》,汪珍珠译,华东师范大学出版社 2011 年版,第 14 页。
② 陶英惠:《蔡元培与清季革命》,载中华民国史料研究中心编:《中国现代史专题研究报告》(第八辑),中华民国史料研究中心 1978 年版,第 44-45 页。
③ 章行严:《苏报案始末记叙》,载中国史学会主编:《辛亥革命》(一),上海人民出版社 1957 年版,第 387 页。

书写与密码:晚清皇朝"灵晕"的离散 *

孙 藜

(上海大学新闻传播学院)

摘要:晚清电报在嵌入官方通信体系的过程中重构了帝制中国晚期的官文书体系与权力合法性。清代统治者发明与完善了奏折制度,其实践蕴含着"拜折"仪式、形制与传递的组织规制,在传播形态上以毛笔手写方式"具身"展现着皇权"灵晕"的仪式化表演和强化式再生产;晚清电报网络拆除了清廷与世界的沟通壁垒,以密码化的信息存储与瞬时往返的传播形态形成不断转译的文本,剥离了由手写而来的身体"在场",催生出以"语质而事核,词约而理明"为特点的"电奏"新文体,重塑了君臣关系展演的空间舞台。电报在与奏折旧制的并行纠缠中,以新的传输与书写方式促成了皇权"灵晕"的分解与散落。

关键词:帝;中国;灵晕;具身化;书写;密码

一、"手"与"身":电报传播的"隐蔽性剥离"

咸丰十年(1860)三四月间,晚清政局因太平天国军队攻克江南大营而陷入危机。四月二十八日,身处战事前线的一代名臣曾国藩,通过朝廷马上飞递而来的"廷寄",得知自己已被任命为署理两江总督。五月初三日,临危受命的曾氏一天之内,一口气给朝廷上了三道奏折并附四道奏片。一个有趣的细节是,尽管面临大敌在前的煎迫,曾氏依然一丝不苟地完成着"跪拜"礼仪,"闻命之下,谨已恭设香案,望阙叩头谢恩讫",并用规整的小楷、典雅的对仗,在谢恩折中借桐城古文的笔法,"三起三伏"地表"感悚"、明心志。[②]

恰也就在此时,一种新媒介已开始以前所未有的速度将世界联结。1851 年,电磁

---

* 本文原载于《新闻与传播研究》2018 年第 9 期,有修改。
② 曾国藩:《谢署两江总督恩折》,载唐浩明:《唐浩明评点曾国藩奏折》,岳麓书社 2015 年版,第 152 页。

电报发明后仅数年,横跨英吉利海峡的世界上第一条海底电缆铺就。其后,地中海、红海、大西洋和印度洋的海底电缆也相继建成,并顺势延伸至清廷沿海。其时的曾国藩,自然对此几无所知。

有学者总结,清代官文书制度史上发生过三次重大变迁,分别是奏折制度的产生、奏折在乾隆年间取代奏本,以及清末奏折取代题本,[①]依笔者看来,一旦将清廷 1870 年代就已试办的电报纳入视野,则对上述所谓"重大变迁"就有重新理解的必要。正如麦克卢汉(Marshall McLuhan)的比喻所言,鱼只有上岸之后才知道水的存在,旧媒介在新媒介的"后视镜"中会获得新的形象,从新旧媒介在历史场景下遭逢与转换的角度,如下问题就值得特别关注:如果说电报作为电子媒介的先导,是触发了世界性"传播革命"的"现代发明",那么,它是以何种新的书写与传递方式重构着晚清官方沟通体系?有何"现代"之处?与之相对,奏折之创制及其与旧有题奏体系的关系调整,又关联着何种媒介特性与传播方式?晚清官文书体系发生的所谓"重大变迁",还夹杂着与电报之间的何种纠缠与对抗?

海德格尔(Martin Heidegger)说过,打字机的出现对手写产生了"一种隐蔽性的剥离","手写"变为"键入","文字符号变成字体,书写笔画就此消失",所谓"隐蔽性"则意味着,"打字机遮蔽了书写和笔迹的本质。它使人手丧失了本质地位,而人类却没有完全体会到这种剥离,也没有意识到它已经改变了存在与人之本质的关系"。机械书写"使文字降格为一种通信工具","它遮蔽了手写,因而也遮蔽了个性"。[②] 这,在一定程度上也可以作为奏折和电报之间的区分。然而,电报却不只是代替了奏折的手写,报文在远距离跋涉往返中,需要电码与文字间的转译,造就着新的关系。这样一种关系与奏折的来往又有何不同?具体地说,"手写"嵌入"身体"的运作,也对"身体"进行着运作。"书写"作为"具身化"(embodied)实践[③],"手"与"身"同时展演于所依托的物质载体、传输空间与社会制度。因而,当电报"运输与传播相分离"带来了手与身的"隐蔽性剥离",晚清官方传播乃至社会交往的诸种关系,也将随之在整体上面临转换与重组。本文正是由此出发,将目光投向帝制中国晚期新旧媒介的交错际遇,探究身体与笔、符号与空间、距离与边界在媒介转换中的连续与断裂,以及可能的历史意味。

---

① 庄吉发:《清朝奏折制度研究》,故宫出版社 2016 年版,第 4-5 页;刘铮云:《具题与折奏之间:从"改题为奏"看清代奏折制度的发展》,《四川大学学报》(哲学社会科学版)2017 年第 2 期;陈晓东:《清代"奏折代替奏本"考辨》,《清史研究》2016 年第 2 期。

② 《马丁·海德格尔论手与打字机 (1942—1943)》,转引自[德]弗里德里希·基特勒:《留声机、电影、打字机》,邢春丽译,复旦大学出版社 2017 年版,第 231-232 页。

③ [美]夏兹金、塞蒂纳、萨维尼主编:《当代理论的实践转向》,苏州大学出版社 2010 年版,第 8-9 页。

二、"化身"与"代身":"亲笔手写"的即兴和礼规

(一)创设皇帝"即兴展演"的新舞台

清代奏折源自密折,在由听政、召对、题奏、驿传、邸报构成的官方沟通网络中是一种新创制。研究者一般认为其肇始于顺治,推行于康熙。康熙曾明白透露过这一创制的意图:"近日闻得南方有许多闲言","朕无可以托人打听,尔等受恩深重,但有所闻,可以亲手书折奏闻才好"。细究也并非所托无人,而是无可靠亲信之人。康熙很清楚,"前朝皆用左右近侍,分行探听",但"此辈颠倒是非,妄行称引,偾事极多"。① 由此可见,密折创制之初就定位在皇帝与亲信大臣之间。康熙一朝,奏折权基本限定在宠信大臣,有资格者不过百余人,雍正时期则迅速扩展至 1100 余人,且入选者"与其说依品序,不如说视个人与皇帝间的关系而定"②。

所谓"视个人与皇帝间的关系而定"的"关系",主要是心理距离而非身体上的接近,即便"近侍"于"左右",也未必能获此特权。因而,创制初期奏折网络的建立,实际上等于在旧有通信体系之上建立起一个"亲疏有别"、远近不同的新沟通网络。除了有因出身包衣、旗下而获密折权力之外,还有人因接驾有功或小心侍奉而获此特权。雍正时代的扩展,"内而大臣以及闲曹、外而督抚以及知县",包括一些品位极低的微职,也各因机缘而获特准。奏折中介起皇帝与其中每个"节点"的私人化、亲密性的联系,并形成了对这一网络乃至其所嵌入的更大官僚体制的特定驾驭方式。对皇帝而言,通过这个由"受恩深重"之人构成的探听网络,不仅可以绕开旧有通信体系的阻碍,反过来亦可以对之形成震慑,所谓"诸王文武大臣等,知有密折,莫测其所言何事,自然各加警惕修省矣。"③

这个网络的维系要在"亲笔手写"。对此,从首创者到沿袭者都看得至为清楚。④康熙皇帝不仅反复叮嘱臣下"凡奏折不可令人写,但有风闻关系非浅,小心小心!小心小心!",皇帝自己也是身体力行,"所批朱笔谕旨,皆出朕手,无代书之人",甚至在出巡时逢遇"右手病不能写字",也是"用左手执笔批旨,断不假手于人",由此才能"凡所奏事件,惟朕及原奏之人知之"。生性多疑的雍正更是在"密"字之上悬起"失身"之威吓,"凡有密奏,密之一字,最为切要","臣不密则失身","少不密祸不旋踵",他甚至惯从字迹即可判定是否属"代笔",既示开恩允许"原非机密事件代写何妨",又屡屡严申"如遇

① 杨启樵:《雍正帝及其密折制度研究》,广东人民出版社 1983 年版,第 160、157 页。
② 杨启樵:《雍正帝及其密折制度研究》,广东人民出版社 1983 年版,第 164 页。
③ 杨启樵:《雍正帝及其密折制度研究》,广东人民出版社 1983 年版,第 161 页。
④ 此处综合见于杨启樵:《雍正帝及其密折制度研究》,广东人民出版社 1983 年版,第 162-163、176-177、188 页;庄吉发:《清朝奏折制度研究》,故宫出版社 2016 年版,第 107-109 页。

密事,仍须亲写"。而那些因各种原因如"年老手颤""不通汉文"或"目不识丁"者,在请求恩准"代写"时亦百般考虑,如选择长年跟随"为人诚实谨慎"者,且誊写时候要"处于密室",虽父子家人亦不得透露,遇有同朝为官者,皇帝甚至还要为此特别叮嘱。

"亲笔手写"之所以被君主反复严厉训诫,于保证"密奏"之外,恐怕还在于只有"亲笔手写",才能显示身体"在场",唯此"纸面在场",才能真正搭建起皇帝与官僚间一对一的沟通场景,并借之形成一对多的震慑。尤其对那些具有足够的权力欲望、体能精力充沛并谙熟这一书写技能的强悍君主来说,一旦如此这般的场景铺就,他们就可以在此间将自身意志演绎得淋漓尽致。典型如雍正。这位自逞舌尖、笔利、字好的皇帝,下笔动辄数百上千言,既彰显出超越朝廷沟通常规的亲密,又处处展露着皇帝面孔的反复无常。其朱批往往"用白话,或谩骂,或挖苦,或夹杂戏笔,或出以俚语",嬉笑怒骂,跃然纸面。甚至出现了诸如"喜也凭你,笑也任你,气也随你,愧也由你,感也在你,恼也从你,朕从来不会心口相异"之类出人意料的表述[1],还每以"笑话""厚颜""胡说""混账人""疯癫""无耻""天诛地灭"等词语斥责臣工[2]。当然,皇帝也不时对臣工嘘寒问暖,表达关切,甚至喜好为人测算生辰八字。兴之所至,情之所动,也有性情流露:"朕就是这样汉子! 就是这样秉性! 就是这样皇帝! 尔等大臣若不负朕,朕再不负尔等也。"[3]

面孔的无常反复与皇帝性情有关,但更关乎这一私人化沟通网络所处位置。奏折本身就建立在旧有官僚等级之上,因而当创设者试图收拢权力于自身、打击削弱外朝之际,却也无法彻底置之不顾,相反还要警惕被笼络者的僭越与坐大。书写中的即兴展演,恰将此种矛盾展露无遗,故而在雍正那里,官员具折太少不行,太频又苦于"纷烦",指其"虚耗盘费";内容上稍一含混即对之诘问,另一面却又告其"凡有骇人听闻之事,不必待真知灼见,悉可风闻入告";一面严饬奏折之密,将"同省互看、隔省互通,或经过而探听"的举动以泄露军机律治罪,另一面自己又将官员奏折转给相关人员阅看,或假手他人"微露令伊知之";一面分别晓谕督抚官员彼此间"留心探听,便中据实奏闻",另一面又严斥以密折"挟制上司,而失属官之体"的"僭妄"之举。

当然,皇帝性情个个不同,雍正或许算得上个例。事实上,伴随着奏折逐步制度化,"廷寄"普遍采行后,皇帝朱批多数也随之变得极简短,多为"知道了""该部知道""著照所请"等寥寥数言,但是,一旦涉及重大机密事件,几乎每个皇帝都会变成"雍正",只要看看孔飞力(Philip A. Kuhm)在"叫魂案"中的描述,便可窥见一斑。[4] 若再

---

[1] 杨启樵:《雍正帝及其密折制度研究》,广东人民出版社 1983 年版,第 220-221 页。

[2] 庄吉发:《清朝奏折制度研究》,故宫出版社 2016 年版,第 113 页。

[3] 杨启樵:《雍正帝及其密折制度研究》,广东人民出版社 1983 年版,第 222 页。

[4] 例如乾隆的朱批也常见此类表达:"不意汝竟如此无用""此何言耶? 有此理乎? 汝存此心,无怪属员缉拿不力且欺汝!"[美]孔飞力:《叫魂:1768 年中国妖术大恐慌》,陈兼、刘昶译,上海三联书店 1999 年版,第 181、195 页。

延至 19 世纪中期,即便被视为"资质平常且缺乏胆略"的道光皇帝,在鸦片战争中处理大臣奏折时,亦如出一辙,朱批多作"因何丧心病狂""遇此不忠督臣""一片呓语",上谕中更有"不知是何肺腑,如此辜恩误国,实属丧尽天良"等语。[①] 究其实,依然是私密的一对一沟通所铺就的场景展演。而这种建基于亲笔手写、承载着龙颜喜怒的文字,正如"钦此"二字所表明的,其本身即是皇权身体威仪的直接"在场",无论皇帝的性情是强悍还是懦弱,也无论其演绎的是长是短,机锋毕露还是刻板隐晦。

(二)仪礼中的"化身"与空间再造

"朱批"即为皇帝的化身。"化身"的出场,有着严格礼规。特别又缘于朱批多即兴而成,更需面对者肃穆以待。"捧读""跪诵",以及如曾国藩般"恭设香案,望阙叩头",都是礼制下的常规之举。奏折在雍正手里完成的一个重大创制,即缴批制度,还以近乎严苛的规定保证了"化身"远距离存在的神圣与威仪。康熙驾崩后第十四天,雍正即下谕,"所有皇考朱批谕旨,俱着敬谨封固进呈;若抄写、存留、隐匿、焚弃,断不宽恕,定行从重治罪",本朝朱批更需如此,甚至有人因私藏获"大不敬"罪,险遭不测。乾隆亦如法炮制,"虽批朕安一二字者亦不可隐匿",且惩处更严,"如有隐匿者,照隐匿制诏例从重治罪"。[②] 即便奏折只批有"朕安一二字者",正如一位总督因"恋主心切"在请求暂存时所说,也得"时时跪诵,如观天颜"。

不仅朱批,围绕着皇帝"手书"的一切物件,包括书写的材质、尺寸、用色,装载奏折的匣盒,皆被赋予了皇权专属专用的种种象征符号。通过这些符号,皇帝以化身的方式"君临""天下",从官员身体所在的衙署、驿马飞驰的驿道,到存在于纸面的万事万物。在奏疏的规范用语中,皇帝的称谓是"天子""真主""共主",他的身体和表达是"圣躬""圣心""天语""圣训",所在的空间是"神京""辰枢""天家""龙天凤阙",他与万物的关系是"弥天极地""一统攸同"。一句话,皇帝就是在"奉天承运"中"无远弗届"地"圣人作而万物睹"。[③]

作为承载皇帝"化身"的所在,包括奏折用纸、奏折匣等,从材质装点到使用情境皆有相应礼制。折纸大体可分为素纸、黄面黄纸、黄绫面黄纸、白绫面白纸四种,最后一种系大丧时才用,奏事折用白纸,请安、谢恩折用黄纸。[④] 黄色,作为君主皇族专用颜色,在此不仅是书写的底色,更可视为是对整个交流情境的一种覆盖和渲染。在奏折上达天听的整个行程中,由皇帝颁给专用的奏折匣也都被"黄绫封包",其关键所在更

---

① 茅海建:《天朝的崩溃:鸦片战争再研究》(2 版),生活·读书·新知三联书店 2005 年版,第 171、257 页。

② 杨启樵:《雍正帝及其密折制度研究》,广东人民出版社 1983 年版,第 162、158 页。

③ 何新华:《清代朝贡文书研究》,中山大学出版社 2016 年版,第 6-8 页。

④ 杨启樵:《雍正帝及其密折制度研究》,广东人民出版社 1983 年版,第 175 页;庄吉发:《清朝奏折制度研究》,故宫出版社 2016 年版,第 135 页。

是如此,匣箱外加黄铜锁,"复用盖有御押黄纸封口"。^① 有研究者在探究简牍文书与汉帝国统治关系时指出,"色彩的权威给行政文书带来了特定的视觉效果",它连同尺寸长度等形制皆含寓着阶位与等序,且这种"视觉"已经制度化。^② 揆之清代奏折亦然。

置身于皇帝"化身"的笼罩之下,除了捧读跪诵,地方大员在专差赍折将奏折送出官衙时,向来也都有专门仪式名曰"拜折":在衙署大堂对着宫城方向设香案,上置黄缎封包、朱签标识的奏折专用匣箱,"属吏站班,步兵排队","辕门外放炮三,鼓楼作乐",督抚大员"对箱行三跪九叩礼",礼毕后将箱"捧下","由差弁手接,再高捧头上,疾趋而出。"此时"辕门外又升三炮以送之"。^③

"拜折"仪式重构了督抚衙署的空间,让奏折的送出变成了一场与请安或召对相类的皇帝不在场的"陛见"。奏折匣在此情境下成为衙署空间的中心,成为官员屈膝叩首的迎向坐标。这一非同寻常之"物",被饰以"黄缎""朱签",接受着督抚大员的三跪九叩,也在移动中时时占据着高过每一个接触者头顶的位置。即是说,奏折匣让衙署的日常主宰者匍匐在地,又以背靠京城的朝向,用看得见的方式将衙署与看不见的皇城联系了起来。同时,香案缭绕,炮乐齐鸣,在场者所见、所闻、所听,无不被渲染了一种"神圣化"氛围,将皇帝身体所在的那个绝对空间遥遥叠加在地方衙署之上。

"叠加"还不限于清廷本土。作为朝贡体制下清廷的藩属国,在接到天朝册封谕旨时,同样也要"恭设香案,望阙叩头,跪听宣读"。事实上,清代朝贡文书与国内文书几乎同质,文体、语体方面高度重合,清廷甚至对违反文书格式的朝贡国国书做退回、警告处理,因此朝贡文书从某种角度不过为"清代国内文书的延伸而已"^④。当晚清开始从"朝贡"走向"世界"之际,那些远隔重洋的清廷使臣,也没有丝毫例外。1878年到1885年间做过驻英、法公使的曾纪泽,无论在巴黎还是伦敦,每每接到新的任命谕旨,也都如其父般"恭设香案,望阙叩头",并在"谢恩疏"中如此这般地仔细呈述。^⑤ 皇城宫阙,在全球地理中,依然是使臣跪拜所向的中心。

与拜折中的"三跪九叩"相应,奏疏中亦有"拜手稽首",只不过面向的对象"化身"于文字,且借由书写者本人的毛笔"出场",即属臣工以书面方式向君主描绘自己所做的身体展演。按清代奏疏格式规制,凡书写宫殿字样者,抬一字,书写皇帝、上谕、旨、御字样者,抬二字,至于称天地、宗庙、山陵、列祖谕旨等,俱出格一字书写。^⑥ 无疑,皇帝的身体,连同其所处位置和所说的话,无论鲜活,在当下还是已故成亡灵,都在纸面

① 杨启樵:《雍正帝及其密折制度研究》,广东人民出版社1983年版,第177页。
② 富谷至:《文书行政的汉帝国》,刘恒武、孔李波译,江苏人民出版社2013年版,第24、42页。
③ 徐珂编撰:《清稗类钞》第2册,中华书局2003年版,第491页。
④ 何新华:《清代朝贡文书研究》,中山大学出版社2016年版,第8、199页。
⑤ 曾纪泽:《曾纪泽集》,喻岳衡点校,岳麓书社2005年版,第13、31、81、94页。
⑥ 庄吉发:《清朝奏折制度研究》,故宫出版社2016年版,第239页。

上高居其他万事万物之上,而现世皇帝本人和他的语词,又在这一纸面空间等级秩序中格外尊贵。此种"抬头",连同避讳、缺笔、称谓等礼仪,蔓延在从官文书至科举、私人书信等诸多书写方式之中,皇帝身体的象征在所有书面空间内都成为自觉"跪拜"的对象。

同样蔓延在清代奏折、题奏等整个官文书系统以及科举应试书写中的,还有以"乌黑、方正、光润"为特征的书法字体——小楷。奏疏用楷法,亦属清沿明制,有合乎"洪武正韵"之说。作为向朝廷进策、"为圣贤立言"的奏折书写,需要的不是诡奇多变的草书,也非纵横取势之行书,而正是端庄严谨、平正均衡之楷书,同时"千人一面,一字万同"的楷法,与有着严格规定的避讳、抬头、敬称等套式正相吻合,无不展现出书写者的"虔敬"姿态。这正如学者所指出的,"书法形式必然与文字内容达成某种默契相应","字体的程式化与文体的程式化达到了惊人的统一"。[①] 而在官文书体系内,早在咸丰元年(1851)尚在礼部侍郎任上的曾国藩,就曾对之做过激烈规谏,其中有谓朝中重臣"最优之途",莫如"两书房行走""军机处行走",而保荐的标准却是"但取工于小楷者"。[②] 换言之,"小楷"既是举场进阶之基石,也是官场腾达至最高处"内廷行走"的通行证。

(三)"廷寄"制度下"代身"的出场与监控

与大祀典礼不同,在整个奏折礼制中,皇帝的"即兴展演"与臣僚的"严苛守制",实成鲜明对比。朱批无字体约束,兴之所至,甚至有龙飞凤舞之态。惯于朱批中嬉笑怒骂的雍正,常在臣工折上戏批"灯下乱写来,莫硒字丑""灯下写的笑话字了",半是卖弄半显亲昵,他甚至也允许臣僚打破礼规,"不必拘定楷书,随意大小""即字画稍大,略带行草,亦属无妨",所谓"敬不在此"。[③] 书写之外,无论接收还是阅看奏折,皇帝身体亦无明确的礼制束缚,相反,其表达阅后情感反应的即时动作,却有可能"固化"成为一种对奏折的处理方式。例如,当臣僚意见有逆圣意时,奏折往往被批为"原折著即掷还"[④]。

朱批具有与口语特性相伴随的即兴与随意,皇帝对臣工奏折书写礼制的宽宥,乃至奏折无论"公事""私事""俱不用印"等相关举措,所针对的事实上都是旧有题奏制度的严格程式化。有研究者指出,奏折制度这一"新的特殊的通信体系"的创办,联系着

---

① 黄强:《时文与楷法》,《南京工业大学学报》(社会科学版)2005 年第 2 期。
② 曾国藩:《敬呈圣德三端预防流弊疏(咸丰元年四月二十六日)》,载唐浩明:《唐浩明评点曾国藩奏折》,岳麓书社 2015 年版,第 27 页。
③ 庄吉发:《清朝奏折制度研究》,故宫出版社 2016 年版,第 108 页。
④ 臧廷秋、周彦:《光绪朝奏折制度考察——以〈清德宗实录〉为例》,《理论观察》2012 年第 2 期。

一场"18 世纪清朝中央政府的重大转型"。① 这一转型的核心是帝制中国上千年来屡次发生的权力之争,即"内廷"(皇帝及他的私人侍从)与"外朝"(官僚集团)的斗争。对身处两种权力之争中的"君主独裁"而言,始终存在着一个难题,即"如何在规章的体系中仍得以保持自己的行动自由"。②

奏折的创设让皇帝得以用"行动自由"突破"规章体系"的束缚。乾隆曾将奏折与题奏的区别一语道明:"朕以为天下主,一切废赏刑威,皆自朕出。"奏疏呈递走哪个通路,不在传统之所谓"公题私奏",而是事之"当密""不当密";当密则"用密折封达朕前",不当密"即应明见之章奏"。③ "具折密陈,诸凡俱可",使皇帝决策绕开了奏疏在外朝各衙门层层转递中的耳目,也避开了内阁"票拟"中各种定例的纠缠,不仅机密性和效率大大提高,更是直接削弱了本章制度"援引其他先例以否决皇帝心仪的提案"的权力。④ 奏折批谕中常被皇帝写入"特谕"或"特密谕",意味着此处所做决定不应纳入定例,日后加以援引;⑤而奏折缴批制度的一个用意,实也为避免"手书"朱批被臣僚据为"口实"。奏折之先后取代奏本、题本,其演化的内在动力,也正基于此。

灵活固然灵活,独断亦属独断,但奏折所再造的皇权却面临着一个天然局限——皇帝本人的身体。即便精明强悍、勤政如雍正者,要真正做到"一切废赏刑威,皆自朕出"也殊为不易。据说雍正于奏折"无不躬自阅览,亲手批发","甚至有长达千言者",为此不得不常日"自晨至暮,总无间断","灯下批折,每至二鼓或三鼓"。⑥ 奏折制度化过程中所提供的解决之道,就是为皇帝寻找"替身"或说"代理人",以免他被如潮水般涌来的文书吞没,以致沦为书写机器。这就是终清一代皇帝谕旨的最核心形式——"廷寄"。所谓"廷寄",更准确的名称是"寄信上谕",是以军机大臣或大学士名义寄出的皇帝谕旨,区别于题奏体系中的"明发上谕",因军机处地处皇宫隆宗门内,属"内廷"中枢,故而地方大吏遂称之为"廷寄"。

"廷寄"并非皇帝亲笔手书,也不是以"谕"字开头,而是开列军机大臣或大学士们的职衔姓名,以"钦此遵旨寄信前来"结尾。如果与奏折朱批上谕绝对地一对一相比,"廷寄"确乎改变着奏折的私密,"廷寄"建立之后,朱批往往以"即有旨"或"另有旨"方式与之搭配。但是,正如"廷寄"这一名称所显示的,"廷寄"处置的机密性绝非经内阁传抄、以内阁名义颁发的"明发"所可比拟。与朱批一样,它与原奏折一起被锁入奏折

① [美]白彬菊:《君主与大臣:清中期的军机处(1723—1820)》,董建中译,中国人民大学出版社 2017 年版,第6、19、27 页。
② [美]孔飞力:《叫魂:1768 年中国妖术大恐慌》,陈兼、刘昶译,上海三联书店 1999 年版,第248-249 页。
③ 詹佳如:《悖逆的"幽灵":清朝孙嘉淦伪稿案的媒介学研究》,上海交通大学出版社 2017 年版,第4 页。
④ [美]白彬菊:《君主与大臣:清中期的军机处(1723—1820)》,董建中译,中国人民大学出版社 2017 年版,第48 页。
⑤ [美]白彬菊:《君主与大臣:清中期的军机处(1723—1820)》,董建中译,中国人民大学出版社 2017 年版,第53、115 页。
⑥ 庄吉发:《清朝奏折制度研究》,故宫出版社 2016 年版,第 148 页。

匣发送,并在缴回时藏在内廷,绝大多数官员与之隔绝,也不允许出现在邸抄之中。此外,廷寄奉旨人员被限定在一个范围极小的数位宠信大臣中,且皇帝还会不时增减调整;在书写上"廷寄"要经"述旨",即朱批"即有旨"或"另有旨"或是未奉朱批的奏折,军机大臣要俟"见面"时刻"捧入请旨",呈旨毕即出授军机章京缮写,奉旨后如有变动也要再行请旨;最后交发之前还须皇帝再次御览一遍,也叫"过朱",皇帝会即时以朱笔在墨写的文本上做出确认或改动。①

这些严苛规章意味着,当皇帝的身体无法通过亲笔手书实现绝对在场时,"廷寄"要对皇帝"代身"在纸面的出场做出最为严密的监控。这同样也针对着这些"代身"现实中的身体活动:皇帝召见军机大臣之际,太监都不得在侧;军机大臣只准在军机处承写当日上谕;军机章京办事之处,不准闲人窥视;自王以下文武满汉大臣,皆不准到军机处找军机大臣谈话;凡有奉特旨到军机处恭听谕旨、阅看朱批及阅看各处奏折者,必得"在军机堂帘内拱立,事毕即出","其帘前窗外、阶下,均不准闲人窥视";为严格执行这些规定,每日还派有都察院御史一人,到军机处旁边的内务府值房监视,随时可"参奏",军机大臣散值后,方准其退值。②

正如曾国藩所见,朝中重臣"最优之途",莫如"两书房行走""军机处行走",后来学者指出,③时人眼中名正言顺的高官、重臣与亲贵,事实上均已沦为皇帝的"侍从",在清代君臣语境下,以"奴才"自称的"近臣"和以"内廷行走"为荣耀的"侍臣"的出现,也意味着高度集中的皇权终于找到了自己的"分身"之道。皇帝本人也得意于此种"代身"。雍正对其完全信任的少数几位内廷大臣,有时竟用"代朕""与见朕无异"的说辞,甚至将其表述为自己身体的一部分——"股肱"。

有趣的是,用来比喻"代身"的那些身体部位,可以写字、行走,却不是意志所在。即便如此,借用奏折将自身意志演绎得淋漓尽致的雍正帝,出于实用放宽书写礼制,却独独对式样抬头错误毫不宽宥。一位宠臣的奏折曾于可以"代朕"的"怡亲王"处抬头,旋即被批曰"奏折内王号抬高不得,以后不可"④,嘉庆时期甚或有具奏官员预先告知军机或文书另册投递军机,皆被皇帝"降旨饬禁,随折批谕"⑤。恰如学者所言,清中叶以后作为"强权统一体"主导着清政府的军机处,始终承袭着创设时期的"非正式、非法定、分立的特点",⑥与之同构,作为接近于"一切废赏刑威,皆自朕出"的奏折,其创设时期就奠定的私密性、独立性与弹性,也持续成为皇帝权力行使的重要特征,直至卷入

① 庄吉发:《清朝奏折制度研究》,故宫出版社 2016 年版,第 144 页;[美]白彬菊:《君主与大臣:清中期的军机处(1723—1820)》,董建中译,中国人民大学出版社 2017 年版,第 287 页。
② 张德泽:《清代国家机关考略》,故宫出版社 2012 年版,第 21 页。
③ 祁美琴:《从清代"内廷行走"看朝臣的"近侍化"倾向》,《清史研究》2016 年第 2 期。
④ 杨启樵:《雍正帝及其密折制度研究》,广东人民出版社 1983 年版,第 217 页。
⑤ 张德泽:《清代国家机关考略》,故宫出版社 2012 年版,第 25-26 页。
⑥ [美]白彬菊:《君主与大臣:清中期的军机处(1723—1820)》,董建中译,中国人民大学出版社 2017 年版,第 6 页。

到电报在 19 世纪中后期掀起的全球交往和书写革命中。

三、密码与"电奏"：并行与纠缠中的"去旧行新"

（一）密码电信："空谷传声"的"去身体化"

密码技术是清廷电报政策从怀疑、禁阻转向自办的关键，也是"电奏"之可能出现的前提。1880 年李鸿章在申办内陆第一条电报线时特意强调，"如传秘密要事，另立暗号，即经理电线者亦不能知，断无漏泄之虞"①，而此前曾纪泽在出任驻英法公使前，就与李讨论如何借助洋人电报沟通，并设定暗号"面谈用法良久"②。及至中国电报局成立，旋即编订出《电报新编》一书。即是说，对清廷上下而言，电报速于邮驿是一大吸引力，但只有屏蔽了"经理电线者"，确保了"断无漏泄之虞"后，方能运用于上下、内外之联系。

从传播过程来说，"密码"的运用推到最极端处，就是隔绝一切"围观者"，让信息只在收发两端个人间传递。以此观之，奏折体制也有一整套以奏折匣箱为核心，辅以一系列诸如堪合、火牌、查验制度所形成的特定"密码"体系。例如奏折匣"用盖有御押黄纸封口"，除了象征意味，也是实实在在的秘事"封达朕前"措施，而所配黄锁，乃为宫廷特制，非坊间锁匠能开。曾有一位福建巡抚因属衙失窃丢了钥匙，无奈只得向上司处借用开启。③ 至于有权动用驿站夫马的堪合、火牌，完全限定于兵部发放，动用者皆有明确数量，统一编号，且在缴回之际须注明编号、使用时间、委差衙门、奉差人数与姓名、所用驿马与口粮数量、差务性质、去往何处等。对奏疏封装的查验更是严格，一旦发现"或系内里霉湿破损""抑或外面霉湿破损"，将对题奏官、差役、驿站马夫、司驿官人等予以程度不同的连带式责罚。即便身处御前的奏事处，也只能打开奏折外面的油布、夹板。④ 更有甚者，"拜折"仪式有时不过是"真戏假做"，看似神圣的黄缎木箱内空空如也，要等到仪式结束、四周静谧之时，密折才从衙门后门交由折弁带走。⑤

在电报传播面前，所有这一套繁复严苛的保密制度，最终被简化成或转向为如何控制文字与数码之间的转译问题。深谙其道的郑观应说得很具体，密码电报传播"可随时密改号数，如空谷传声之法，则经理者尚不知某号为某数，况他人乎？"⑥晚清电码

---

① 《光绪六年八月十二日直隶总督李鸿章片》，中国史学会编：《洋务运动》（中国近代史资料丛刊）第 6 册，上海书店出版社 2000 年版，第 335 页。
② 曾纪泽：《曾纪泽集》，喻岳衡点校，岳麓书社 2005 年版，第 321 页。
③ 杨启樵：《雍正帝及其密折制度研究》，广东人民出版社 1983 年版，第 177 页。
④ 刘文鹏：《清代驿传及其与疆域形成关系之研究》，中国人民大学出版社 2004 年版，第 172-173、201、134 页。
⑤ 唐浩明：《唐浩明评点曾国藩奏折》，岳麓书社 2015 年版，第 2 页。
⑥ 夏东元：《郑观应集》（上册），上海人民出版社 1982 年版，第 210 页。

主要通行的编码方式,是从《康熙字典》中检出常用字,逐个编为四位数码(收字过万的话则多至五位),然后电信收发两端再自行约定,在此"原码"基础上或加或减一定数号,从而形成"空谷传声"式加密交流。事实上,将汉字转译为数码,对不明就里者来说,似玄妙无穷,但稍加参悟就会发现其法并不复杂。因而,一些早期出使官员如张德彝、曾纪泽、李凤苞、洪钧等纷纷自行编订电码本,一时出现了多本并用的格局。① 这些电码本彼此间差异不大,各有疏漏,总理衙门于 1888 年在《电信新法》基础上"酌量增添",使之"较前完备"后寄送内外督抚大臣,定为"查寄密件专用之书"。② 至此,电报专用密本得以制度化,并在甲午战后形成了基本是两年一换的修订定制,特殊年份甚至加编。③

从某种意义上可以说,诸如《电信新法》《电报新编》之类,很类似目下借助人工语言编程为电报交流开发一种"源代码",建立一套新的"通信协议"基础。而这一套"通信协议",极大简化了奏折制度下的保密问题,同时被简化的,还有奏折体制下身体在物理和书面空间中所进行的种种仪礼展演。一首晚清士人赞叹电报的竹枝词写道:"不须鲤寄与鸿传,电线音驰万里天。两地语言传顷刻,胜于羽箭疾离弦。"④说的是寻常生活中的信函交流,因"电线音驰""传顷刻"丧失了物质载体,从而带来了全新的体验。将这一说法用于官文书传播亦然。为求速度与机密,电奏中所有的文字都被转化为四码或三码的数字,至少在电文传输过程中,它们原本的能指与所指一道隐身起来,皇帝与他君临的万物,都变成了收发两端的滴答声,再经电报机的电磁震动在机纸上形成整齐划一的点划组合。在此转换之间,诸如纸张的颜色、尺寸,以及附着于纸张之上的"抬头"等,也便荡然无着。

皇帝"化身"的消退或隐蔽化,会给接收者带来微妙但重要的影响。1880 年,借助西人电报,远在彼得堡处理新疆危机的曾纪泽,收到李鸿章转来的总理衙门电报,回电开篇即说:"总署初六日电系奉面谕,异域与降旨无异。"⑤曾氏对"电旨"与"降旨"有无差异的理解,基于如何确认其与皇帝身体的关系,在无法及时收到"手书谕旨"的"异域",电旨的效力仍在于其"系奉面谕"。及至电报用于下行官文书的早期,因其"格式简单,又无官印",属于从电报局辗转抄来,接收官员便犹疑不定,为督行其效力,清廷发报之后还要补行"正式"文本,叫作"抄电"。⑥ 甚至面对经电报局转发的"明降谕旨"也是如此。1898 年 8 月,清廷将没什么机密可言的"明发上谕"由驿递改为电传,称

① 夏维奇:《晚清电报保密制度初探》,《社会科学辑刊》2009 年第 4 期。
② 台湾"中央研究院"近代史研究所编:《海防档·丁·电线》,"中央研究院"近代史研究所 1957 年版,第 1470-1472 页。
③ 台湾"中央研究院"近代史研究所编:《海防档·丁·电线》,"中央研究院"近代史研究所 1957 年版,第 2285、2741-2742、2795、2776-2777 页。
④ 王子今:《邮传万里:驿站与邮递》,长春出版社 2004 年版,第 151-152 页。
⑤ 顾廷龙、叶亚廉主编:《李鸿章全集(一)·电稿一》,上海人民出版社 1985 年版,第 3 页。
⑥ 张晓青主编:《中国公文史学》,经济科学出版社 2014 年版,第 135 页。

"嗣后明降谕旨,皆由电报局电知各省",但一般臣工接电后往往"专候部文",以至清廷专门声明,要求"各该省便须遵照办事,勿庸专候部文"。①

就"封达天听"而言,电奏属"代奏",即在皇帝及其代理人军机大臣与具奏人之间,插入了一个总理各国事务衙门。奏折制度下也有"代奏",但电奏与之根本不同。在奏折体系中,有折奏权的低级官员并无权享有皇帝赏赐的黄匣,只有夹板、包裹之类,奏折也只能就近由督抚提镇代递。② 此种代递有如历史人类学家的洞见,是一种"礼""通过分殊性的实践构成关系网络",明白彰显着皇帝的宠信并非"无差别地施加在所有成员之上"。③ 相比之下,职掌电奏代奏的总理衙门,更像是电报官文书网络中的一个"中央服务器",所有沟通中西、遍及全国行省的电奏,皆经"点对点"并行传输汇集于此,由皇帝颁发的电旨亦由此下行。自然,它与奏疏驿传体系下的传递中枢——京师皇华驿也殊有不同,隶属兵部的驿站无权目睹奏疏内容,但总署于1884年成立电报处,专司电报翻译。

总理衙门从制度设计上秉持"一切仿照军机处办理"原则,也有权在军机处查阅密折,④但为避免外国人出入宫禁之地,其选址地处紫禁城之外的东堂子胡同,虽距皇宫不远但毕竟已非内廷重地。与军机处邻接乾清宫、懋勤殿、养心殿不同,总理衙门院内东所是同治年间创设的"同文馆",西所则是部院大臣会见各国使臣的场所。可以想见,正如曾纪泽对"电旨"与"降旨无异"做特地说明,当能够使用电报的地方大吏,在每封电奏结尾注明"代奏"二字时,其对目的地的想象,特别是诸如其间有西人"行走"的场景,与习惯中对"廷寄"的感受,自会有着微妙的不同。

当然,对最终上达至天听的电奏来说,最后一步同样也须按礼制书写成纸面文本,但是,经过转录与抄写,皇帝看到的文字已经不是出自具奏人之手。这个看似微小的变化实则关系重大。电报数码化的存储与转译,如媒介学者所言,就像建立或拆除一堵墙,改变了媒介场景,从而更换了表演的布景与舞台。⑤ 因为不得不假人手写,电奏中介的身体表演就仿佛成了一场"假面舞会",身体还在,面孔已非。对收发而言,即便以"另约暗号"方式做到了"令经理者不知",但电报作为一种新的"语言包装",以数码化方式改变了"符号"的存储与传播形态,使阅读者或书写者摆脱了与"手写文本的可感可触的物质性"之间的联系,因而它"搅乱了主体与主体所传送或接收的符号之间的关系"。⑥ 换言之,一旦电报传播以"去身体化"方式构建出新的场景,皇权的威仪也便罩了一层模糊的面纱。

① 台湾"中央研究院"近代史研究所编:《海防档·丁·电线》,"中央研究院"近代史研究所1957年版,第1927页。
② 郑小悠:《雍正朝奏折制度对督抚权力的影响》,《历史档案》2014年第3期。
③ [美]司徒安:《身体与笔:18世纪中国作为文本/表演的大祀》,李晋译,北京大学出版社2014年版,第69页。
④ 吴福环:《清季总理衙门研究》,新疆大学出版社1995年版,第37-43页。
⑤ [美]梅罗维茨:《消失的地域:电子媒介对社会行为的影响》,肖志军译,清华大学出版社2002年版。
⑥ [美]波斯特:《信息方式——后结构主义与社会语境》,范静哗译,商务印书馆2000年版,第24页。

(二)"电奏"书写:为"中国之生机"而"整顿中法"

"拜折"仪式不必说,拟就的电码文本要先送交官电局或商电局,没了奏折匣,皇帝的化身便无处附体;没了皇帝的化身,"三跪九叩"也就无从定向。遇到需要"谢恩"的电奏,即便能见到诸如"跪诵"之类,但"恭设香案,望阙叩头"的表述似已难见踪影。曾纪泽即便是从邸抄上读到对己任命的懿旨,也要在奏折中表白自身已行此大礼。① 此外,奏折在回复皇帝谕旨时,格式定例是要将谕旨全文照录,这在电奏文本中亦有体现,但已不是必然遵循的定规,不少大员径直电复"电旨钦遵",甚至对所奉到的"廷谕",也只是在复电中摘要陈述。②

然而,电报并没有取代奏折。终清一代,清廷官方通信体系事实上并行着两个网络,由此也展开了新旧之间的交叠渗透、纠缠冲突。一方面,朝廷不断澄清二者边界,"大抵皆系军情、界务、边防等类""事关机要"者应电奏,③"其寻常请假请奖恤等事,均用折奏,毋庸发电";另一方面,愈加整严皇帝"化身"在奏折中的"在场",整个光绪年间屡有谕旨严饬奏折中出现的违制之处,从谢恩未用黄折、遇"山陵"未抬写、盖用官印以及满蒙官员"添写汉姓"等等,也严控"专折奏事"权力的赏给范围。④

与此同时,"旧制"也在侵夺、塑造着"新法"的空间。在摆脱了早期对机密性的担忧之后,电报似乎被"顺其自然"地叠加到旧有网络中,清廷直接比照并挪用了奏折、驿传的诸多制度,如以"军法从事"管制电报的养护、泄密,与奏折相似的缴回制度,以及在发报等级上将官报列为头等;电报入京后亦在空间上严格区隔官报与民报,前者设立于总署称"内局",后者设于城外的称"外局",名称本身正体现着与奏折相联系的内廷外朝体制对电报的规制。再如,总理衙门的代奏是"严密封送军机处呈进",最核心的密旨发送仍要军机处密寄。这也显示出二者地位之高下,"代奏"的总理衙门终不能与"代身"的军机处并处。

反过来,"新法"对"旧制"的冲击鲜明体现在"电奏"书写中。后人将其视为一种有别于"奏议"的新文体,并总结其特点是"语质而事核,词约而理明",⑤所隐含着的,正是与之相对的奏疏的繁文缛节与浮文虚词。在一定意义上,电奏文体转向去浮言、重事实、用词质朴简明,实为面对高昂费用时的不得已。曾纪泽坦言电报一项,"为出使各国开支第一大宗"⑥,如何"节费",是晚清电奏制度化过程中的中心议题,与商电亦

---

① 曾纪泽:《曾纪泽集》,喻岳衡点校,岳麓书社 2005 年版,第 94 页。
② 刘坤一:《刘坤一奏疏》(二),陈代湘等校点,岳麓书社 2013 年版,第 1542、1547-1552 页。
③ 《光绪十三年四月二十六日总理各国事务衙门奕劻等片》,中国史学会编:《洋务运动》(中国近代史资料丛刊)第 6 册,上海书店出版社 2000 年版,第 385 页。
④ 臧廷秋、周彦:《光绪朝奏折制度考察——以〈清德宗实录〉为例》,《理论观察》2012 年第 2 期。
⑤ 邮电史编辑室编:《中国近代邮电史》,人民邮电出版社 1984 年版,第 70 页。
⑥ 台湾"中央研究院"近代史研究所编:《海防档·丁·电线》,"中央研究院"近代史研究所 1957 年版,第 385 页。

由此屡起冲突。不过同时亦须考虑,电奏书写亦有着自身限定,拥有使用权的官员往往需随身携带不断修订、更换的密码本,这种"随身携带"可说是电奏"通信协议"对身体的嵌入,它时刻在提醒使用者并"内化"着新的书写与接收方式。电奏"事关机要",时间压迫之下又要在数码与汉字间搜寻转译,耗时又费力,"语质而事核"也实为不得不然。电稿中亦时见"未及拜发""先行电复"之语。

就"词约而理明"一面来说,则不仅仅关乎时间压力。即便军情紧急,不少官员依然将奏折写法延入电奏,"动辄数百言",以致"盈篇累牍、迟误事机"。① 直至光绪末年,仍有谕旨对此反复训诫,"近来各省电奏,多冗叙繁文,直与具折无异,殊属繁琐","电陈事件,自当简要"。② 换言之,电奏书写重"语质"与"词约",但并没有因"电陈事件"而放弃说理,而所谓的"理明"与奏折书写并无二致。有"天下第一奏折"之誉的曾氏奏疏,是对如何"奏事""说理"的最好说明。有人盛赞之"参用近时奏牍之式,运以古文峻洁之气,实为六七百年来奏疏绝调",讲究"气盛"而"理显",于"敷奏君上之体"下,"究利害"、"研义理"、"审人情",甚至还用到"骈偶之体"。③ "本章国体攸关,应遵定例"④。电奏在根本上依然不脱"敷奏君上之体",它也就难脱"定例"之纠缠。"骈偶之体"或难觅踪影,但"感佩莫名"的"忠君"表现却不因此少见。即便从形式上已走向"事核"与"理明"。

既然官文书之文体本身"攸关"政体,书写过程牵连、实践着对政体的想象性认同与确认,那么,当晚清"变局"延至清末十年,帝国体制已被新的政体想象刺激成裂隙不断,绵延数百年的官文书体系也就到了全面清理的时刻。世纪之交,两江总督刘坤一、湖广总督张之洞联衔上具"江楚会奏变法三折",被视为清季新政早期阶段(1905年前)的"总纲领或总方案"。第二折"整顿中法折"列出十二条"治之具",其中有三条("破常格""去书吏""简文法")与奏疏直接关涉⑤,其矛头指向"文法过繁","必致疲劳于虚文,而疏略于实事"。与此同时,早年曾国藩对奏疏"楷法"的攻击,再次成为朝野内外相呼应的"激越"之声。张之洞等人就不遗余力,"小楷则有艺而无文,其损志气、耗目力、废学问",甚至已影响到"士气销磨,光阴虚掷","以至今日遂无以纾国家之急"。⑥

乍看之下,所论似是历代王朝反"浮文虚词""朝风浮华"的老调重弹,但置于"变法

① 《光绪十三年七月初十日直隶总督李鸿章奏》,中国史学会编:《洋务运动》(中国近代史资料丛刊)第6册,上海书店出版社2000年版,第387-390页。
② 臧廷秋、周彦:《光绪朝奏折制度考察——以〈清德宗实录〉为例》,《理论观察》2012年第2期。
③ 薛福成:《〈出使四国奏疏〉序》,见丁凤麟、王欣之编:《薛福成选集》,上海人民出版社1987年版,第512页。
④ 杨启樵:《雍正帝及其密折制度研究》,广东人民出版社1983年版,第179页。
⑤ 刘坤一、张之洞:《整顿中法折》,载周正云辑校:《晚清湖南新政奏折章程选编》,岳麓书社2010年版,第29-52页。
⑥ 张之洞、陈宝箴:《会奏拟请妥议科举新章并酌改考试诗赋小楷之法折》,李宗棠辑:《奏议辑览初编》,李兴武校点,黄山书社2016年版,第372-373页。

三折"的总体框架下看,这些"皆中国积弱不振之故",联系着中西交往的大局,是"尤为外国指摘诟病之端","整顿中法"其后紧跟着"采用西法"。论者眼中"治国如治疾",整顿浮文就是调理国家之"身体","必先调其服食,安其脏腑,行其气血,去其腐败",所谓"欲行新法必先去除旧弊"也。换言之,拿奏疏书写、文风与体制"开刀",大处含寓着"中国之生机,不至于遽绝矣"的关切。①

在电奏已通行前提下,意欲"去旧行新"的"变法三折"却通篇几乎不见电报,不过,就其出笼过程来看,从上奏方式到最终内容,可以说它本身就是电报的产物。②"江楚会奏"原本频经电报沟通,定于东南、西南各省十余督抚"联衔复奏""可见公论";后经袁世凯从西安"友人"电报得知上意,改为"各抒所见";张之洞嗣后仍电联他人,主张"分奏而大意同,方见公论";至于"江楚会奏"的起草,更是南京、武汉间电报不断,甚至张之洞最后将"整顿中法"调整置于"采用西法"前,文风取缓和的措辞,也是经多方电报打探联系方才确立下来。可以说,正是电报沟通联系的结果,为张之洞主稿"变法三折"确立下一个基本调门。自然也不必说,"整顿中法"与"采用西法"的认识框架,离不开古老帝国已被视为进入"世界体系"的网络之中。而在这个世界网络中,电报是信息沟通的最主要形式。清廷在创设本土第一条电报线时就行规划,上海一置旱线,"即与外国通中国之电线相接"③,甚至电报的编码,亦离不开与西文的参照。④

为"中国之生机"而"整顿"奏疏"中法","江楚会奏"给出的方向是,"凡臣工奏疏召对,务以直言正谏、指陈利害为主,不必稍存忌讳",即便"体式稍有未合者",亦望"曲予优容";在具体对策上,提出改题为奏,折奏"简速易览,远胜题本",可将题本"永远省除"。电报没有取代奏折,但奏折已经取代了题本,连带着,数百年间在明清官文书体系中扮演着中转、查验角色的通政使司,也旋被裁撤。继而至1911年,军机处与旧内阁一体被谕令裁撤。原本君临万物的皇帝身体,在风雨飘摇中已然仓皇无着,甚至在紫禁城里也越来越难以觅得一个"容身之所"。

四、结语:媒介转换与皇朝"灵晕"的离散

如果说奏折是晚清官文书体系"在传统中变"的新媒介,不妨可以说,自西徂东的电报及其引发的变革,就是帝制中国"数千年未有之变局"中的一种断裂。此种"断裂"是福柯意义上的,即"它既是研究工具,又是研究的对象",具体而言,"断裂"不是一个

---

① 刘坤一、张之洞:《采用西法折》,载周正云辑校:《晚清湖南新政奏折章程选编》,岳麓书社2010年版,第52-77页。
② 李细珠:《张之洞与〈江楚会奏变法三折〉》,《历史研究》2002年第2期。
③ 《光绪六年八月十二日直隶总督李鸿章片》,中国史学会编:《洋务运动》(中国近代史资料丛刊)第6册,上海书店出版社2000年版,第335页。
④ 台湾"中央研究院"近代史研究所编:《海防档·丁·电线》,"中央研究院"近代史研究所1957年版,第109页。

"停滞的,无差异的""两个明显阶段之间的时间",而是"由某些不同的转换说明的不连续性",这些"转换"是"关系的整体转换",尽管"这种转换不一定更改所有的成分"。①

从本文所着眼的视角,电报引发的"断裂"或转换,可视为皇朝"灵晕"(aura)的离散。传播学者凯瑞(James Carey)曾借用本雅明(Walter Benjamin)"灵晕的消逝"这一表述,分析电报促成的现代商品交易的时空转换,也即马克思所说的"商品崇拜":通过剥离了"买家与卖家之间真实而直接的关系","使用价值与交换价值分离开来",劳动产品"丧失了任何的独特性"。② 换言之,无论对本雅明、马克思还是凯瑞而言,"灵晕"是指人工制品(艺术品或劳动产品)在传统时代"独一无二"神圣性或独特性的显现,而其"消逝"则意味着,经由某种现代运作(机械复制抑或现代市场的标准化分级),虽可使其"内容保持完好无缺","但却无论如何贬抑了原作的'此时此地'"。③ 如果审慎地将之延伸至人际交往领域,"任何社会个体都可以拥有灵晕"④,那么"身体"的活动,就是"灵晕""独一显现"的唯一保证;顺此,"亲笔手写"就成为"灵晕"在书写中得以展现的唯一保证,也即海德格尔所说的"个性"。在这个意义上,奏折制度下历代帝王对"手"与"身"的强调与控制,就浮现出"灵晕"营造的权力意味。而电报则正是通过手写与数码间的转换,"贬抑"了"亲笔手写"所中介着的"此时此地",从而改变着权力的"面孔"。不过,在此我们以"离散"替用本雅明的"消逝":"消逝"可能隐含着整体的线性取代,尽管留下了挽歌般的回响;而"离散"是细微处的剥离与分解,是居高处的崩裂与散落。在新旧媒介遭遇而衍生出的权力合法性转换之中,与中心的"离散"同时也蕴含着向心的张力。

自然,皇朝"灵晕"的建构不限于书写,且有着漫长的历史连续性。学者对路易十四的研究指出,"统治者及其官署——通常被视为宇宙的化身——对全国其他地方而言,是个神圣的、'具有代表性'的中心"⑤。对前现代的君主而言,"灵晕"就是要将其身体及所在空间的独一无二性,置于万事万物的独一无二性之上。这在帝制中国的政治实践中,很大程度上是通过祭祀典礼实现的。有研究清代大祀祭典的学者指出,通过精心筹划的身体展演,皇帝"与神灵结成同构关系",沟通着"高高在上的神灵和祖先",实现着天、地、人的结合,从而通过"整体的完满",占有了调和"政治与家庭""宇宙和社会"秩序的权威。⑥

---

① [法]福柯:《知识考古学》,谢强、马月译,生活·读书·新知三联书店1998年版,第10、223-224、227页。
② [美]凯瑞:《作为文化的传播》,丁未译,华夏出版社2005年版,第176-177页。
③ [德]本雅明:《迎向灵光消逝的年代:本雅明论艺术》,许绮玲、林志明译,广西师范大学出版社2004年版,第32、104、61、64-65页。
④ 引见延森:《媒介融合:网络传播、大众传播与人际传播的三重维度》,刘君译,复旦大学出版社2012年版,第72页。
⑤ [英]彼得·伯克:《制造路易十四》,郝名玮译,商务印书馆2007年版,第13页。
⑥ [美]司徒安:《身体与笔:18世纪中国作为文本/表演的大祀》,李晋译,北京大学出版社2014年版,第178、213、246-247页。

　　奏折礼制中的诸多规制,即由此延伸而来。谢恩折中的跪拜、"拜折"仪式中对神圣空间的营造,以及借抬头、避讳等书写格式对书面空间秩序的规整,都与祭祀典礼一脉相承。但是与祭典不同,奏折礼制只对君臣关系中在下一方写有明确的脚本,皇帝的身体则居于几乎不受限制的绝对中心位置。同样是手写,朱批是一种口语化的"即兴表演",而臣工奏章则近于一种以"手写"方式实现的"标准化","千人一面"与小楷的"一字万同"相伴随。即是说,皇帝独一无二的"个性",建立在群臣个性"泯灭"的基础之上。廷寄制度下对作为"代身"的军机大臣的严密防范,对"内廷行走"职衔的随时赐予或褫夺,也正是为了保证皇权"灵晕"不致被任何人分享、遮蔽或侵夺。

　　电报引发皇朝"灵晕"的离散,内在里是新媒介的传输方式改变着旧有的奏折书写方式。在这个以时间重塑空间的新网络中,电报将一种电码形式的新语言,嵌入由毛笔、小楷和纸张所构成的奏疏书写,这些旧媒介依然还在,却被电报瞬息可至的新传播方式断为两截。通过"剥离"诸如字迹、纸张等物件,电报在传播中阻断了奏折"见字如面"的一对一的沟通方式,创设出"电奏"这一新文体,将君臣拖入到新的权力展演场景中。旧有维系"灵晕"的封闭网络就此被打破,电报与奏疏并立交错,密码传播的文本消解了身体跪拜与手写格式,"灵晕"的展演就此变得断断续续、时有时无。

　　当电奏文体转向"语质而事核,词约而理明",实际上也开始"离散"着来自传统书写与知识对皇朝"灵晕"的深层支撑。早自三代始,中国即有以文字向"天子""拜手稽首"一说,而周代官制中的天官、地官亦都有专门负责"置邮传命"的属官。如果说中国人是通过"分官设职"来安排天地人秩序的,[①]那么,这种"分官设职"又通过与科举制的紧密联系,转化为传统书面知识对"灵晕"的深层支撑。小楷盛于清代奏折与科举书写之中,奏疏中皇帝与"圣"字的交融,如"圣人""圣躬""圣心""圣训"之类,均是明证。也因此,无论电奏新表述方式还与"旧制"存在着多少纠缠,它事实上已经在"隐蔽性"地剥离着既隐含于"语词""事理"中,也潜藏在历史深处的皇帝"灵晕"。一旦"事实"逐步脱离以古老知识为支撑的"义理",则"君上"不仅开始成为疲于应付时间的机器,更严重的是皇帝"奉天承运""一统攸同"的"灵晕"威仪,会因"义理"统合的缺失而碎片化为琐细的"事实","天地"秩序亦随之崩裂而变得难以收拾。

　　如前所及,说皇朝"灵晕"因电报而"离散",绝非是要以此寻得新起点,将历史重新组织为一种朝向"现代"直奔的总体化叙事,而毋宁是要借此审视新媒介的"现代"意味,同时也为凸显"旧制新法"并行与纠缠中的复杂。1901 年当皇帝的身体"巡狩"于西安,八国联军入京之际,要求"去旧行新"的两位"江楚会奏"联衔者闻知,"各使欲乘黄轿在乾清宫降舆",当即电奏表达"实堪骇异"之情,质问"各使不顾中国仪注,独不为中国留体制乎?"吁请"总以阻其黄轿诣宫门为断","以存国体"。[②] 对"灵晕"空间的逾

---

① 阎步克:《服周之冕:〈周礼〉六冕礼制的兴衰变异》,中华书局 2009 年版,第 29 页。

② 刘坤一:《刘坤一奏疏》(二),陈代湘等校点,岳麓书社 2013 年版,第 1592-1593 页。

越,联系着"国体"的存留。而事实上,持有如此这般信念者不限于官场,皇帝的"灵晕"早也弥漫于四民之间。在 20 世纪初年的一部官场谴责小说《新上海》中,作者营造了一个几乎将军机处、奏折、电报、报纸等新旧媒介一网打尽的情节:一位自诩办了上海报界"最为纯正"之报的报人,称其报多为官场"喜瞧",某日恰被"偶尔高兴"的摄政王"瞧阅"了两篇论说,居然"饬军机处专电到敝报馆来,叫敝报馆每日恭办一份报,专班寄上去",据说"还要经筵处讲官讲给皇上听"。于是报馆总经理"特特亲自"赴洋行选购上等外国纸,"每日亲自监督着印刷",印好后摆香案、理衣冠,"仿照督抚拜发奏折的样子"行三跪九叩礼,"恭恭敬敬将这份报纸寄了去","然后再印刷发售的报纸"。①

　　或许,小说家无意间在向本雅明的理论提出挑战,机械复制的报纸,同样也可以拥有"灵晕",因为在某种意义上,它已经变成了"拜发"的"奏折",尽管拜发者身处洋场报界,字体的标准化由手写变为印刷,它的独一无二也只能由接收者的独一无二来保证。又或者,这是一个媒介与皇权关系的历史隐喻。如果新的媒介史书写赞同福柯所言,"断裂分析的主旨是在如此之多的变化中建立相似和差异、等级、补充、巧合和差距",展示"连续性怎样产生和在什么不同的层次上能够发现不同的连续性",②那么指出如下结论当不意外:当电报传播"隐蔽性剥离"了"手"与"身",皇权"灵晕"也可能离散、碎片化为飘浮在大地之上的孤魂,随时等待着新机器的"化身"召唤并重新聚合。

---

① 陆士谔:《新上海》,章全标点,上海古籍出版社 1997 年版,第 11 页。感谢黄旦教授提示这一史料。
② [法]福柯:《知识考古学》,谢强、马月译,生活·读书·新知三联书店 1998 年版,第 227、218 页。

京报、新闻纸与清政府
信息控制能力的式微 *

邵志择

（浙江大学传媒与国际文化学院）

摘要：清政府对信息和传播信息的媒介都有严厉的控制措施，这一信息控制机制一直都是有效的，直到西方人以及他们引入的新闻纸反制了清政府对信息的控制。新闻纸的大量增加与租界制度的保障，使得清政府不再能维持专制统治所必需的保密统治，这在很大程度上改变了晚清的信息和舆论环境。清政府信息控制机制的失效不仅使清政府的权力运作处处被动，也使得权力无法控制的新型舆论政治空间得以形成，晚清政治革命的勃兴与辛亥革命的成功与此不无关系。

关键词：京报；新闻纸；保密统治

新闻纸，在近代中国官绅阶层中最初仅指"夷人"所办报纸，后来才成为一个泛称。从表面上看，这种被称为"新报"的新闻纸只是在内容上比京报①更加丰富，实质上却是脱离了牢牢控制着京报的权力结构，从而使中国的"报纸"②获得了一种现代特性——独立的编辑权和发行权，由此给传统中国社会引入了一种全新的社会性权力。这才是新报之所以新的关键所在，也是改变晚清政治格局的一个不可忽视的因素。仅从信息控制的角度来看，自从有了新闻纸以后，清政府的信息控制能力逐渐减弱，到清末最后数年间，朝廷实际上已无法有效控制信息的传播，甚至连政府的秘密政务也只能听任新闻纸泄泄报道。朝廷密政不保，对专制权力是一个绝大的威胁，不仅不利于政府的有效运作，对掌权者而言也有祛魅和瓦解其权力的负面影响。③ 本文的目的就

---

* 本文原载于《新闻与传播研究》2018 年第 5 期，有修改。

① 邸钞和京报在清代官绅用语中可以通用，提塘官管理的邸钞可以叫京报，民间出版的京报也可称为邸钞。因此下文间用邸钞或京报，视语境而定。

② 报纸原指邸报，新闻纸出现以后也被叫作报纸。

③ 罗伯特·达恩顿曾提及，18 世纪法国的新闻媒介经常揭载国王的负面新闻，以至于一般民众失去了对国王和政权的敬意，专制政权因此危机四伏。参见［美］罗伯特·达恩顿：《屠猫狂欢：法国文化史钩沉》，吕健忠译，商务印书馆 2014 年版，第 218-219 页。

是想一窥新闻纸是如何发挥这种影响并因而削弱了清廷控制信息能力。这一过程当然是从"夷人"开始的,不过,他们首先利用的却是属于原有体制的京报。

一

清代政府的信息控制制度较为完备①,不要说普通百姓,就是与某事无关的官员乃至高级官员,要想得知相关的密政也殊非易事②。当然,朝廷施政信息必及于民,许多政务信息也是公开的,清代的明发谕旨中常有"原折一并发钞,通谕中外知之"或"俾众知之"之类的话,可知公开发钞的内容并不限于官场,普通民众也可"知之"。所以,京报作为传播朝廷公开信息的补充渠道,也得到朝廷的认可。但是朝廷针对京报也有防范措施,比如各部院奏准、议覆的应行发钞事件,经钤印之后邸钞方可按日抄录刊发,如果承办衙门并未发交,则不得刊发。另外,"凡本章有应慎密之事,必俟科钞到部十日后方许钞发。如有邸报先于部文者,该督抚将提塘参处。至一应小钞,及讹传、洩漏等弊,令六科、五城御史严查惩治"③。清代律例还规定,即使是平常事件的本章,只要未经御览就是秘密,邸钞如刊刻图利,相关人员就要被治罪。④ 京报的编辑权实际上掌握在朝廷手中,所以朝廷不必担心它们泄漏政务机密,这也是它可以由民间刊刷的原因。

西方人初到中国便发现京报是了解政府举措的有效途径,因此设法罗致。一开始朝廷似乎并没有在意这种情况,但是当鸦片战争爆发以后,朝廷便认为京报是向夷人泄密的一个途径。

---

① 从顺治、康熙两朝开始到雍正朝完全建立起来的密折制度,使得朝廷重要的政务信息只在皇帝和少数官员之间传递,同时,清廷还以军机处为核心严格控制信息外泄,对官员泄露信息的预防和处理也较为严厉。关于这方面的情况,可参见杨启樵《雍正帝及其密折制度研究》(上海古籍出版社 2003 年版)一书的有关章节;另见以下各书:[清]昭梿:《啸亭杂录》,何英芳点校,中华书局 1980 年版,第 11、328 页;[清]赵翼:《簷曝杂记》,《簷曝杂记·竹叶亭杂记》,李解民点校,中华书局 1982 年版,第 1-3 页;[清]梁章钜、朱智:《枢垣记略》,何英芳点校,中华书局 1984 年版,第 1、5、133-134 页;[清]吴振棫:《养吉斋丛录》,童正伦点校,中华书局 2005 年版,第 53、55 页。

② 直到同治年间还是如此,比如以反对恭亲王等人"媚外"而著称的大学士倭仁,对总理衙门秘而不宣有关洋务之事深表不满,总理衙门便奏请将有关文件交给他阅看,并特别告诫他不要泄露内容。倭仁在阅看后的回奏中也特别强调自己加倍慎密,并无泄露情形。关于此事可参见[清]文庆等纂辑,《筹办夷务始末》(影印本)第七册,上海古籍出版社 2008 年版,第 209、213 页。在此之前,朝廷已经对机密制度导致负责对外交涉的官员相互之间不通消息的弊端有所改革,引入了交涉事件过程中督抚、将军等互相咨照的机制。参见[清]文庆等纂辑《筹办夷务始末》第五册,第 317 页。

③ 《清会典》(影印本)卷五十一"兵部",中华书局 1991 年版,第 470 页。

④ 原《大清律例》中有此规定,清末制定新刑律时被删除。参见[清]沈家本编:《大清现行刑律按语》,浙江大学图书馆 Cadal 数字图书(无出版信息),"十七·军政",第 7 页。

二

负责办理夷务的钦差大臣耆英注意到,英国人每天通过阅读京报来窥探朝廷动向,为此,他在道光二十二年(1842)六月上奏,要求江苏、浙江两省的督抚彻查究竟是谁在为"逆夷"辗转递送京报。道光皇帝在谕令中把递送京报之人称为"汉奸",拿获后可即行正法。① 在朝廷看来,京报所载是"内地机密要事",不能被逆夷知悉。浙江巡抚刘韵珂在遵旨严查京报因何为逆夷所获的奏折中提出,京报之所以能到达逆夷手中,是因为京报的传播渠道繁杂,除了提塘官递送的京报外,还有北京附近良乡、涿州等地所出的"良乡报"和"涿州报",这些由民间经营的京报,传递更为迅速。他认为,严查各省递送京报之人是绝其流,在京查究传钞京报之人才能"杜其源"。②

这件事除了道光皇帝在刘韵珂上奏后有所表示之外,未见后续行动,可能是朝廷和地方督抚知道要查清京报的发行渠道比较难,而出版京报本是朝廷许可的。此处的关键是夷人得阅京报,朝廷在处理夷务的时候就有可能因信息泄露而受制于夷人。咸丰八年(1858)五月吏部尚书周祖培等人的一份奏折对此有明确的认识。周祖培等人观察到,自五口通商以来,夷人到内地居住,往往"不惜重资购觅邸钞",朝政虚实已尽为所窥。如果再按照《天津条约》允许夷人久驻京师,那么朝廷"凡有举动,纤悉必知,既速且详,动为所制"。这是他们总结的外人驻京八大害中的第一要害。③ 另有一位六科给事中也提出,天津和议达成以后,外国人不仅驻京,也可在内地随意居住,"阅我邸报,致我一切政务,皆在夷人腹中"。这是他所说的和议十害之一。④

从京报"泄密"一事可知,朝廷对何谓"机密"是按照具体情况而随时界定的,只要对自己不利,即使是公开发钞的内容也是机密,京报被"逆夷"所得,就等同于泄漏了朝廷秘密,向夷人出卖京报者就是汉奸。"汉奸"一词在道光、咸丰时期频频出现在奏章和谕旨中,指的是那些给外国人提供各种服务以获取利益的中国人,其中给外国人提供情报的人也不少,京报只是较为公开的一种情报而已。道光时期,沿海地方督抚已经知道英国人善于获取情报,为防止走漏消息,他们曾奏请朝廷,涉密事件尽量不要发钞。⑤ 但是,不发钞并不能阻止英国人获知京报不载的密谕、密折,咸丰八年朝廷在广东秘密施展"用民剿夷"策略遭英人侦悉就是一例。

咸丰曾密谕两广总督黄宗汉,要他暗中支持在籍绅士罗惇衍等人办理团练,以武力对抗占据省城广州的英国人,而官方则不出面,以免引起麻烦。因为此时《天津条

---

① [清]文庆等纂辑:《筹办夷务始末》(影印本)第二册,上海古籍出版社 2008 年版,第 387 页。
② [清]文庆等纂辑:《筹办夷务始末》(影印本)第二册,上海古籍出版社 2008 年版,第 444—445 页。
③ [清]文庆等纂辑:《筹办夷务始末》(影印本)第四册,上海古籍出版社 2008 年版,第 90 页。
④ [清]文庆等纂辑:《筹办夷务始末》(影印本)第五册,上海古籍出版社 2008 年版,第 70 页。
⑤ [清]文庆等纂辑:《筹办夷务始末》(影印本)第三册,上海古籍出版社 2008 年版,第 262 页,另见第 272 页。

约》已经签订,密谕特别指出不能让夷人知道此事的内情。① 咸丰另有密谕令罗惇衍等人按内定计划行事。但是,咸丰"用民剿夷"的秘密竟然被英国人获知,他们在给清方的照会中甚至粘贴了一份咸丰给罗惇衍等人的密谕。这份密谕被朝廷认为是伪造②,但是从照会粘贴的谕旨中我们可以看到,即使文字不完全吻合,意思也符合咸丰数次下发的谕旨③。很显然,朝廷与地方官员、在籍绅士的往来密件不再能够保密,正如署理两广总督劳崇光所言,这是因为"夷耳目太众"了。劳崇光提到的例子是僧格林沁天津报捷④的密奏,这份奏折一个月以后已在广东省各处传阅,查究其来源,均曰抄自"夷船"。咸丰在谕旨中也提到,两江总督何桂清奏称"该夷以重价购觅僧格林沁折稿",由此可见"该夷工于侦伺"。⑤ 当时的官员对夷人刺探情报的能力高度警惕,因此在天津城被英法军队占领以后,参与交涉的钦差大臣设法在京津之间的杨村驻扎一名钦差,专门负责往来文报的秘密递送,以防密奏和谕旨被夷人侦知。⑥

朝廷的秘密文移原为制夷的一种手段,一旦为夷人窥破,反受其害,朝廷除了更进一步加强自身的保密工作之外,似乎没有更好的办法。另一方面,清廷在交涉事件过程中的暗箱操作也早已使得夷人,尤其是"英夷",对清廷失去了信任,他们转而采取了一些措施迫使清廷公开有关交涉事件的信息。办法之一是要求清方公开发钞重要信息,甚至明确提出要在京报上刊登;还有就是将交涉事件由自己一方主动公开,并通过新闻纸广为传播。

《天津条约》签订之后,清廷并未将条约内容公开发钞。英法两国认为清廷不守信用,所以英国人在新订的《北京条约》内加入了续增条款,其中有强制清廷公开条约内容的第八款和第九款:在京互换原《天津条约》之后,大清皇帝必须"允于即日降谕京外各省督抚大吏,将此原约,及续约各条,发钞给阅,并令刊刻悬布通衢"。各地奉到谕旨之后,英方才能撤出原来占领各地的军队。⑦ 恭亲王等人仍想用以前的欺骗手段,准备先拟一份谕旨给英国人看,特别请求咸丰帝"仍将谕旨不发钞",待事成之后再谕令执行。倒是咸丰表示要明降一道谕旨,并且"交内阁发钞",以杜奸谋。⑧ 谕旨还没有来得及发出,英国人竟然擅自为清帝草拟了一道体现续增条款第八款和第九款内容的"谕旨",并要求将这道"谕旨"公开发钞。对英国人如此越制且侵犯主权的行为,恭亲王等人居然认为内容与他们原拟的差不多,略加润色之后便可宣布。咸丰皇帝关心的

① [清]文庆等纂辑:《筹办夷务始末》(影印本)第四册,上海古籍出版社 2008 年版,第 167 页。
② [清]文庆等纂辑:《筹办夷务始末》(影印本)第四册,上海古籍出版社 2008 年版,第 245 页。
③ [清]文庆等纂辑:《筹办夷务始末》(影印本)第四册,上海古籍出版社 2008 年版,第 251-252 页。
④ 指咸丰九年(1859)五月清军在大沽口大败英、法军队一事。
⑤ [清]文庆等纂辑:《筹办夷务始末》(影印本)第四册,上海古籍出版社 2008 年版,第 438 页。
⑥ [清]文庆等纂辑:《筹办夷务始末》(影印本)第五册,上海古籍出版社 2008 年版,第 28 页。
⑦ [清]文庆等纂辑:《筹办夷务始末》(影印本)第五册,上海古籍出版社 2008 年版,第 221-222 页。
⑧ [清]文庆等纂辑:《筹办夷务始末》(影印本)第五册,上海古籍出版社 2008 年版,第 218-219 页。

则是"该夷伪谕,是否为互换凭据? 抑系通知各省? 若仅为互换,不妨接收"①。于是这道"伪谕"真的交由内阁正式发钞,大概也因此而见于京报。英国人看到这道他们自己拟定的"谕旨"之后,果然决定退兵。②

事情的戏剧性出现在钦差大臣将用宝之后的"伪谕"出示给英法两国首领之时,两国首领此时竟拿出已经刊刻印刷好的《天津条约》和续增条款的《北京条约》,要求清廷钤盖官印,发下各省执行。③ 此举似乎是针对咸丰"抑系通知各省?"之虑而有意为之,以预防清廷的秘密政治。过了几天,英法官员就将通行各省的条约告示1500张、条约本1280册送到恭亲王等人的办事衙门,同时又提出新的要求:由他们自己派人亲自送到奉天、山东、闽、浙、两广、江苏各省督抚那里,再由督抚下发至府、州、县,广为传播。清廷虽然觉得由夷人代为传递公文"于体制殊有关碍",但是为了顾全大局,也只得照办。在朝廷给相关各省督抚的咨文中,我们看到发给每个省的除了合约、告示之外,还有京报各200本。④ 下发京报估计也是英法方面提出来的,大概是因为京报载有那道"伪谕"。

英法两国首领这样做,是想用强迫清廷公开文件的方式让清方信守条约。条约文本是让地方长官得悉具体的内容以便执行,京报和告示是为了让地方士绅和百姓知道有关和约的信息。京报和告示这两种清廷常用的传播媒介,此时在外国人的介入之下也起了解密朝政的作用。在此事件以前,涉外事件的密折、廷寄谕旨等,"军机处概不发钞",因此也不可能出现在京报上,这样做是为了"以昭慎密而防洩漏",便于朝廷秘密处理交涉事件。⑤ 英法官员早已看破了清廷的伎俩,故有上述举动。法国在《天津条约》的"补遗六条"内,还以条约正规文件的方式,要求清方将广西西林县令张鸣凤革职的消息公开,并且明确指出要将此事"备载京报内"。⑥ 后来清政府也终于认识到,一旦事情已经发钞,"则中外宣播,必不能掩人耳目"。只能按照已经公开的信息处理涉外事务,以免洋人猜疑。⑦

除了利用清政府掌控的传播手段之外,"夷人"还善于利用自己的新闻纸来破坏清廷的信息控制网。

外国人的新闻纸早在道光年间就为朝廷所知,林则徐曾派人翻译其中的有用信

---

① [清]文庆等纂辑:《筹办夷务始末》(影印本)第五册,上海古籍出版社2008年版,第235-236页。
② [清]文庆等纂辑:《筹办夷务始末》(影印本)第五册,上海古籍出版社2008年版,第241页。
③ [清]文庆等纂辑:《筹办夷务始末》(影印本)第五册,上海古籍出版社2008年版,第244页。
④ [清]文庆等纂辑:《筹办夷务始末》(影印本)第五册,上海古籍出版社2008年版,第261-262页。
⑤ [清]文庆等纂辑:《筹办夷务始末》(影印本)第五册,上海古籍出版社2008年版,第317页。
⑥ [清]文庆等纂辑:《筹办夷务始末》(影印本)第四册,上海古籍出版社2008年版,第137页。按:张鸣凤是"马神父事件"的责任官员。
⑦ [清]文庆等纂辑:《筹办夷务始末》(影印本)第六册,上海古籍出版社2008年版,第371页。这里所涉及的事情是咸丰八年广东富商伍崇曜与美国商人筹款三十余万两银子借给清政府一事。美商此时要求清方带息归还。没有发钞的密谕与公开发钞的户部公文有矛盾,处理此事的官员只好按照已发钞的文件来办理。

息,这是新闻史上的常识。第二次鸦片战争时期,两广、两江督抚对新闻纸也极为关注,尤其是两江总督何桂清,经常从上海道府获取来自英法本国、中国香港和上海本地外文新闻纸的内容,把它们当作重要信息咨送朝廷。何桂清发现,"各夷不论何事,必在夷馆作一说贴,刊刷传播,名曰新闻纸"。他所看到的新闻纸甚至报道英法联军在天津受挫一事,其中有英军伤亡的具体数字。不过,夷人的新闻纸也将清军的炮台绘制成图刊印出来,这无疑泄漏了重要军情,何桂清对此深感痛恨。①

《天津条约》签订之后,两广总督黄宗汉正仍在执行咸丰帝鼓励地方团练试图以武力收回省城的计划。当他从密谕中得知和议已成,便立即停止了军事行动。为了安抚地方百姓高涨的反英情绪,黄宗汉秘而不宣天津和议特别是赔款之后才能收回广州城的消息。但是,英国方面却把《天津条约》全文五十六款刊于香港出版的新闻纸。赔款还城的消息很快便通过新闻纸传播到了广东省,一时间"谣言四起"。百姓也明白了官绅停止攻剿夷人的原因,因而大骂罗惇衍等人虎头蛇尾,空耗民间数十万银两。主战的百姓公开表示"不告于绅,不禀于官,自捐自战"。② 香港新闻纸公开的条约使得百姓知道了真相,官府首鼠两端的秘密政治曝光,爱国爱乡的百姓彻底失去了对官绅的信任。

上海方面,负责与英法谈判的钦差大臣桂良、花纱纳、何桂清等人也获知条约已由夷人刊本传播,赶紧让上海道吴煦也刊刻条约,以便在谈判时出示给"夷酋",表示遵守条约,并奏请咸丰皇帝将英、法、美三国条约用宝之后发给他们。③ 可见,外国人公开交涉信息的做法倒逼着习惯于幕后政治的清朝官员调整交涉策略。这样一来,确如道光年间两广总督徐广缙所言,机密事件一旦泄漏于外,"则以后抚驭事宜,必多掣肘"④。后来发生的事情印证了此说。比如,同治六年(1867)十一月,两江总督曾国藩上了一道议覆修约的密折,次年闰四月中旬被上海的新闻纸刊出。曾国藩在密折中对"请觐、遣使、开拓传教"持"不特不与力争,并可有求立应"之说。⑤ 由于他当时的地位,所以密折被外国领事官获知之后,很快便出现在上海的新闻纸上。当时正值再次修约的关键时期,朝廷对这样的泄漏事件极为忧虑,认为这样一来,"我谋未定,彼已预防,转恐肆其诡谋,为先发制人之计"⑥。上海新闻纸公开刊登曾国藩的密折很有可能就是外国领事的先发制人之计,对此,曾国藩只有自请议处,朝廷也无可奈何,只能进

① [清]文庆等纂辑:《筹办夷务始末》(影印本)第四册,上海古籍出版社 2008 年版,第 391 页。道、咸时期外国人所办的外文报刊经常报道密折、密谕的内容,何桂清等沿海督抚似乎没有留意。马士所著《中华帝国对外关系史》所引英文《澳门月报》《北华捷报》常提到密折和密谕,此处不一一注明,可参看该书中文版第一卷(张汇文等译,上海书店出版社 2000 年版)。
② [清]文庆等纂辑:《筹办夷务始末》(影印本)第四册,上海古籍出版社 2008 年版,第 194-196 页。
③ [清]文庆等纂辑:《筹办夷务始末》(影印本)第四册,上海古籍出版社 2008 年版,第 315 页。
④ [清]文庆等纂辑:《筹办夷务始末》(影印本)第三册,上海古籍出版社 2008 年版,第 262 页。
⑤ [清]文庆等纂辑:《筹办夷务始末》(影印本)第七册,上海古籍出版社 2008 年版,第 329 页。
⑥ [清]文庆等纂辑:《筹办夷务始末》(影印本)第七册,上海古籍出版社 2008 年版,第 465 页。

一步强调密奏往来应格外慎密。

同、光两朝，外人的新闻纸报道朝廷机密事务似乎成为常态。[①] 朝廷无如之何，所以蒯光典在一篇上皇帝书中建议，与其听任有关中外交涉的密件屡被"洋报"私自刊登，不如由朝廷主动把洋务交涉密件刊刻成书，并随时补刊，以便士大夫留心洋务。[②]由于外国人和中国人开办的新闻纸馆越来越多，到了光绪末年，朝廷想要保密几乎不可能。御史赵炳麟奏称："近年国家行政，多尚秘密，凡谕折稍关政法者，多不发钞。"而各私家报馆则"秘密探事，布满京师，以致军机、外交及宫中举动，皆被探出，刊登报章，是欲秘其所不必秘，而反发其所不可发"[③]。赵炳麟所说的"私家报馆"指的是中国人自办的新闻纸，也就是一般所称的"民报"。到光绪末年，这种私家新闻纸已蔚为大观，它们有相对独立的编辑权，大部分都在租界里享受着与"洋报"大致相同的自由出版权和言论权，不仅可以随时刊登朝廷秘密，也可以随意议论朝政。诚如管翼贤所言："光绪末叶数年，出报既不报知官厅，其言论之自由，可谓有闻必录。对于政治之得失，内外大员之善恶，皆可尽情指责；人民之冤抑，更可尽情登载。"[④]至此，我们可以看到，从京报为外人所阅到新闻纸的无处不在，暴露朝廷密政的网眼越来越宽，甚至可说已到了无网的状态，真所谓"有闻必录"，而朝廷的控制办法却极为有限。

三

对于新闻纸，像林则徐这样的官员首先想到的是利用新闻纸收集情报，恭亲王等人在奏请设立"总理各国事务衙门"时也提出，要各地按月咨送各海口内外商情和新闻纸，这样才能在处理夷务时"于中外情形，了如指掌"[⑤]。于是，沿海涉外机构向朝廷咨

---

① 这方面的例子不少，比如同治十三年(1874)《上海林华书院新报》(疑即《教会新报》)和《香港华字日报》、上海《汇报》刊登了沈葆桢的密折以及密寄谕旨，这是当年朝廷高度重视的泄密事件，追查了大半年之久。关于此事，可参见［清］文庆等纂辑：《筹办夷务始末》第八册，第538、561、612、632-633、685页。《教会新报》在1873年5月号也刊出过福建巡抚王凯泰的密折，参见 Adrian A.Bennett, *Missionary Journalist in China：Young J. Allen and His Magazines* (1860—1883)，University of Georgia Press，1983，p.148。《万国公报》时常刊登奏折，比如孙家鼐的《遵议开办京师学堂情形疏》曾被刊于《万国公报》第100卷(1897年5月)。中法战争期间，《申报》多次报道朝政秘密，朝廷数次想关闭《申报》，但是没有可行的办法，参见 Natascha Vittinghoff，"Readers，Publishers and Officials in the Contest For a Public Voice and the Rise of a Modern Press in Late Qing China(1860—1880)"，*T'oung Pao*，Second Series，vol.87，no.4/5(2001)，p.427。

② ［清］蒯光典：《金粟斋遗集》卷二，沈云龙主编"近代中国史料丛刊"第三十一辑，台湾文海出版社1959年版，第173-174页。

③ 《御史赵炳麟请令会议政务处筹设官报局片》，故宫博物院明清档案部编：《清末筹备立宪档案史料》下册，中华书局1979年版，第1059页。

④ 管翼贤《北京报纸小史》，杨光辉等编：《中国近代报刊发展概况》，新华出版社1986年版，第404页。

⑤ ［清］文庆等纂辑：《筹办夷务始末》(影印本)第五册，上海古籍出版社2008年版，第318-319页。

送新闻纸遂成为一项惯例。① 朝廷只是从获取有用信息的角度重视新闻纸,并无利用新闻纸主动沟通中外信息的意思。② 相反,朝廷还加强了对邸钞的控制。据文廷式说,原来的邸钞对留中不发的奏折一般都会刊列目录,但是在第二次鸦片战争结束时,西人根据邸钞所列目录索观这些奏折,于是朝廷便禁止邸钞刊登,但在官场内部传阅的内阁钞报中仍然予以保留。到乙未年(1895)九月,内阁钞报也取消了这些目录,为的是进一步加强朝廷文件的保密性。③ 文廷式还提及,即使可以公开的奏折,一般也由军机处删改之后才发钞并刊于邸报。④

到清末开始举办官报的时候,原来为确保朝廷密政不被泄露的军机处仍如雍正年间那样运转,朝廷在改革官制时仍认为军机处承旨办事“较为密速”,所以军机处和内阁的旧体制得以保留。⑤ 这就意味着发钞制度也基本上延续了旧制。⑥ 与以前不同的是,传统的京报被朝廷新创办的官报取代。⑦ 但是,朝廷的中央官报——主要是《政治官报》和《内阁官报》——实际上只不过是京报的新闻纸形式而已。⑧《政治官报》的内容主要是章奏、谕旨、公文,这三类内容每期高达81.4%,新闻的分量微乎其微,论说则一概阙如。⑨ 最值得注意的是,与京报一样,《政治官报》的主要内容都要经过军机处认可发钞后才可刊登,事关慎密的内容仍不公开。⑩《大清报律》又规定:“凡谕旨章奏未经阁钞官报公布者,报纸不得揭载。”⑪从这一条款看,清廷的思维还停留在邸钞一统的时代。这一条在宣统二年(1910)修订的《钦定报律》中虽被删去,但是在原报律“外交、海陆军事件”禁止报纸刊登的条文中却增加了“其他政务”一项:“外交、海陆军

① 同治六年二月,恭亲王曾在一份奏折中说:“从前侦探外国开设字馆,搜访各省及外洋事件,刊刻发卖,名曰新闻纸。虽未必尽属可信,然因此推测,亦可得其大概。是以奏定章程,行令南、北洋通商大臣并劄饬各税务司,按月咨报。”[清]文庆等纂辑:《筹办夷务始末》(影印本)第五册,上海古籍出版社2008年版,第200页。

② 江苏布政使丁日昌曾于同治六年奏请朝廷在通商口岸主办新闻纸,但是朝廷置之不理。参见[清]文庆等纂辑:《筹办夷务始末》(影印本)第七册,上海古籍出版社2008年版,第355页。

③ [清]文廷式:《闻尘偶记》,《青鹤》1933年第1卷第6期,“闻尘偶记”第1页。

④ [清]文廷式:《知过轩谭屑》,《近代中国》第18辑,上海科学院出版社2008年版,第440页。

⑤ “光绪三十二年九月二十日上谕”,上海商务印书馆编译所编纂:《大清新法令》第一卷,李秀清等点校,商务印书馆2010年版,第38页。

⑥ 军机处仍可决定文件的发钞与否,事关慎密的文件,军机处一般仍不令发钞。参见《政务处奏遵旨议复御史黄昌年奏请刊刻谕旨阁抄折》,上海商务印书馆编译所编纂:《大清新法令》第一卷,第556页。

⑦ “京城报房自奏办《政治官报》后,亦已一律禁止。”见[清]沈家本:《大清现行刑律按语》“十七·军政”,第7页。取消报房意味着不再有邸钞,民间经营的京报自然也失去了存在的基础。

⑧ 特别是《内阁官报》,其编辑事务由内阁主持,文件选择、刊登与以前的发钞程序相去不远。与邸钞不同的是,官报所载具有合法文件的资格,发行也由内阁负责。可参见《内阁总理大臣奕劻等奏请将政治官报改为内阁官报酌拟条例折》,故宫博物院明清档案部编:《清末筹备立宪档案史料》下册,中华书局1979年版,第1069-1072页。

⑨ 李斯颐:《清末10年官报活动概貌》,《新闻与传播研究》1991年第3期,第137-138页。

⑩ 《考察政治馆奏办〈政治官报〉酌拟章程折并清单》,上海商务印书馆编译所编纂:《大清新法令》第四卷,洪佳期等点校,商务印书馆2011年版,第557页。

⑪ 《宪政编查馆考核报律折片并清单》,上海商务印书馆编译所编纂:《大清新法令》第三卷,韩君玲等点校,商务印书馆2011年版,第36页。

事件及其他政务,经该管官署禁止登载者,报纸不得登载。"①"其他政务"的范围远超"谕旨章奏"。根据《钦定报律》第十二条的这一规定,官方可以随意禁止报纸刊登他们认为不可刊登的内容,因而大大增强了清廷控制政治信息的法律权力。资政院对"其他政务"提出了不同的意见,认为"政务"应该改为"政治上秘密事件"。② 军机大臣驳斥了这一说法,他们认为所谓"其他政务"就是"中国内治",按照新刑律"凡泄漏中国内治、外交应秘密之政务者,处三等至五等有期徒刑"的条款,朝廷有权禁止报纸泄漏"中国内治"之政务。军机大臣说得很明白:报律中所说的外交、军事以及其他政务都属于"通常"性质,"官署认为必要,始得从而禁止其登载,若事涉机密,当然不得登载,本毋庸再由官署禁止"③。这就是说,无论是否涉及政府机密,官方都有权禁止报纸刊登任何政务。换言之,所有政务原则上都可以被官方认定为机密之事。

从《钦定报律》第十二条及其官方的解释中我们可以看到,清政府在控制政府信息方面比起雍乾时期相差无多,到王朝覆亡之前仍然死抱着严控信息的观念和制度。何以如此?专制权力本身的逻辑使然。专制政府必须要留足充分的秘密政治空间,才能保证其权力的有效运作。这样我们就能理解,为什么清廷在表面上认可臣民享有言论、出版自由权,却仍要坚持由朝廷来决定何谓"政务",何谓"政治上秘密事件",又为何要把禁止报纸刊登政府消息之权牢牢掌握在官署手中。"其他政务"看起来只不过是四个字,其中包含的控制思维透露出了专制权力的任性本质。

四

专制统治的一个重要基础是对信息的有效控制,控制信息必然导致对信息传播媒介的控制。反过来说,如果传播信息的媒介不受控制,信息也就不受控制,专制统治势必式微。清廷原有的信息控制机制到清末已不能有效运作,这其中当然有诸多西方列强导入的因素,如外交、军事、租界、国际贸易等等,这些不是一篇文章所能说清楚的,本文所着眼的是不受清廷控制的信息公开手段,尤其是外人引入的"新报"——新闻纸,对清廷专制统治所起的消解作用。新闻纸这种新报异于中国旧有京报之处不在于形式,而是在本质上代表了一种权力体制之外的力量。清政府虽然认识到这种力量的危险性,但是他们一方面无法对抗外国人的势力,另一方面又死守着旧制度中的一套信息控制观念和手段,不能也不想与时俱进,因此无法有效

---

① 上海商务印书馆编译所编纂:《大清新法令》第十卷,何勤华等点校,商务印书馆 2011 年版,第 313-314 页。
② 《资政院奏议决修正报律缮单呈览请旨裁夺折》,上海商务印书馆编译所编纂:《大清新法令》第十卷,第 317 页。资政院是"代表舆论"的机构,他们的这一意见可能出于保护臣民的言论、出版自由权的想法。
③ 《军机大臣会奏资政院覆议报律第十二条施行窒碍照章分别具奏折》,上海商务印书馆编译所编纂:《大清新法令》第十卷,第 318-319 页。

应付日益公开的信息环境。① 清廷最大的变通,看来只是把京报改造为徒有新闻纸形式的官报,以此来抵消体制外的新闻纸揭秘政府政务和讥弹政府及其官员所造成的负面影响。② 清政府积极举办官报看似一种进步,实际上走的是防止泄漏朝廷政务秘密的老路,因而是消极的举动,所谓的"官报潮"事实上也未能遏制方兴未艾的"私家报馆"大潮。

外国人所办的新闻纸从咸丰时期开始就已不时地破坏清廷的信息控制机制,客观上撕开了清朝专制权力体制的一道口子,无意中为中国人提供了体制外的一种社会权力。孔飞力认为,帝制后期的中国人绝大多数没有机会接近政治权力,有时候人们会到制度之外去寻求这种权力。国家清剿异己分子时偶尔会有权力飘浮到社会上,人们便会迅速抓住这一难得的机会,使权力为自己所用。③ 租界制度和西人所创的新闻纸提供的正是飘浮到中国社会上的一种政治权力。对权力天生敏感的中国文人很快便认识到这种中国自古未有的社会资源所蕴含的力量,他们积极地利用了这种飘浮到社会上的权力资源,创办了许多"私家报馆",由此在朝廷权力体制之外开创了一个新型的议政空间,这样的空间如果单靠帝制中国自身的因素——比如京报——恐怕是很难找到入口的。我们特别要注意这样一个史实:没有一个清末报人曾提出要办一份类似传统京报的报纸,汪康年主办的《京报》名称虽旧,却是标准的现代新闻纸。④ 清末报人所要办的无一例外都是西方模式的新闻纸,这就可以理解为什么清末报人言必称《泰晤士报》。⑤"泰晤士"模式的新闻纸所代表的社会权力属于梁启超所说的"对抗力",也就是能够对权力进行制衡的力量。⑥ 晚清的进步报人和立宪者、革命者充分利用了这种力量与清政府的专制权力做斗争,他们创办的新闻纸在造成清政府无秘可守、舆论被动的两难局面中发挥了无可替代的作用。

---

① 两部报律因有外国租界治外法权的存在,实际上不能有效控制报馆的新闻和言论。清廷当然也采取摧残报界的诸多措施。这方面的情况可参见方汉奇主编:《中国新闻事业通史》第一卷,中国人民大学出版社 1992 年版,第 952-957 页。用暴力手段压制报界正表明清廷不能适应新环境。

② 清廷创办《政治官报》最主要的理由就是"私家报纸""往往摭拾无当,传闻失实,甚或放言高论,荧惑是非"。《考察政治馆奏办〈政治官报〉酌拟章程折并清单》,上海商务印书馆编译所编纂:《大清新法令》第四卷,第 557 页。

③ [美]孔飞力:《叫魂:1768 年中国妖术大恐慌》,陈兼、刘昶译,上海三联书店 2002 年版,第 302-303 页。

④ 只要看汪康年《京报发刊献言》和《论粤督限制报馆》就可得出这一结论。两文见[清]汪康年:《汪康年文集》上册,汪林茂编校,浙江古籍出版社 2011 年版,第 86-87、95-97 页。

⑤ 关于《泰晤士报》对中国近代报人和报业的影响,可看林盼:《仰之几如泰山北斗——晚清中国报刊对英国〈泰晤士报〉的追崇与仿效》,《新闻大学》2012 年第 1 期。

⑥ 梁启超:《政治上之对抗力》,《饮冰室合集》第四册,"文集之三十",中华书局 1989 年版,第 28-33 页。

"反动"、淫秽与生意:南京国民政府时期违禁书刊的产制、流通与管理*

郭恩强

(华东政法大学传播学院)

摘要:以往对违禁书刊,特别是对南京国民政府时期违禁书刊的研究,主要有法律的和政治的两种范式。前者采用的是"法条主义"的路径,后者则大多采用意识形态的视角,这两种研究范式常常是共享的,从而形成政治——法律的循环视角。但从传播的视域观之,南京国民政府时期的禁书是在特定的历史语境中生产流通的,它关联着城市空间、官僚体系、商业文化、流通载体等环境条件,也体现着出版商或为了信仰与主义,或出于商业利益,甚或盲目跟风而进行产销的多种目的。在官方训令密如雨下、查禁行动日甚一日的背景下,违禁书刊却依然层出不穷,禁不胜禁。之所以出现如此局面,原因复杂多样,政府官僚体系的运作机制、基层执法的文化实践、租界/地方政权的割据状态,以及出版机构强烈的趋利行为,都为违禁书刊的产制、流通提供了生存空间与发展条件。

关键词:马列书刊;淫秽书刊;禁书流通;城市网络;报刊管理

引 言

1928 年 12 月 26 日这一天,国民党中央秘书处致函国民政府文官处,要其协助调查上海四川北路宝兴路上第一线书店印行的《无轨列车》。国民党中央认为该杂志系共产党刊物,因此提请国民政府通令各省市政府禁止各书肆售卖,令交通部通饬全国邮局注意查禁扣留烧毁,令上海特别市政府禁止辖境内书肆售卖,并注意侦查第一线书店有无其他问题。一个多月后的 1929 年 2 月 5 日,上海市市长张定瑶回函国民政

---

* 本文原载于《新闻与传播研究》2019 年第 6 期,有修改。

府称,他已命令所属公安局严密查禁,令教育局饬知各书肆不得售卖该刊。同时,公安局还派人到现场进行了检查,最后查得《无轨列车》16 捆。因为当时书店老板不在上海,店中只有伙计二人,其他情况则无法查清。①

通过上述案件,我们可以一窥南京国民政府时期官方所认定的违禁书刊的产制、流通及管理状况。这个故事向我们呈现了在围绕违禁出版物构建起来的网络中,存在着形形色色的部门机构和行动主体,禁书关联着城市空间、官僚体系、商业文化、流通载体等环境条件,也体现着出版商可能为了信仰或商业利益而铤而走险,而最终的查禁效果对官方而言并不能说很理想。此案反映出的中国语境下有关违禁出版物所凸显的复杂面相,使得检视南京国民政府时期的违禁书刊问题十分必要。实际上,西方书籍史(或曰阅读史)在当代成为一门显学,就与对违禁出版物的成熟研究密不可分。比如,领军人物罗伯特·达恩顿(Robert Darnton)主要研究的是以禁书为中介的 18 世纪欧洲社会的信息系统,以及这个信息系统所造成的法国大革命前社会、政治、文化变革的条件。罗杰·夏蒂埃(Roger Chartier)则注意到了在法国大革命前,民众对含有政治讽刺和色情意味的违禁印刷品进行阅读所产生的去神圣化作用。② 就中国而言,以往对禁书特别是民国禁书的研究,概括起来主要有两种范式:法律的和政治的。禁书研究的法律范式大多采用"法条主义"的视角,主要关注官方颁布的法律法规、法条文本释义等方面;禁书研究的政治范式则多采用意识形态的视角,主要聚焦国民党政权对新闻出版领域的压制,采用的是压迫—反抗的模式,这一叙事关注的禁书问题往往与国民党政权的合法性相关联。③ 上述两种研究范式常常是共享的,从而形成政治—法律的循环视角。值得注意的是,近年来也出现了一些尝试从欧美书籍史的路径讨论民国禁书流通的研究。④ 但因档案资料的匮乏、视野方法的局限,此类研究还缺

---

① 中国第二历史档案馆编:《中华民国史档案史料汇编·第五辑第一编文化(一)》,江苏古籍出版社 1994 年版,第 188 页。实际上,《无轨列车》是一本施蛰存、刘呐鸥任编辑的现代新感觉派文艺刊物,国民党政府误认为共产党刊物加以查禁。参见[美]史书美:《现代的诱惑:书写半殖民地中国的现代主义》,何恬译,江苏人民出版社 2007 年版,第 270-288 页。

② 具体可参见达恩顿和夏蒂埃已有论著的中译本。前者有:《拉莫莱特之吻:有关文化史的思考》,萧知纬译,华东师范大学出版社 2011 年版;《旧制度时期的地下文学》,刘军译,中国人民大学出版社 2012 年版;《法国大革命前的畅销禁书》,郑国强译,华东师范大学出版社 2012 年版;《启蒙运动的生意:〈百科全书〉出版史(1775—1800)》,叶桐、顾杭译,生活·读书·新知三联书店 2005 年版;《华盛顿的假牙:非典型的十八世纪指南》,杨孝敏译,商务印书馆 2014 年版;《屠猫狂欢:法国文化史钩沉》,吕健忠译,商务印书馆 2014 年版。后者有:《法国大革命的文化起源》,洪庆明译,译林出版社 2015 年版;《书籍的秩序》,吴泓缈、张璐译,商务印书馆 2013 年版。

③ 这两种范式的禁书研究散见于各种新闻法制史著作,以及近些年大量涌现的以国民政府新闻出版管理为主题的硕、博士论文。

④ 此类成果较有代表性的有:张新强:《1927—1937 年的"禁书":马克思主义著作的出版和流通》,《党史研究与教学》2015 年第 5 期;张新强:《马克思主义著作在中国的出版、流通与阅读(1927—1937)》,博士学位论文,中共中央党校,2015 年;何建国:《领袖著作与意识形态:孙中山著作的出版与传播研究(1919—1949)》,博士学位论文,华东师范大学,2011 年;杨斌:《抗战时期国民政府对共产主义书刊的查禁》,《钟山风雨》2001 年第 4 期;张国伟:《马克思主义著作在中国的出版与传播(1899—1945)》,博士学位论文,华东师范大学,2017 年。

乏有关民国禁书的整体性论述,也无法达成书籍史(阅读史)面向社会下层的"向下看"这一重要目标。

基于以上研究现状,不同于法律和政治的研究范式,本文尝试从传播的视角切入,在借鉴已有书籍史(阅读史)成果的基础上,通过利用尚未被关注或挖掘的档案史料,考察中国 20 世纪三四十年代违禁印刷品的生产制作、传播流通,以及官方对此种状况的管理等诸多问题。具体而言,本文主要关注的议题是:首先,20 世纪三四十年代违禁书刊的生产网络如何在重要城市分布,各方出版商的生产制作动因和机制主要有哪些;其次,违禁书刊的流通网络如何借助城市街道、邮政系统、码头车站等传播枢纽和节点加以构筑,又如何通过书店、书摊这些微小终端下达到底层读者;最后,面对违禁印刷品禁而不绝的泛滥局面,官僚系统、警察、摊贩等各方主体的反应和态度如何,是哪些因素造成了违禁书刊查禁的低效。

一、城市街道、党义宣传与商业逐利:南京国民政府时期违禁书刊的产制机制

作为城市空间中禁书生产制作的节点,民国时期的出版机构往往发挥着政治、商业、文化等多重功能。商业出版机构的商业属性会把政治议题转化为利润问题,而政治出版机构的派别属性,也会把商业逻辑转化为政治议题。政治议题的商业考量与商业议题的政治考量,在城市出版机构中形成了一种混杂性的文化特质。罗伯特·达恩顿曾指出,禁书书商在供求之间所扮演的中介角色,以及他们起到的文化催化剂作用,还需要进一步的研究。[①] 在 18 世纪的法国,违禁书刊的生产与流通分工非常细化,整个产业链条中包括作者、出版商、印刷商、运输商、零售商在内的人员都在禁书获利中占据一个位置。在达恩顿所描述的禁书网络中,从纸张、油墨、劳力等原材料的供应,到排字、印刷工人的找寻,再到代理、走私、转运等运货人的确定,最终到批发、零售、小贩等书商终端的贩卖,是一个各环节有着清晰分工的传播网络。[②] 而在 1930 年代的中国,禁书的产制流通并没有 18 世纪的法国分工那么清晰,出版商、印刷商、发行商的身份往往彼此不分。在此格局中,书局、书店扮演着身兼数职的重要角色。此一时期的出版机构性质复杂,中小书店以独资和合伙为主,有自当老板经营的,也有出钱请人代为经营的,如一些军政党要人出资开办的书店。[③] 鱼龙混杂的出版格局,使得一些书商可以将违禁书籍变成生意来做。这种状况似乎与 18 世纪的法国出版业有诸多相

---

① [美]罗伯特·达恩顿:《拉莫莱特之吻:有关文化史的思考》,萧知纬译,华东师范大学出版社 2011 年版,第 105-106 页。

② [美]罗伯特·达恩顿:《法国大革命前的畅销禁书》,郑国强译,华东师范大学出版社 2012 年版,第 184 页。

③ 张新强:《马克思主义著作在中国的出版、流通与阅读(1927—1937)》,博士学位论文,中共中央党校,2015 年,第 45 页。

似之处:出版人也一样在乎利润,他们把启蒙运动变成生财之道,认为"值得印的好东西、让人肃然起敬的高品位的东西不难找,但是最关键的是,我们在付印以前必须确定印出来的东西能赚钱。这是我们必须遵守的最高原则"①。

南京国民政府时期,被称为"东方巴黎"的上海,拥有和 18 世纪的巴黎相媲美甚至更为庞杂的出版物产销网络。早在晚清,上海就成为中国当之无愧的出版、印刷与文化中心,聚集了当时最主要、最多、最大的报馆、杂志社等出版机构。当时报刊上的新学书籍、新学书籍广告,以及各地的新书局,在晚清新派人士眼里就是"文明"的象征。② 直至民国,上海在印刷资本主义的助力下,稳居中国印刷品产制流转的中心地位。有人统计,1912 年到 1917 年在《申报》上刊登广告的出版机构至少有 135 个。③这些以新兴书店、传统书铺、书摊等形式存在的文化机构,有规律地分布镶嵌于上海这座被称作魔力之都的几块区域空间里。福州路与北四川路一带聚集了以售卖中西新式出版物、二手书为主的书店,城隍庙一带则聚集了流转线装书、古籍书的书铺和书摊。1935 年有关上海市书店的一个调查显示,当时上海共有书店 261 家,其中除了近30 家专营旧书的书店外,多数书店兼顾发行、经售各类新书等业务。④

在上述出版机构中,出于各式各样的动机与目的,生产、制作与销售违禁书刊的出版商就夹杂其中。上海只是当时违禁书刊出版的一个典型代表。1929 年国民党中宣部的一个报告,透露了违禁出版商从事此业的动机。该报告显示:1929 年"反动"刊物较 1928 年增加 90%,其中共产党刊物占 54%,改组派刊物占 24%,国家主义派刊物占 5%强,无政府主义派刊物占 4%,帝国主义者刊物占 1%,第三党刊物占 2%,其他刊物占 8%。报告分析了违禁刊物泛滥的原因,认为是"反动者"或者借出版销售禁书骗取苏俄金卢布,以供寓居租界的一切开支,或者"倒戈分子"、无聊失意的政客利用禁书从中渔利。⑤ 由此报告可见,在国民党认定的各类政治违禁出版品中,除了对意识形态的宣扬,政治人物出于经济目的的投机也是一大原因。换言之,党义宣扬与经济利益,是各式违禁书刊出版的两大动因。

首先,是出于各式党义目的而出版的政治性违禁书刊。在 1930 年代的意识形态宣传格局中,上述报告提及的共产党刊物、改组派刊物、国家主义派刊物、无政府主义派刊物、帝国主义者刊物,都是国民党防范和查禁的对象。为了宣扬党义和规避政治风险,各党各派的出版者要维持地下禁书网络的运转,必须采取各种伪装手段。如被

① [美]罗伯特·达恩顿:《拉莫莱特之吻:有关文化史的思考》,萧知纬译,华东师范大学出版社 2011 年版,第116 页。

② 张仲民:《从书籍史到阅读史——关于晚清书籍史阅读史研究的若干思考》,《史林》2007 年第 5 期,第 151-189 页。

③ 黄佑志:《民初〈申报〉图书广告之研究(1912—1917)》,硕士学位论文,四川大学,2007 年,第 15 页。

④ 张昊:《20 世纪二三十年代上海图书读者分析》,硕士学位论文,东华大学,2015 年,第 10 页。

⑤ 中国第二历史档案馆编:《中华民国史档案史料汇编·第五辑第一编文化(一)》,江苏古籍出版社 1994 年版,第 214-215 页。

视为异党的中共组织，就建立了一些秘密印刷机构，如协盛、和记、福兴、谦泰、华大、新生、福明等印刷所。中共还有一些秘密印刷机构嵌入在街道里弄，以住户、庄号、烟杂小店作为伪装。比如在上海：1930 年八九月间，中共中央宣传部的绝密印刷厂，就隐藏在提篮桥附近一幢楼房里的香烟厂老板公馆里；1931 年 3 月瞿云白主持的地下印刷厂，就坐落于周家嘴路齐物浦路口的一幢住家楼房里；1931 年 7 月开设于梅白克路与白克路口的底层烟纸杂货店，其三楼就是排、印、订设备齐全的印刷工厂；1932 年夏天岳州路的一个小型织布厂，也是一个拥有两部四开机的秘密印刷间。① 同时，1930 年代中共的地下书店还采取冒名、假名的方式进行隐藏。在保定、北平等地成立的北方人民出版社所出图书的扉页和版权页上，中共组织会印上别家出版社的名字，如北国书社、新生书社、人民书店、新光书店等。另一些地方的地下书店，也采用过冒名的方式。② 地下出版机构还采取变换名称的方式躲避查禁，华兴书局就是典型一例。华兴书局是中共的地下书店，其前身是先后被查封的中共在汉口与上海的长江书店、无产阶级书店，1929 年由中共中央出版发行部出资在上海创办，主要印行马列著作和其他革命书籍。被国民党当局查封后，华兴还改称启阳、春阳、浦江等名字，但不久停业。作为中共一个地下书刊出版中心，华兴书局通过私营书店、书摊及其他途径将马列书籍进行散播。此外，长江书店遭查封后曾以浦江书店、中华书店、无产阶级书店等名义继续出版马列著作；位于上海重庆路马安里 204 号的昆仑书店、高希圣创办于上海的平凡书局、由第一线书店改名而来迁址到上海四川北路公益坊 16 号的水沫书店、上海四川北路公益坊 38 号的南强书局等，也采用过这种易名的方式。值得一提的是，中共的地下组织还依靠私人关系，在商务、开明、新生命、亚东、神州国光社等大型出版机构公开出版马列禁书。③ 除中共外，国民党有些左派人士也成立过书局，如 1928 年 1 月由周佛海、陶希圣、萨孟武等人参与的新生命书局，该机构先后组织出版了很多社会科学丛书，其中也包括一些与马列书籍的翻译、解读或应用相关的书籍。其他党派因批评当局，其所出版的书刊也受到过查禁。如国家主义派出版的《醒狮》，就被国民党中宣部通令查禁，后又改名《青年月报》才得以继续出版。一些持不同政见的刊物或文人书籍，比如鲁迅的作品，在 1930 年代也都被官方列为违禁书刊而加以查禁。

除了作为违禁书刊的产制中心，一些出版机构还是各自党派进行秘密活动的交通站点。长沙泰东书局就成为中共人士秘密联系的书店。1929 年 7 月，湖南清乡司令何键致电时任国府主席的蒋介石，报告长沙南阳街泰东书局"热心赤化"，有"藏匿共

① 张新强：《马克思主义著作在中国的出版、流通与阅读（1927—1937）》，博士学位论文，中共中央党校，2015 年，第 47-48 页。

② 张新强：《1927—1937 年的"禁书"：马克思主义著作的出版和流通》，《党史研究与教学》2015 年第 5 期，第 61-68 页。

③ 张新强：《1927—1937 年的"禁书"：马克思主义著作的出版和流通》，《党史研究与教学》2015 年第 5 期，第 61-68 页。

匪、相与密谋活动情事"。① 中共直接或间接资助、创办的书店,成为违禁印刷物生产与党组织活动的结合体。比如南强书局,表面上是私营书店,实际由中共潮汕、海陆丰党组织领导下的文化界党员集资创办。此外还有陈望道办的大江书铺、太阳社办的春野书店、上海新字书店等。中共外围组织左翼作家联盟、社会科学家联盟主办的湖风书店、新知书店、读书生活出版社等机构,②也是违禁书刊与会党组织的结合之地。

其次,是出于经济逐利目的而进行的纯粹商业性违规出版行为。达恩顿曾说,书籍是经济商品,也是文化产品;并且作为思想的载体,它们必须在市场上兜售。③ 如果说南京国民政府时期各党各派铤而走险生产制作违禁书刊,是为了自己的主义与信仰,那么书商冒着杀头的风险出版禁书则是为了生意经,把"革命"及其学说当成了可以印成文字的生意。商家为了利润敢于冒险犯难出版贩卖禁书,这是世界印刷出版业通行的法则。在印刷大众化的时代洪流下,1930 年代的一般出版商也看到了出版共产主义相关书刊的商机,因此官方曾有"宣传共党之投机刊物"的查禁类别。在这些"投机"出版物中,主要有言论集、传记、战地记载、民运、军事、游记等,其中又以言论集和传记作品为最多。④ 由此可以推测,这两类书籍出版的量最大,销路也最好。1938年 3 月国民党中宣部的报告也提及,当时在武汉出版的有关中共的书籍,由中共负责发行的仅有延安解放社和中国出版社两处,其余大多是一部分失业文人及投机书贾,希图渔利而辗转抄袭杂凑而成。这些书刊所标注的出版机关都是虚构,并无实址。⑤此外,作为上海乃至全国规模最大的"商中世大开"(商务、中华、世界、大东、开明)也都出版过违禁的马列著作。如 1934 年商务印书馆出版了《资本论》第一卷第一册,后因查禁之风甚严而未敢续出。上海一些中小书局也出版过马克思主义著作,如江南书店的"江南文库"、平凡书店的"马克思学体系丛书"、泰东图书局的"马克思研究丛书"、水沫书店的"马克思主义文艺论丛"、光华书局的"社会科学丛书"与"科学的艺术论丛书"等。一些追求利润的出版商人也与中共秘密合作,印制马克思主义书籍,如上海白克路一家小印刷所就曾以高利揽下违禁品的印制生意,并在黑夜中紧张地完成了排版、校对和印刷。⑥ 大小书店之所以敢于违反官方禁令冒险尝试,主要还是因为 1930 年

① 中国第二历史档案馆编:《中华民国史档案史料汇编·第五辑第一编文化(一)》,江苏古籍出版社 1994 年版,第 317 页。
② 张新强:《马克思主义著作在中国的出版、流通与阅读(1927—1937)》,博士学位论文,中共中央党校,2015年,第 33 页。
③ [美]罗伯特·达恩顿:《旧制度时期的地下文学》,刘军译,中国人民大学出版社 2012 年版,第 188-189 页。
④ 中国第二历史档案馆编:《中华民国史档案史料汇编·第五辑第一编文化(一)》,江苏古籍出版社 1994 年版,第 671-672 页。
⑤ 中国第二历史档案馆编:《中华民国史档案史料汇编·第五辑第一编文化(一)》,江苏古籍出版社 1994 年版,第 644-645 页。
⑥ 张新强:《1927—1937 年的"禁书":马克思主义著作的出版和流通》,《党史研究与教学》2015 年第 5 期,第 61-68 页。

代的图书出版是一个十分赚钱的生意。有研究者统计,1930 年代上海的书店至少有 58 家,《申报》刊登的书籍广告显示,至少有 28 家书店出版或发行过马克思主义书籍,占书店总数的 48.27%,其中还不包括未做过广告的书局及中共所办书局。① 此一时期,尽管国民政府查禁之风正盛,但各大商业出版机构却以利润为驱动,借助“社会科学运动”的书籍出版热潮来规避风险。

除了政治性刊物,“淫书淫画”、普罗文艺、连环图书等违禁出版物,也是“奸猾商人”喜欢印制出售的货品。这些刊物主要由上海、香港等口岸大城市生产出版,其产制流通贯穿南京国民政府整个时期。从类型上看,淫秽出版物的种类要比政治性违禁出版品更为繁多,有书籍、画片、连环画、小人书等。如 1928 年 5 月,上海市政府的一个报告说,市面上“淫秽出版物品种类繁多,荒奇百出”,不仅“败坏风化流毒社会”,还足以贻害青年。在抗战后 1946 年的广州,类似于《房中秘》《房中新医术》《春光满园》等海谣小说遍布书摊,读者是一般的市民及青年男女,大多采取租阅形式。② 普罗文艺是 1930 年代重要的文学文艺思潮,因内容大多描述社会、阶级问题,被国民党当局认定有鼓吹共产主义之嫌,成为被明令查禁的出版物。但因为读者群以青年学生和下层民众为主,所以普罗书刊对出版商而言有着广阔的市场。连环图书的市场主要是妇孺儿童,这些被认为“神怪邪僻,导人迷信”的出版物,因为租阅量大而被中小出版商所青睐。

最后,还有一些商家因为不懂而盲目跟风出版违禁书刊,乃至误购误售。对于一些规模较小的出版机构而言,常常因为知识浅陋,不解内容,或无宽裕时间详细阅看而生产出售违禁印刷品。比如以儿童妇孺和产业工人为读者群的上海连环图书出版商,很多老板都没什么文化,有的甚至连自己的名字都写不出,如联益社书局的老板吴承乾,就是个目不识丁的裁缝。③ 在作为民国时期连环图画出版物发源地的上海,此种状况十分普遍。这些前店后房的夫妻店,凭着商业直觉对出版市场反应敏锐,但对可能导致的政治风险往往缺乏了解,经常跟风生产市面热销的神怪、侠义题材的作品,结果导致 1930 年代中期南京国民政府欲对其予以取缔的危机。此外,因不同地域、不同时间对违禁书刊认定的差异,出版商无意中也会生产售卖违禁印刷品。在 1930 年代中期的南京,因消息不灵通,有商家不知何者为禁书,从而导致其从上海的出版商处误购误售。在 1933 年的广州,因认定标准宽松不一,西南出版物审查会检获了大量上海出版的图书,比如上海乐华图书公司的《社会科学十二讲》、上海江南书店的《社会诸研

① 张新强:《马克思主义著作在中国的出版、流通与阅读(1927—1937)》,博士学位论文,中共中央党校,2015年,第 90 页。

② 《民国广东出版管理资料汇编》(上),贵州人民出版社 2015 年版,第 211-212、475-476 页。

③ 程佳:《论上海连环画的社会主义改造(1949—1956)》,硕士学位论文,上海社会科学院历史研究所,2011 年,第40 页。

究》、上海现代书局的《唯物史观研究》、上海长城书店的《马克思主义政治学教程》等书。① 这些书籍都以社会科学的名义出版发行，最终流到全国各地的大中城市，直至下面市县的书店书摊。还有一些书籍因为作者政治仕途的沉浮，而突然成为违禁品，出版商或因信息滞后或因不懂政治而触犯红线。如国民党中央 1940 年将附逆投敌的汪精卫、周佛海、陶希圣等人的著述列为禁书处理，令出版商猝不及防。甚至在抗战胜利后 1946 年的广州街头，各书摊仍有出售敌伪遗留的书刊、图画等宣传品。②

综上所述，南京国民政府时期违禁书刊的生产制作，出版商往往出于不同的动机。他们可以为了信仰与主义的政治性诉求而印刷，也可能出于将违禁的思想、意识形态转化为商业利益而印刷，甚或为了糊口而盲目跟风或被动地卷入而印刷。在这些各种类型的出版商眼中，他们区分印刷品的标准绝非官方定调的违禁还是合法，也非"反动"、淫秽、普罗文艺还是奸伪书刊，而是以能否出版和畅销为标尺，在政治风险最小的考虑下达到宣传目标或赚到钱。

二、书店书摊、邮政网络、码头车站：南京国民政府时期违禁书刊的流通网络

1930 年代，被称为"神秘之街"的上海北四川路迅速崛起，吸引着出版行业向此处集聚。北四川路属于"越界筑路"地段，是租界、华界共管之地，同时由于各国侨民（以日本侨民为主）混杂居住，管理上成为三不管之地，政治控制相对薄弱，逐渐成为各派政治团体频繁活动的空间。③ 此时的北四川路集中了 30 多家出版机构，诸如商务分馆、新知、群益、良友、水沫、天马、春野、南强、大江、创造等出版社或书店都散布此处，大多出版被官方禁止的左翼或马列书刊，这些出版售卖机构也成为左翼文化人或异党人士的聚集活动区。相比于呈现了略显激进、新锐、向上风格的北四川路，位于福州路的出版流通机构则展现出不一样的出版文化和商业环境。福州路上鳞次栉比的茶楼、酒肆、书场、妓院，使这条路人气骤旺，也为书报业提供了无限商机。众多的茶馆、酒肆、妓院成为重要的信息源，也为书报刊印刷品提供了销售场所。被称为"野鸡大王"的徐敬吾，就在下等妓女丛集之处的福州路青莲阁茶馆开了一间小书铺，贩卖大量禁书到各家茶馆。④ 茅盾曾用"步哨"来形容密布在上海街头巷尾的小书摊。这些书摊规模大小不一，或在弄堂里，或在大楼内，或在街道旁。位于上海不同区位空间的书店书摊，往往彰显着书籍风格和阅读群体的区隔。上海大、中、小书刊出版和销售机构的

① 《民国广东出版管理资料汇编》（上），贵州人民出版社 2015 年版，第 248-249 页。
② 《民国广东出版管理资料汇编》（上），贵州人民出版社 2015 年版，第 305 页。
③ 陈昌文：《近代上海出版业与都市社区的互动》，《学术月刊》2004 年第 7 期，第 60-66 页。
④ 陈昌文：《近代上海出版业与都市社区的互动》，《学术月刊》2004 年第 7 期，第 60-66 页。

分层格局,使得各种质量、各种品位、各种层次的作品都能获得展示的机会。可以说,一位 1930 年代的知识青年,既能品味到中国传统文化中的国粹精品,也能品尝到异国浪漫文学作品,既能品读到正统意识形态的教义教化,也能窃读到"违禁"的马列著作、批判杂文和野肆秽书。①

　　书店流转的禁书一般与政治紧密相联,书摊所售的书刊很大程度上则与"淫盗"的社会风俗相关。书摊租售的书刊大多是类似连环画风格的读物,这些读物主要与都市下层民众的阅读实践相契合。比如年轻的店友喜欢购买描写风流事的新小说,工友及妓女喜欢买时调、摊簧、戏考等书,因此那些被官方认定的"诲淫诲盗"、说怪说侠的书籍占有很大的底层市场。在 1930 年代,散落在城市中的流动书摊,也被视为神怪淫秽书籍的重要集散中心,这种状况甚至一直持续到 1950 年代中期。即使是官方认可的派贩业工会,在利润的诱惑下也出现员工私下贩卖违禁书刊的情况。广州报刊派贩业工会的一个候补监事,就因雇佣儿童违禁售卖从港澳输入的"诲淫小报",而被报纸曝光。② 1940 年代的最后几年,从沪港澳输入广州的"淫书淫画"层出不穷,充斥市面流行坊间,甚至在基层乡镇也常见其踪影。比如在 1947 年的广东顺德县大良镇,警方从流动书贩那里收缴了连环图画书籍三批共 514 本,其中有 150 多本被认定"荒诞怪僻且有诲盗诲淫",而被要求密藏或焚毁。③ 由此可见禁书流通网络由城市而乡镇延伸之深入与广泛。

　　当然,街头书摊虽然与中国底层社会的民众阅读实践紧密相联,但出于逐利目的也会冒险售卖政治性的违禁书籍。在 1920 年代初,钱玄同为了研究孙中山的思想,于是寻求孙的相关著作,但由于孙著位列北洋政府的禁书目录之中,他逛遍北平的各大书摊,也没有发现孙中山的著作,可见此一时期政治性的禁书流通之少之难。但到了 1930 年代,或因出版市场的繁荣或是查禁的松弛,深受左翼文化影响的青年学生于伶,就在北平的东安市场和西单商场的两三家小书摊里,购买到了诸如《共产党宣言》《反杜林论》《哲学的贫困》等马列书籍。④ 由于售价便宜,这些书摊是于伶参加的专读马列著作的读书会成员购买禁书经常光顾之地。当时作为北平左联党组成员的冯毅之,因组织参加读书会、流动图书馆的关系,所读所购的革命禁书,有一部分就来自西单商场或东单商场的书摊。这些书摊小贩会对读者进行观察,看到谁只挑选进步的书刊进行翻阅,就会偷偷地从秘密的地方拿出被禁的革命书推销售卖。⑤ 北方左联编印出版的违禁刊物,由于正规的书店不愿代售,不得已也会找上述这些书摊帮忙寄卖,尽

① 张新强:《马克思主义著作在中国的出版、流通与阅读(1927—1937)》,博士学位论文,中共中央党校,2015 年,第 56 页。
② 《民国广东出版管理资料汇编》(上),贵州人民出版社 2015 年版,第 480-481 页。
③ 《民国广东出版管理资料汇编》(上),贵州人民出版社 2015 年版,第 399-400 页。
④ 于伶:《北平左联到剧联的回忆》,《左联回忆录》(下),中国社会科学出版社 1982 年版,第 565 页。
⑤ 冯毅之:《北平左联回忆》,《左联回忆录》(下),中国社会科学出版社 1982 年版,第 555-556 页。

管书摊开出了对折分账的苛刻条件。

如果说城市中的书店书摊构成了违禁出版物流通的毛细血管,那么邮政、港口、车站则是它们流通的动脉。达恩顿曾说,书籍是怎么从印刷车间和作坊到了书店的,我们对此知之甚少。旱路车、水路船、商路、邮路加铁路,它们对文学史的影响可能比我们想象的要大得多。[①] 在南京国民政府时期禁书的跨地流动中,运输工具起到了串联流出地和流入地的载体的作用,而邮政系统、口岸城市港口以及各大城市的车站,则成为运输工具由点及线绘制城镇网络大宗分发的枢纽。

早在清末,被清廷所禁止的维新与革命书刊就通过邮局系统进行跨地流动,比如梁启超在日本创办的《新民丛报》就通过邮政系统实现跨国流动。清廷虽有一些邮递禁令,但因邮政系统多有外国势力介入,邮局洋人常以“难于检查”敷衍应对,导致跨国禁书在邮政网络中通行无阻,而中国各地的文化精英也得以能不断阅读到来自日本或上海等地的违禁书刊。[②] 等到国民党执政的 1928 年,官方在全国重要都市设立邮件检查网络,由党政军机关共同派员联合参与违禁书刊的查禁工作。1930 年各县市也正式确立了邮电检查网络。

作为重要的书刊流通策略,中共及其他党派经常利用机关学校、书局商店的信封或名义,采用假冒书名或封面的伪装方式邮寄违禁书刊,从而通过改变图书类别和外形逃脱查禁。如以社会科学的名义出版“中外研究学会丛书”“上海社会科学研究学会丛书”等类别的书籍,实则是马列著作。再如将封面伪装成街头的大众读物或国民党官方出版物,比如:《布尔塞维克》封面改为《少女怀春》,或伪装成《中央半月刊》;《少年先锋》改为《闺中丽影》,《工人宝鉴》改为《卓别麟故事》,《中国工人》改为《漫画集》《红拂夜奔》《南极仙翁》,以及《红旗》改为《快乐之神》《一顾倾城》《经济统计》《红妮姑娘艳史》等。[③] 而且,《布尔塞维克》各期的外形尺寸也不尽相同,或截短,或缩小开本,既方便伪装邮递,也方便读者携带和秘密阅读。国民党军方曾在武汉破获过中共秘密机关,查获外表伪装《马太福音》的书籍,以及利用化学反应才能阅读的宣传品多种。这种流通方式“若非深知其秘密者,殊难察觉”。[④] 即使在 1940 年代,这种对禁书小册子的伪装方法中共还在运用,如:《谁革谁的命》内容是解释中国之命运的,但其用《九更天》木刻唱本作为封面;批判法西斯主义内容的,外加伪装的《空城计》唱本作为封面;《文萃周刊》被查禁后又以《轮唱倒彩》《台湾真相》《人权之歌》等名字秘密出版,大量发

① [美]罗伯特·达恩顿:《拉莫莱特之吻:有关文化史的思考》,萧知纬译,华东师范大学出版社 2011 年版,第 104-105 页。
② 张仲民:《从书籍史到阅读史——关于晚清书籍史阅读史研究的若干思考》,《史林》2007 年第 5 期,第 151-189 页。
③ 中国第二历史档案馆编:《中华民国史档案史料汇编·第五辑第一编文化(一)》,江苏古籍出版社 1994 年版,第 225 页。
④ 《民国广东出版管理资料汇编》(上),贵州人民出版社 2015 年版,第 226 页。

售各地,对外假称在香港出版,实则系在沪发行。① 上述提及的这些五花八门的伪名,显示出面对 1930 年代繁荣的出版市场,以宣传党义为目的的政党刊物也必须放下身段,改成读者乐于接受、官方疏于查禁的名字进行发行。这些邮寄的书籍有时并没有明确的指向性,很多是出于宣传目的免费向社会各类机构邮寄。他们被投进邮箱,寄给工厂、图书馆、学校、同乡会或者秘密组织成员。② 在 1930—1931 年的浙江,邮电局收到封面盖有婚姻报社等字戳、"宣传共产"的《东方日报》十张;收到收件人名为钱之光,寄件处盖有趋时周报社戳记的《海光日报》6 张、《星期画报》1 张、《中国苏维埃画报》1 张、《评论周报》1 张等违禁品。在 1931 年的江西,邮局查获了来自上海仁记路 25 号商务周报社邮寄的中共《红旗日报》。在 1932 年的河南,当地邮局接到由上海静安寺路寄来的"共党言论"宣言三纸。平汉铁路管理委员会查获由上海振德学校署名吴志清寄交给赵志强的《机联会刊》(内为《红旗周报》)、《妇女须知》(内为《女工工作指南》),被认定为"共党宣传品"。在 1932 年的福建漳平,邮局检扣了上海寄交给上杭光明电灯公司罗世维的《经济月刊》1 册、《建设杂志》2 册、《青年之路》1 册、《光明之路》1 册。在 1932 年的武汉,邮政系统查获由沪寄汉的"共党"刊物文报,以及通信地点为上海光华大学,署名中国左翼文化总同盟的宣言印刷品等。③

即使在边远的县城,禁书传播网络也通过各地的邮局节点编织覆盖。在 1930 年的广东衢县,邮局系统检获《列宁青年》等 12 种、《满洲现状》等 23 种,以及《革命日报》《上海报》《工人纠察队特刊》《红旗》等违禁印刷品,还有中共的药水秘密文件。1931 年的广东仁化县,查到由汉口邮寄而来的《奋斗报》《奋斗周刊》等宣传品,被当时的广东政权认定为宣传南京政府的"反动品"而加以查禁。在 1932 年的广东澄海县,各学校、机关发现《援救牛兰夫妇宣言》"反动"油印刊物。这些发自上海的印刷品,或夹杂于沪报中,或卷作印刷物品,由邮差投递。④

一些违禁书刊还通过邮政网络实现跨国的旅行。在 1935 年的广东,新会县立第一中学就接到"无政府党徒"由国外寄交该校阅览室的违禁刊物;广东省立第二农业学校也收到由顺德大良邮局投递的外表看似普通函件,内里则是由外国投寄而来的《共产国际月刊》;广东省立第四中学收到由英国伦敦寄发,"内容宣传赤化"的《中国报》一束。⑤ 对于一些违禁印刷品,邮政通道是从苏联入口的马列书刊进行跨国流动的重要线路,有研究者统计,国共关系破裂后,国民党政府对从苏联入口的邮件包裹加强了检查力度,仅 1927 年 7 月至 1928 年 2 月,哈尔滨邮局就三次扣留从苏联邮寄的各种宣

---

① 《民国广东出版管理资料汇编》(上),贵州人民出版社 2015 年版,第 279-280 页。
② 张新强:《1927—1937 年的"禁书":马克思主义著作的出版和流通》,《党史研究与教学》2015 年第 5 期,第 61-68 页。
③ 《民国广东出版管理资料汇编》(上),贵州人民出版社 2015 年版,第 240-241 页。
④ 《民国广东出版管理资料汇编》(上),贵州人民出版社 2015 年版,第 238、465、242 页。
⑤ 《民国广东出版管理资料汇编》(上),贵州人民出版社 2015 年版,第 269、271-272 页。

传品 1.2 万件,其中报刊近万种。① 在 1935 年,江海关邮局包裹处扣留了大量来自莫斯科的俄文书刊,这些书刊通过江海关的邮政系统由莫斯科寄交上海四川路 411 号美国书业公司。比如在 7 月 26 日及 8 月 6 日,江海关先后查获俄文书籍 13 种,共 44 册;8 月 17 日上报查获译名为《政治教育》的书籍共 3 册;9 月 2 日上报查获俄文书籍 4 种共 8 册;9 月 9 日上报查获由莫斯科寄交上海静安寺路 841 号美国书业公司的俄文书籍 9 种共 40 本;9 月 26 日上报查获俄文书籍 2 种共 6 本。② 此外,日本也是马列或文艺禁书跨国流通的重要一端,一些译著和杂志往往先在东京编印,再通过邮局系统委托上海的书商发行。

除了这些政治性质的违禁印刷品,颇受小学生喜欢的连环图画也因为跨国售卖的影响而被官方查禁。上海连环画的行销范围起初主要集中在本地及江浙一带,然后扩展至华南及武汉、天津、北京等地,同时也向海外发行。这些海外的流通路线,1940 年代主要通过新加坡正兴公司设在上海采购书籍的申庄采购,正兴公司在中国香港、马来西亚、菲律宾等地均设有分店,在上海采购后至中国香港或新加坡再行转发。③ 在 1940 年,国民政府驻新加坡总领事馆就报告称,马来西亚"智识较差"的同胞,多以阅读新型小本绘图通俗说部(俗名公仔书,又名连环图画)作为消遣,小学学生中也有很多癖嗜此类读物。这些图书虽"荒诞无稽,神怪陆离",但因售价极其低廉而风行。仅 1939 年,就约有 600 箱 180 万部进口到马来西亚销行,零售商有书店、洗衣工、小贩等,新加坡一地就有小贩百余人以此为业。此种书类都是出自上海失业文人之手,上海专营出口的机构也有 36 家之多。④ 如此数量庞大、产制流通网络完备、从业人员众多的书类,自然引起官方重视,以致驻新加坡总领事馆请求国民政府外交部设法取缔国内的生产者,并且封禁流通入口。

此外,轮船、火车等现代交通工具及其站点网络在口岸城市的散布,也为禁书流通增加了便捷度。1933 年汉口公安局的调查显示,汉口有 90 余家书店出售各类书籍,除了少数线装书其他均来自上海。这些书籍大部分通过轮船由沪运送到汉,其中就大量存在官方所查禁的普罗文学刊物。武汉书店所售的书籍,通过邮政系统到达的由邮检所负责检扣,通过轮船运达的则由于书籍品汇既杂、数量复多,船舶检查所工作时间迫促,所以无法全部检扣,从而为普罗文学刊物在武汉的流行提供了空间。⑤ 此前的

---

① 张新强:《马克思主义著作在中国的出版、流通与阅读(1927—1937)》,博士学位论文,中共中央党校,2015 年,第 77 页。

② 中国第二历史档案馆编:《中华民国史档案史料汇编·第五辑第一编文化(一)》,江苏古籍出版社 1994 年版,第 237-245 页。

③ 程佳:《论上海连环画的社会主义改造(1949—1956)》,硕士学位论文,上海社会科学院历史研究所,2011 年,第 41 页。

④ 《民国广东出版管理资料汇编》(上),贵州人民出版社 2015 年版,第 220-221 页。

⑤ 中国第二历史档案馆编:《中华民国史档案史料汇编·第五辑第一编文化(一)》,江苏古籍出版社 1994 年版,第 232-234 页。

1932 年 8 月,广州的第一集团军总司令陈济堂在给国民政府西南政务委员会的报告中也强调,"反动"出版物种类繁多、运送情况复杂,加之检查手续不周密、相关官吏长警视若无睹,导致违禁印刷品泛滥,由此他提出管理机关要强加在邮局、轮船、火车入口及其他水陆交通码头的检查。[①] 在抗战后 1946 年的广州,轮船、码头及广九车站,是"反动"及香港输入"诲谣"小报的集散地。这些被政府认定"妨害治安及善良风俗"的港澳书报,虽然每天都被派出的员警在交通入口处截扣,但它们仍有办法充斥市面。比如在香港出版的中共报纸《华商报》,每日流入广州及内地约 6000 份,其中一部分伪装成货物偷运入口,大部分则由邮政网络转寄。《华商报》和《正报》进入广州后秘密倾销给各马路的报摊和报贩,将它们夹入国民党报纸中间进行掩护,并乘机向顾客兜售。[②]

三、官僚体系、基层警察与街头摊贩:南京国民政府时期对违禁书刊的管理及效果

就书刊管理而言,从南京国民政府成立一直到抗战胜利前夕,国民党政权出台了一系列有关出版品审查的法律规章,以使对违禁书刊的查禁有章可循。概括而言,南京国民政府主要针对生产和流通两大领域进行管理,针对违禁书刊的查禁,编织了一个生产制作环节重视内容审查,流通环节关注传递终端的检查网络。

在违禁出版物的产制领域,国民党政权主要通过构建全国和地方书刊审查网络进行管理。国民党 1934 年成立中央图书杂志审查委员会(简称图审会),并逐步在各省市县建立相应层级的审查机构。图审会的工作就是对出版机构将要生产制作的书刊稿件进行事前审查,其法规依据是此前已颁布的《宣传品审查条例》及审查标准、《出版法》、《出版法实行细则》等法令。此外,国民党中宣部还动员各省市党部,随时派员密查印刷所是否印刷"反动"宣传品,并在必要时会同当地行政机关对印刷所进行登记或查封。[③] 具体就书刊管理的内容而言,南京国民政府时期的法规和审查机构的查禁工作,主要关注政治领域的"反对派"刊物,以及涉及社会风气"妨害善良风俗"的"淫秽"刊物。前者主要是高民党高层定调的,涉及政权合法性的意识形态领域的争夺;而后者主要是各地方政府,特别是大城市的管理者经常面对的问题,涉及所辖领地社会风俗的塑造。如 1930 年的《出版法》第十九条就规定了上述两大主题的禁载事项:"意图破坏中国国民党或三民主义者,意图颠覆国民政府或损害中华民国利益者,意图破坏

---

① 中国第二历史档案馆编:《中华民国史档案史料汇编·第五辑第一编文化(一)》,江苏古籍出版社 1994 年版,第 235-237 页。

② 《民国广东出版管理资料汇编》(上),贵州人民出版社 2015 年版,第 475、479 页。

③ 中国第二历史档案馆编:《中华民国史档案史料汇编·第五辑第一编文化(一)》,江苏古籍出版社 1994 年版,第 21 页。

公共秩序者,妨害善良风俗者"①。后续的《出版法施行细则》《宣传品审查标准》《战时图书杂志原稿审查办法(修正)》等法规,都对关涉"反动宣传"和"妨害善良风俗"的条款进行了细化。但是尽管如此,审查机关对于什么是"反动刊物",什么是"诲淫诲盗"刊物的界定,一直以来并没有统一的标准。官僚体系和基层执法者对违禁出版物的判断与查禁,也只能靠自己的主观把握,由此也形成了在生产制作领域对违禁书刊管理的偶然性、临时性、随意性、流动性等特点。换言之,什么是违禁书刊,会随着主管官员级别的不同、时间节点的不同、地域的不同,乃至基层执法人员的不同而变动。

在违禁出版物的流通领域,国民党政权主要是对书刊的传递终端进行管理。违禁印刷品的查禁不仅涉及生产内容的界定,还涉及对流通和消费领域的把控,书店、摊贩、邮政、学校、图书馆等商业与社会机构,都是要管控的印刷品流通终端。1928 年 5 月,广州的国民党宣传部规定"凡本市书店如发现有发售反动书籍者,除将该项书籍没收外,并究办发售人",邮政电报遇必要时,也由宣传部协同政府当局检查。② 1929 年 6 月,国民党中央专门制定《关于取缔销售共产书籍各书店办法》,指示各地随时注意查禁书店代印代销的共产书籍及印刷品。③ 1937 年 8 月和 12 月,国民党中央出台了书店、印刷店发售违禁出版品的检查办法和管理规则,要求各省市的党部或政府部门在中宣部或内政部指导下工作。④ 国民党政权邮政系统对书刊宣传品的检查,始于北伐战争时期的军方。1927 年 7 月,南京戒严司令部设立了邮政检查委员会,检查往来一切邮件,特别是关注军事秘密、"共产党及帝国主义"、"反动派以密码、暗号私通消息之件"。⑤ 1928 年 9 月,国民党中央主导拟定了检查邮件办法大纲,并在南京、上海、天津、北平等八个特别市构建邮检网络,规定国民党中央于必要时得令各地高级党政军机关共同派员检查邮件。⑥ 比如在广东,省府令公安局派员会同第一集团军总司令部共同负责办理邮检,发觉有查禁在案或反动嫌疑的,交由西南出版物审查会审查焚毁。1930 年 4 月,此种邮件检查办法推广到了各县市。⑦ 针对教育机构,1930 年代国民党中央经常指令教育部门对学生课外阅读加强指导,并查禁普罗文学刊物。同时,编印

① 中国第二历史档案馆编:《中华民国史档案史料汇编·第五辑第一编文化(一)》,江苏古籍出版社 1994 年版,第 75-90、560-565 页。
② 《民国广东出版管理资料汇编》(上),贵州人民出版社 2015 年版,第 166 页。
③ 中国第二历史档案馆编:《中华民国史档案史料汇编·第五辑第一编文化(一)》,江苏古籍出版社 1994 年版,第 287-288 页。
④ 中国第二历史档案馆编:《中华民国史档案史料汇编·第五辑第一编文化(一)》,江苏古籍出版社 1994 年版,第 94-95、97 页。
⑤ 中国第二历史档案馆编:《中华民国史档案史料汇编·第五辑第一编文化(一)》,江苏古籍出版社 1994 年版,第 157-158 页。
⑥ 中国第二历史档案馆编:《中华民国史档案史料汇编·第五辑第一编文化(一)》,江苏古籍出版社 1994 年版,第 159-161 页。
⑦ 中国第二历史档案馆编:《中华民国史档案史料汇编·第五辑第一编文化(一)》,江苏古籍出版社 1994 年版,第 17-21 页。

已取缔的"反动"文艺及社会科学书刊目录,分发专科以上及各地中等学校,加以清理销毁。图书馆购置图书时,也要先由各校校长审查决定。[①] 而基层执法部门对摊贩售卖违禁印刷品的整治,更是贯穿南京国民政府整个执政时期。

考虑到国民党政权上述诸多针对违禁出版物产制与流通的管理措施,我们似乎可以大体得出结论:南京国民政府时期违禁书刊查禁的范围之广、规模之大、规定之细都是空前的。但本文第一、二部分的分析却清晰显示出,在官方训令密如雨下、查禁行动日甚一日的背景下,违禁书刊还是层出不穷,禁不胜禁。由此可见,南京国民政府时期国民党政权对违禁书刊的管理效果并不理想。要解释这种看似矛盾的现象,需要重建与此相关的历史语境。笔者认为,政府官僚体系运作机制、基层执法的文化实践、租界/地方政权割据状态,以及出版机构强烈的趋利行为,都为违禁书刊的产制、流通提供了生存空间与发展条件。具体来说:

第一,南京国民政府官僚体系在处理违禁书刊查禁时效率低下。一个典型案例是1928年对《血潮》杂志的查禁过程。在1928年12月26日这一天,国民党中央秘书处致函国民政府文官处,通告北平特别市党务指导委员会宣传部查获了"反动"刊物《血潮》,查实该刊是共产党的宣传刊物,印发地点为上海福煦路的励群书社,因此函请国民政府通令全国各省市严禁辖境内书肆售卖,同时令江苏省政府转饬上海临时法院将其封闭。整整三个月后的1929年3月26日,江苏省政府主席钮永建回函国民政府称,捕房派去查禁的西探报告说,上海长沙路上的励群书社是四个月前开设的,但已于1929年2月9日关闭。同时,牯岭路附近又发现了刊物《血潮》,其店主是一位姓邵的上海人,是个二房客,其二房东是一个叫朱硕的棉花商人。虽然该探员怀疑邵氏可能继续营业,并屡次欲从该人处购买此书或设法在其他书肆觅购,但最终都无功而返。此时,励群书店上书政府,自认一时失察才与《血潮》社订立合同代出该刊,但因销路不畅早已解约,封闭店面不但使各股东丧失血本,还会影响生计,因而请求免于封店,最终,钮永建代表书店向国民政府表达了免于封店的诉求。[②] 通过此案,我们可以了解国民党政权从高层到基层的官僚体系是如何运转的。值得关注的有:首先,政权高层对宣传党义的"反动"刊物非常重视,动用了上上下下诸多资源去查禁;其次,这一查禁事件在官僚系统中经历了旷日持久的烦琐流程,使得被查禁对象有充足的时间加以应对;再次,从基层执法的结果看,表面重视有加,但最终往往大事化小,不了了之。与本文开篇的案例相呼应,类似查禁《血潮》杂志这种在官僚体系中被延耽三个月,最后不了了之的事件绝非孤案,而是南京国民政府时期官方处理违禁书刊的惯常做法。

---

① 中国第二历史档案馆编:《中华民国史档案史料汇编·第五辑第一编文化(一)》,江苏古籍出版社1994年版,第232-234、277页。

② 中国第二历史档案馆编:《中华民国史档案史料汇编·第五辑第一编文化(一)》,江苏古籍出版社1994年版,第189-191页。

此外,违禁书刊的管理除了纵向上经历烦琐的科层体系,各地出版物审查机构横向层面的内部设置,也存在组织松散与多头管理的弊端。以 1930 年代的广州为例,"西南出版物审查会"是西南地区书刊审查的最高机关,它由审查会与广东省党部、广州特别市党部、广东省会公安局、广州市社会局共同组织。然而,如此的拼盘机构根本无法统一权责。该会 1933 年向国民党西南执行部抱怨,由于事权不统一,联合机构中有一两个机关不告知审查会而直接派员检查,导致未经通令查禁的书刊也被没收处分。因此,审查会建议:各机关要协同检查;有反动嫌疑的,要通知该会派员检取审查;其他机构奉上级命令紧急处置的事件,也要事后告知。[①] 进入抗战后,联合组成的书刊检查机构还面临着办公经费拖欠的问题。1938 年 4 月组建的"广州市图书杂志刊物审查委员会"由七部门联合组织,经费由各机关每月均摊。虽然图审会从成立之初就向各部门讨要摊派费用,但所有部门都拖欠长达几个月的办公费用。图审会一再紧缩预算、裁减人员,但仍无法维持,甚至有的月份员役的工资也无从发放,欠下的店家账款也被频繁催索,十分狼狈。[②] 可见,抽调职员从事本非职责所在的书刊查禁工作,并且还要从本机构紧张的财政预算中腾挪支持,各机构对查禁工作的心态和效率也就可想而知了。

第二,基层执法机构及其人员的懒散懈怠,造成了旷日持久的街头查禁拉锯战。基层警察是查扣违禁出版品的执行者,他们直接面对街道上的书店和街头的摊贩。但因为查禁出版品往往对文化水平有一定要求,所以平时和三教九流打交道的基层警察,并不能像政府高层或官僚系统那样重视和清晰地定位违禁出版品的影响,他们在日常查禁实践中也无法很好地把握出版品的内容,只是依据上级的命令和平时的执法经验行事,将查禁工作视为惯常处理的诸多事务之一。此种心态,往往造成警察对查禁工作的懒散懈怠。1946 年广州市警察局下属两分局的泄密事件,就反映了此种状况。1946 年 4 月 1 日,广州市各警察分局陆续收到了一份上级密件,主要内容是劝告各书店勿售中共的出版物,并附有 21 种劝禁销售的书刊目录。但就在第二天,中共报纸香港《华商报》便将该密件登出曝光。广州市警察局经过调查发现,问题出在德宣和小北两分局的基层警员执行查禁任务时的漫不经心。德宣分局接到密件后,由分局长亲批"梁局员办"四字,随后交给行政局员梁平山办理,梁接到后不知为密令,随手交给一名女警办理,后者接件后与一男警执行取缔任务,在进入《华商报》广州办事处调查时,因不知为密令,女警在给该报经理观看时泄露了文件内容。小北分局的情况与德宣分局类似,分局长亲批"户籍室照办"五字后,户籍员不知是密件,随手转交一男警员办理。该男警员带着文件前往中共所设的兄弟图书公司,在不知情的情况下,将原件交给店员观看、抄录而导致泄密。这一事件中,两分局长"接奉密令,漫不经意,随手批

---

① 《民国广东出版管理资料汇编》(上),贵州人民出版社 2015 年版,第 175 页。

② 《民国广东出版管理资料汇编》(上),贵州人民出版社 2015 年版,第 540-541 页。

办",局员"承办密件,任意推卸责任",执行警士"职务过失",特别是德宣分局的女警,原命令是劝禁销售此类图书,但她却误以为是检扣图书,成为泄密的导因。① 这两起基层执法机构的泄密事件,尽管有偶然和巧合的成分,但也凸显了基层执法者对违禁出版物的处理程序和应付态度。

基层执法者的松散行事态度,还体现在警察与摊贩旷日持久的街头查禁拉锯战上。作为执法者,基层警察虽然经常接到中央政府、内政部等高层机关下达的查禁通知,但他们也并非一味照本宣科地执行。混迹于社会下层,基层警察更能从日常生活的自然态度出发,给予摊贩更多的同情,比如认为各书摊所售书刊虽多属"神怪淫秽"作品,但其中也有劝善惩恶、启发青年智识的,所以应该区别对待,不应一律没收焚毁。② 但是查禁违禁出版物,是警察部门配合宣传、行政主管部门的工作职责,必须由其在行动上加以协助贯彻。比如在 1931 年的广州,社会局局长伍伯良派人检查市内各书摊,发现仍有人私售"淫书画片",于是要求警方与其一起拘究惩办。同年,广州市公安局局长陈庆云、教育局局长陆幼刚接到市党部的公函,称发现市面上有小摊贩售卖"对儿童心性最易传导迷信"的连环小说,因此也被请求派员严禁贩卖。③ 但这种隔三岔五、东击西打的运动式执法,当然无法有效遏制违禁出版物的流通泛滥。在 1940年代,为了督促警方彻底根绝"反动诲淫书报",广州市政府要求各警察分局任命专责的行政局员,每日率警在辖区内检查截扣,并随时上报检获情况。比如 1946 年 11 月 1 日这一天,惠福分局就呈缴了"淫书小报及连环图"36 份。太平分局局长还于 1947 年 2 月 15 日乔装打扮,伪装成买家亲赴书摊秘密调查淫书淫画,结果查获违禁书籍 250 本,抓获书贩四名,这位局长为此还受到上级的嘉奖。④ 但广州警方这种时紧时松的查禁方式并不能解决问题。在 1940 年代末期,广州市警察局虽然屡次发文,要求下属分局取缔"黄色书报""诲谣画片",但售卖违禁书刊的摊贩不但未见减少反而增加了。警察总局认为下属分局对政令奉行不彻底,强硬地表示要随时派员检查,如果发现仍有"淫书画片"售卖,便以疏忽职守论处。⑤ 但即便上级如此表态,基层警察与摊贩双方仍相安无事。广州市警察局反复斥责各分局执行不力,也屡次强调"定予处分",但处在人人为前途担忧的政局大变革的前夜,无法调动下属的执法积极性也实属必然。

第三,租界的特殊管辖制度、地方割据造成的政权竞争与制衡关系,为违禁出版品的跨域流动提供了缝隙。1928 年一份上报国民党中常会的报告称,邮件检查之所以

① 《民国广东出版管理资料汇编》(上),贵州人民出版社 2015 年版,第 380-383 页。
② 《民国广东出版管理资料汇编》(上),贵州人民出版社 2015 年版,第 215 页。
③ 《民国广东出版管理资料汇编》(上),贵州人民出版社 2015 年版,第 213 页。
④ 《民国广东出版管理资料汇编》(上),贵州人民出版社 2015 年版,第 390-391 页。
⑤ 《民国广东出版管理资料汇编》(上),贵州人民出版社 2015 年版,第 412-413 页。

不能令人满意,是因为从各租界发出的违禁印刷品占了"反动宣传"中的十之七八。①无法在租界施行检查,加之各地邮件检查机关意见不一致、做事敷衍,致使邮检体系问题多多。在这里,租界作为违禁书刊生产与流通难以控制的源头,更让邮政体系的检扣困难重重。另外,即便租界当局实施查禁,散布在租界街道里的书报商,也会利用中外交涉公文往返迟缓的时间差,变换禁书产制的地点。当然,为了遏制违禁书刊在租界内外传播,国民党政府采取了诸多应对手段。比如早在 1929 年 6 月,为了查禁在租界内小书坊寄售的共产刊物,国民党宣传部门要求密切注意各书店的书籍销售情况并按周报告,甚至通令各级党部的党员,随时随地留心各书店的售书情况并及时上报。②然而,上海的警察部门对书店书摊的搜查收获并不多。

此外,跨国边境、中共控制区、地方实力派、沦陷区等不同时间脉络中地理空间的犬牙交错,也对南京国民政府时期的违禁出版品管制提出了挑战。比如前文提及的通过邮政系统从苏联跨境流入的马列书籍,从上海跨境流到马来西亚、菲律宾等地的连环图书,都不同程度地说明跨国违禁出版物的制作与流通具有逃逸空间。对于国民党政权统治之外的中共苏区而言,发售马列理论书籍的工农书店,要依赖地下交通线将宣传品输送到国统区。1930 年代的四川有通往重庆的地下交通线,陕西有汉中通往苏区的红色交通线,苏区还有通往武汉、西安的交通线。这些中共地下网络既将人员、器材、医药、电池等物资运往苏区,也将出版的马列书籍、报纸、传单、小册子等送往国统区,到达后中共地下组织再通过宣传队、特务队、游击队等基层机构分发。③ 党组织与宣传品的一体化运作,使国民党政权很难有效查禁。另外,1930 年代的南京国民政府虽然名义上统一了全国,但两广、四川、西北等地方实力派,往往对中央政府的政策法令阳奉阴违,使得这些地区对违禁出版品的查禁态度和尺度也差异较大,甲地认定的禁书到了乙地往往畅通无阻,反之亦然。比如在 1929 年的江西省德兴县,邮局的检查机关查出此前被查封的《白日新闻》三份,但该刊编辑人员很多匿居四川成都,尽管国民党中央通令追捕查禁,但因四川地方势力阳奉阴违,跨省追逃的结果只能是不了了之。④ 进入抗战后,全国的政权形式更为复杂,原来的国土变成了敌境,此前意识形态上的敌对者却成为国民党要拉拢的对象。于是 1939 年的浙江、福建、云南、广西等地变成了国统区与沦陷区的边界,不管邮寄、航寄或私运,一切由平津沪港及"敌国"流

---

① 中国第二历史档案馆编:《中华民国史档案史料汇编·第五辑第一编文化(一)》,江苏古籍出版社 1994 年版,第 160-161 页。

② 中国第二历史档案馆编:《中华民国史档案史料汇编·第五辑第一编文化(一)》,江苏古籍出版社 1994 年版,第 288-291 页。

③ 张新强:《马克思主义著作在中国的出版、流通与阅读(1927—1937)》,博士学位论文,中共中央党校,2015 年,第 69、72 页。

④ 中国第二历史档案馆编:《中华民国史档案史料汇编·第五辑第一编文化(一)》,江苏古籍出版社 1994 年版,第 91-97 页。

入内地的书刊都要接受检查,由此也增加了违禁出版品的查禁难度。

第四,书刊出版、零售业的利益驱动力过于强大,使管理部门很难无视行业的整体诉求。由于有利可图,书店书摊出版售卖违禁出版物的动力十足。以广州为例,早在1920年代末,各书店书摊私卖"淫书淫画"就盛极一时,政府虽通令禁售,但他们口中的"奸猾商人"仍暗中私售如故。到了抗战后的1947年6月,广州市警察局要求取缔所有未经上海市社会局核准的连环图说,而对于那些在马路上摆设而非在店内租售的,不管是否经过核准发行均一律取缔。但取缔之后又添新问题,底层摊贩的生计难以保障。于是,这些混迹街头的小贩就利用自己的底层位置争取同情。比如,1947年6月28日这天,在街头摆摊租赁图书的小贩梁丁元,他所贩卖的书籍被警员全部缴去,他在苦求无果的情况下写信给广州市公安局局长,自述其生活异常贫苦,家中有老弱七人等他供养,希望警局能把所扣书籍发还,以拯救"全家生命事"。[1] 虽然梁丁元的上诉没有成功,但一个小贩有此行为,说明这个群体有维护自己利益的强烈诉求。同时,这些流动摊贩也有一套自己的街头生存技能。当警方在检扣"反动及诲淫"书报摊时,各报贩会相互通知,预先将违禁书籍收好藏匿。[2] 有时,不服检扣的摊贩也会利用"弱者的武器",在街头撒泼耍赖一下,甚至出现撸袖挥拳妨碍公务的情况,导致广州市政府指令警察局局长要对那些桀骜不驯的摊贩拘留罚役。[3] 同时,当经济利益受损时,书店书摊也会利用行业组织争取权益,从而在一定程度上牵制政府部门的查禁工作。早在1931年4月,上海市商会就代表书店,就代售违规书籍可能遭到的处罚请求宽大处分,理由是书店书摊代售书籍是经营惯例,偶尔因一两本问题书籍被军警查封太过严厉。而军警民政机关粗暴地执行查封,也会累及书店书摊的生计。[4] 这种商业利益对管理者的反抗表现出的诸多形式,用雷吉斯·德布雷(Régis Debray)的话来表达,是一种生产的经济逻辑打碎检查的政治逻辑的过程。

结 论

从传播学的视域切入,分析南京国民政府时期违禁书刊的产制、流通及管理实效,可以让我们更好地了解该时期地下出版物的关系网络。国民党政权下的违禁书刊产制、流通与管理实践,主要是在城镇街道这一特定的时空场所中发生的,它关联着城市空间、官僚体系、商业文化、流通载体等环境条件,也体现出出版商为了信仰与主义、商业利益,甚或盲目跟风而进行产销的多种目的,是一个跨越一定地域和空间的复杂社

---

① 《民国广东出版管理资料汇编》(上),贵州人民出版社2015年版,第395-396页。
② 《民国广东出版管理资料汇编》(上),贵州人民出版社2015年版,第388页。
③ 《民国广东出版管理资料汇编》(上),贵州人民出版社2015年版,第444页。
④ 中国第二历史档案馆编:《中华民国史档案史料汇编·第五辑第一编文化(一)》,江苏古籍出版社1994年版,第229-230页。

会过程。面对违禁书刊禁不胜禁、查不胜查的难题,南京国民政府尽管在管理上采取了诸多措施,但效果并不理想,从 20 世纪 20 年代末南京国民政府建立到 40 年代末其政权结束,这种局面丝毫没有改观。探究其原因,政府官僚体系的低效运作、基层执法的地方化实践、租界/地方政权的割据牵扯,以及出版行业的趋利行为,都为违禁出版物的大行其道提供了条件和空间。南京国民政府时期违禁书刊的产制、流通及查禁实践的复杂面相也让我们看到,印刷产品的经济生产逻辑在打碎检查的政治逻辑方面如何有了具体而微的立体呈现。

报刊、近现代政治人物与思想

《清议报》时期梁启超
对西方自由和权利学说的发挥 *

范广欣

（南开大学哲学学院）

摘要：本文集中讨论梁启超从 1899 年到 1901 年在《清议报》上刊登的介绍卢梭社会契约论的文字，看他如何逐步深入探讨自由和权利的内涵，也希望以此作为个案探索甲午战争以后中国第一波新文化运动的特点。梁启超是将卢梭介绍给中国读者的关键人物之一，他将卢梭理论定位为一套关于自由和权利的学说，而不是关于暴力革命的学说。他对自由的诠释覆盖了从思想自由、公民权利到政治自由的丰富内容，并且最终超越集体主义或社群主义倾向的限制，肯定个人自由的独立价值。晚清新文化运动代表中西两个思想传统第一次认真的对话，其对现代基本价值的介绍融入了多方面的资源，包含多种诠释的可能性。梁启超对卢梭的看法之所以异于他人，是因为梁氏把卢梭当成西方自由传统的一员，他对卢梭的解释结合了多位其他思想家的见解。他所介绍的思想自由、"天赋人权"等观念也融入了儒家思想的因素。

关键词：梁启超；卢梭；自由；权利；晚清新文化运动

近代中国第一波新文化运动开始于晚清中日甲午战争之后，以梁启超、严复、刘师培、马君武等人为代表的中国第一代新知识分子将许多重要的西方现代观念，包括革命、民主、平等、自由、人权等等，引入中文世界。他们对这些观念的介绍既广且深，不仅推动了变法改良和建立民主共和的政治斗争，也促成了中国文化的根本转型，为 1915 年开始的第二波新文化运动创造了条件。

本文集中讨论梁启超从 1899 年到 1901 年介绍卢梭社会契约论的有关文字，看他如何从不同角度逐步深入探讨自由和权利的内涵，也希望以此作为个案探索晚清第一波新文化运动的特点。梁启超是当时最有影响力的公共知识分子，由于他和刘师培、

---

* 本文原载于《天府新论》2015 年第 3 期，有修改。

马君武等人的宣传,卢梭成为最受欢迎的西方理论家。与其他人不同,梁氏将卢梭理论首先定位为一套关于自由和权利的学说,而不是关于暴力革命的学说,到 1901 年为止,他认为这套学说有助于扭转中国的命运,因此做了不遗余力的宣传。然而,自 1902 年起,他发现卢梭理论吸引年轻一辈颠覆基本社会秩序,而且不利于他们组织起来从事政治运动,因此转而支持以伯伦知理为代表的德国国家学说,与卢梭理论相抗衡。也就是说,从 1899 到 1901 年是梁启超从卢梭理论入手,积极探索近代自由和权利学说的重要时期。下文将指出梁启超对自由的诠释并不像其他学者认为的那样,只强调以服务于国家和社会为目的的公民参与,重集体轻个人,而没有触及近代自由观念的基本内涵;而是覆盖了从思想自由、公民权利到政治自由的丰富内容,并且最终超越集体主义/社群主义倾向的限制,肯定个人自由的独立价值。①

一、思想自由与天赋人权

梁启超介绍卢梭学说始于 1899 年 8 月起在《清议报》上连载的《自由书》。但是在 1901 年末发表《卢梭学案》之前,梁氏并无专文讨论卢梭学说,他往往将卢梭与约翰·密尔和孟德斯鸠等人相提并论,把他们都看作西方自由思想的代表人物。② 从《自由书》开始,梁氏对西方自由思想的介绍有两个基本思路贯穿其中,其一是思想自由,其二是"天赋人权"。这两个思路也体现于他的卢梭论述。

《自由书》一开始便彰显思想自由的意义。梁启超在叙言中引用密尔阐述此书的缘起:"人群之进化,莫要于思想自由,言论自由,出版自由。"③有趣的是,这句话并不见于密尔《论自由》(On Liberty)原文。尽管密尔强调思想自由是人类最重要的一项自由,而且与言论自由和出版自由密不可分,他并没有将自由与(特定)人群的进化(evolution)联系起来。④从字面上看,人群进化不是密尔,而是社会达尔文主义思想家关注的焦点。梁启超将自由与进化相联可能是受严复的影响。⑤进一步分析,中文"进化"一词,与对应的英文"evolution"含义并不完全吻合,前者包含不断发展、不断进步的意思,后者只是适应环境变化而发生的演变。从这个意义上讲,梁启超将思想自由

---

① 其他学者的观点,可参见 Peter Zarrow, "Anti-Despotism and 'Rights Talk': The Intellectual Origins of Modern Human Rights Thinking in the Late Qing". in *Modern China*, vol.34, no.2(April 2008), pp.184-195; Peter Zarrow, *After Empire: the Conceptual Transformation of the Chinese State*, *1885-1924*, Stanford: Stanford University Press, 2012, pp.104-117; Edmund S.K Fung, "The Idea of Freedom in Modern China Revisited: Plural Conceptions and Dual Responsibilities, in *Modern China*, vol. 32, no.4(2006), pp.454-458.

② 《梁启超全集》第一册,北京出版社 1999 年版,第 339-340 页;《梁启超全集》第十册,北京出版社 1999 年版,第 5932 页。

③ 《梁启超全集》第一册,北京出版社 1999 年版,第 336 页。

④ John Stuart Mill, *On Liberty*, New York: Appleton—Century—Crofts, Inc., 1947, p.12, p.14.

⑤ 严复 1899 年开始翻译密尔《论自由》,1903 年以《群己权界论》为名出版此书。

与"进化"联系起来,并不十分违背密尔的原意,因为进步(progress)正是《论自由》反复强调的价值观念。两者的根本差别在于,受社会达尔文主义渗透,梁启超关心的是自由与否如何影响不同人群(族群、国家等)的竞争,而密尔关心的则是自由如何推动全人类的进步。

很明显,在人类的各项自由中一开始便引起梁启超关注的是思想自由,而非与政治自由相关的内容。除了思想自由,密尔原书讨论的重要自由还包括"品味和追求的自由"(liberty of tastes and pursuits)和"个人合群的自由"(the liberty of…combination among individuals),也就是个人不受阻碍实现自我价值的自由和集会结社的自由,却被梁启超忽略。① 这两项自由对于人们争取合理政治制度的斗争都不可或缺。思想自由,尽管可以用来有效批判"腐败或暴政"(corrupt and tyrannical government),却不足以推动根本的政治变革。② 这样看来,梁启超热切期望传入中国的首先是康德在《什么是启蒙》一文中所倡导的批评公共事务的自由,而非卢梭在《社会契约论》中所倡导的政治自由。

然而,继续阅读《自由书》可以发现,梁启超介绍卢梭等人的自由学说不仅是要批判旧世界,更是希望开创新世界。他甚至指出可以通过"革命"完全恢复人民的"自由权"。③ 要掌握梁启超对"革命"和"自由权"的理解,除了思想自由,我们还必须讨论《自由书》的另一个基本思路,即天赋人权。天赋人权的观念是 19 世纪 70 年代明治维新早期日本知识界理解西方自由学说的产物,具体而言,是加藤弘之创造了"天赋人权"这个术语,用来翻译西方的"natural right"(今译"自然权利")。

梁启超早在写作《自由书》以前已经开始向中国人介绍这一观念,甚至直接使用这一术语,却没有详细加以讨论。他在 1899 年 2 月的《爱国论》一文中引用"西儒"的观点指出,"侵犯"他人的"自由权利"和放弃自己的"自由权利",同样"损害天赋之人道";正是明白了这个道理,欧洲各国人民才"赴汤蹈火",不惜流血奋斗争取民权。④ 他在《论中国与欧洲国体异同》一文中更直指"天赋人权"说在欧洲的盛行导致数千年等级社会的根本转变。⑤

到 1899 年 9 月梁启超在《自由书》中转录深山虎太郎《草茅危言》一文,向中国读者更详细解释"天赋人权/民权"观念。该文开篇便指出:"民受生于天,天赋之以能力,使之博硕丰大,以遂厥生,于是有民权焉。民权者,君不能夺之臣,父不能夺之子,兄不能夺之弟,夫不能夺之妇,是犹水之于鱼,养气之于鸟兽,土壤之于草木。"根据引文,民权源自上天给与人民的生存和发展的能力,与生俱来,不可剥夺;天赋人权是绝对的

---

① John Stuart Mill, *On Liberty*, New York: Appleton—Century—Crofts, Inc.,1947,p.12.
② John Stuart Mill, *On Liberty*, New York: Appleton—Century—Crofts, Inc.,1947,p.15.
③ 《梁启超全集》第一册,北京出版社 1999 年版,第 349 页。
④ 《梁启超全集》第一册,北京出版社 1999 年版,第 275 页。
⑤ 《梁启超全集》第一册,北京出版社 1999 年版,第 314-315 页。

价值,无论以什么名义都不能剥夺一个人的自由。这便隐含着对传统社会奉为圭臬的
三纲(君为臣纲,父为子纲,夫为妻纲)和五伦(君臣、父子、兄弟、夫妇、朋友)的挑战,因
为所有这些政治或者家庭的权威据说都不能否定民权。文章还指出人民及其权利先
于政府的设立,很明显是受卢梭等人社会契约论影响;指出三代和孔孟均注重民权,则
是尝试沟通西方自由权利学说与儒家理想。最后结论是改革秦汉以来的积弊,必须从
恢复民权开始。①

仔细解读"天赋人权",可以发现这个观念不完全是"自然权利"(natural right)的
对应,在中文语境中还融合了儒学(尤其是宋明理学)的某些核心价值。这个观念使浸
润在儒家传统中的人特别容易联想到"天生烝民,有物有则"(《诗经·大雅》)、"天命之
谓性,率性之谓道"(《中庸》)等经典名句及其诠释。因此,透过这个观念来了解自由和
权利,梁启超(及其读者)所获得的认识与欧洲启蒙思想家必然有所不同。具体而言,
因为天在儒家传统中是最高的道德权威,由上天所赋予并根植于人性的自由和权利不
能不是高尚的,而不可局限于满足个人私利和物欲。自由和权利必须包含一种转化性
的力量,一种道德的力量,可以超越个体,服务人群,小到贡献国家,大到造福全人类。
从这个逻辑出发,财产权,这一洛克等自然权利思想家最看重的权利,恐怕便不能轻易
地被早期中国知识分子接受为"天赋人权"。然而,"天赋人权"所包含的道德理想色彩
和群体意识却与卢梭的权利观颇为契合。另外,也必须指出,梁启超对"天赋人权"的
支持一开始就不是无条件的,而是置于社会达尔文主义的框架之下。对他来说,自由
不是终极价值,而是从属于人群进步和民族竞争。②

至迟从 1901 年开始,梁启超多次用"天赋人权"的观念概括卢梭学说。③ 这个观
念涉及自由、人性和道德之间的复杂关系,对中国人了解卢梭关于自由和权利的独特
论点的确有帮助。④ 必须指出,"天赋人权"更适合描述卢梭的"社会的自由"(civil
freedom)和"政治权利"(political right)而非"天然的自由"(natural freedom)和"自然
权利"(natural right)。梁启超便曾直接把"天赋人权"与"政治上之自由"联系在一
起。⑤ 实际上,卢梭并不是一个典型的自然权利论者,他认为政治权利不是自然权利
的延续,人们通过缔结社会契约获得政治权利的同时,便放弃或至少中止了他们在自

---

① 《梁启超全集》第一册,北京出版社 1999 年版,第 342 页。
② 《梁启超全集》第一册,北京出版社 1999 年版,第 458 页。
③ 《梁启超全集》第一册,北京出版社 1999 年版,第 384、455、458 页;第二册,第 558 页。
④ 卢梭在《社会契约论》第一卷第四章《论奴隶制》中阐述自由与人性和道德的关系如下:"放弃自己的自由,就
  是放弃自己做人的资格,就是放弃人类的权利,甚至就是放弃自己的义务。……这样一种弃权是不合人性
  的;而且取消了自己意志的一切自由,也就是取消了自己行为的一切道德性。"见 Rousseau, "Of the Social
  Contract", in *The Social Contract and Other Later Political Writings*, Cambridge: Cambridge University
  Press, 1997, p.45. 中译根据何兆武译:《社会契约论》,商务印书馆 2003 年版,第 12 页。
⑤ 《梁启超全集》第一册,北京出版社 1999 年版,第 383-384 页。

然状态(前政府/无政府状态中)所享有的权利。① 用"天赋人权"概括卢梭自由和权利
论所包含的意思是,人们的政治权利和公民权利虽然直接受到社会契约和法律的保障
与约束,归根结底却还是源于其在自然状态中所享有的、上天赋予的绝对自由,因为没
有这一自由,他们便不可能选择参与契约、进入社会。引申开来,当人们的政治权利和
公民权利得不到基本保障时,他们便可以选择与腐败社会决裂,恢复行使自然权利,回
归无政府状态或重建合理政治社会。到这一步,暴力革命的含义便呼之欲出了。

综上所述,梁启超早期介绍卢梭学说同时受思想自由和"天赋人权"两个思路的影
响。他一方面觉得应该优先引入思想自由、精神独立的观念,着重对旧世界的意识形
态批判,另一方面又用"天赋人权"概括卢梭学说,不仅直接肯定政治自由,也间接支持
人民反抗的权利。梁启超如何在两个思路之间取得平衡?他对"天赋人权"的赞赏是
否意味着他变得更着重政治自由而非思想自由呢?下文将指出梁启超介绍卢梭学说
并不是倡导激烈变革乃至暴力革命。他宣传"天赋人权",其目的还是为中国人争取思
想自由。具体而言,梁启超不主张立刻给与人民政治自由,更无意鼓动推翻旧世界的
武装斗争,而是期望用这一学说教育、感动中国人,将他们从传统意识形态的束缚中解
放出来,学会热爱自由,向往自由,拥护循序渐进的政治改革。

二、从思想自由到文化革命

仔细研读梁启超在《自由书》中最倾向"革命"的文字,可以发现他在通过"革命"恢
复"自由权"之前预设了一个容易被忽略却至关重要的步骤,即人民的觉悟。根据他的
观察,政治变革依赖人民的"进化",卢梭的自由和权利观便是教育人民,促使其迅速
"进化"的利器。② 具体而言,当人民通过启蒙,而"自悔""自悟",决心"不放弃其自由
权"时,他们就能够起而"革命"完全恢复"自由权"。③卢梭的学说也可充当"破坏"的力
量,以克服中国人的"恋旧"情绪,驱使他们争取"进步",并与其他国家竞争。梁启超指
出,卢梭社会契约论是最适合中国的"医国之国手",它已经在欧洲和日本奏效,必能将
中国引入一个"国国自主,人人独立"的新世界。④

所谓卢梭理论在欧、日奏效,说明梁启超心中的"革命"并非通过武装斗争推翻君
主制度,因为欧洲许多国家和日本虽然经历某些改良,君主制却依然保留而且基础巩
固。而且,梁启超并不认为"恋旧"情绪或者保守势力须被新兴力量完全克服。相反,

---

① 《社会契约论》的副标题是"政治权利的原理"。
② 《梁启超全集》第一册,北京出版社 1999 年版,第 340 页。
③ 《梁启超全集》第一册,北京出版社 1999 年版,第 349 页。
④ 《梁启超全集》第一册,北京出版社 1999 年版,第 349-350 页。

他认为两种势力应达至平衡,以避免"暴乱"。①这一点说明,他不希望变革与暴力相联,而希望自由和秩序可以并存。

要进一步考察梁启超如何理解自由和革命的关系,梁启超1900年4月给康有为的信有不可替代的价值。在这封信中,梁启超发现自己不得不反驳康有为对自由学说的攻击,他试图说服恩师卢梭理论并不会在中国导致暴力革命。这封信表明梁启超决心用卢梭等人关于自由和权利的学说将中国人从传统价值观念的束缚和压迫中解放出来。一言以蔽之,他要用卢梭理论进行思想启蒙和文化革命。在此基础上,他希望中国人心灵的改变可以引起政治现实的和平演变,最终实现一场没有暴力和苦痛的政治"革命"。

这一时期(1899—1901)的一系列其他文章表明,约翰·密尔对思想自由的看重和来自宋明理学的深厚影响结合在一起,使梁启超坚信思想必须引导实践,自由独立精神的养成必须先于新世界的建设。他甚至断言"精神一到,何事不成?"②因此,他强调实现政治自由必须从心灵自由开始不足为奇。他在给康有为的信中澄清,他宣传自由不是针对压迫者,而是针对人民的"奴隶性"。他指出:"中国数千年之腐败,其祸极于今日,推其大原,皆必自奴隶性来,不除此性,中国万不能立于世界各国之间。而自由云者,正使人自知其本性,而不受箝制于他人。今日非施此药,万不能愈此病。"③也就是说,不知道珍惜自由、热爱自由的"奴隶性"是中国长期政治腐败的根源和国家独立的障碍。唯一解决问题的方法,便是宣传、灌输自由思想,使人们觉悟,追求自立,不受他人的限制。他将自由与人的本性相联,显然是受"天赋人权"观的影响。引文再次说明梁启超之所以赞颂卢梭理论,不是要立刻落实政治自由乃至反叛的权利,而是用"天赋人权"的观念教育国人,使他们从心里爱自由,不愿受别人摆布。

对梁启超来说,卢梭等人的理论首先是帮助中国人从本国传统的束缚中解放出来。他用"数千年之腐败"概括中国历史,用"奴隶性"解释中国近代史上的伤痛,都开五四新文化运动反传统的先河,而带有鲜明的文化革命的色彩。其实,他最想介绍给中国人的仍是思想自由,却表现得非常激烈。梁启超宣称:"要之,言自由者无他,不过使之得全其为人之资格而已。质而论之,即不受三纲之压制而已;不受古人之束缚而已。"④第一句非常接近卢梭原文,强调自由是"天赋人权"。⑤ 第二句,便直接用自由否定三纲。这一言论对浸润在儒家传统中的人来说不啻振聋发聩。传统等级制度的卫道士认为三纲意味着君对臣、父对子、夫对妻的绝对权威,不接受三纲才丧失了做人的

---

① 《梁启超全集》第一册,北京出版社1999年版,第349页。
② 《梁启超全集》第一册,北京出版社1999年版,第338-339、375-376、455页。
③ 《梁启超全集》第十册,北京出版社1999年版,第5931页。
④ 《梁启超全集》第十册,北京出版社1999年版,第5932页。
⑤ 《梁启超全集》第二册,北京出版社1999年版,第558页。

资格。

梁启超在信中批评康有为"但当言开民智,不当言兴民权"的说法,指出民权自由,尤其自由思考和自由讨论,是开发人民智力的前提。康有为的观点其实很有代表性,许多反对激进的自由化和民主化运动的人,都主张人民必须先接受教育,才能承担自由所带来的责任和风险。① 梁启超的回应是人们必须接受包括卢梭理论在内的自由学说的熏陶,才能充分运用自由掌握并发展新学问。他们也需要自由以挑战传统的君主制,寻求不一样的政府形式。当梁启超指出只有自由才能培养智慧而富裕的国民时,很明显他把思想自由和讨论自由当作建设繁荣的政治社会的前提。② 那么,他到底期待什么样的政治变革呢?

从这封信可以看出,梁启超期待的是没有暴力和动乱的政治转型。他尝试说服康有为在中国提倡自由不会导致法国大革命这样的"惨祸",因为中法两国"民情"根本不同。卢梭的理论足以在法国导致祸乱,却是适合治疗中国之病情的良药,因为法国人容易冲动,而中国人因循守旧,数千年来无论是学术或政治都缺乏变革的动力。具体来说,"中国于教学之界则守一先生之言,不敢稍有异想;于政治之界则服一王之制不敢稍有异言"。为治疗这一病症,梁启超期望引入自由学说,使中国人至少热血沸腾、头脑发狂一次。他觉得新势力在中国不可能彻底击败旧势力,而最多和旧势力达致平衡,最终自由和秩序可以并存。③ 可见,对梁启超来说,卢梭的学说在中国不可能实现,其唯一的效用是平衡中国人守旧的国民性——"国民性"是"五四"的词汇,梁启超用的是"民情",但在这个语境下意义是一样的。他认为没有新势力的冲击,人民过度守旧会导致惰性乃至"奴隶性";然而,没有旧势力的阻碍,新势力就会变得过于激进,破坏基本的社会秩序。④

梁启超进一步解释,法国大革命的"惨祸"是自革命者以自由的名义造成,而不真是自由本身的过错,卢梭不应该为大革命负责。他认为自由就意味着"自治","自治"包含两层含义:第一,不受别人的统治;第二,真正能够有效地控制自己的私欲而行为得体。两层意义互相关联,一个人必须具备一些内在的条件和能力才能够不被他人所控制,也无意控制别人。对梁启超来说,这样的人珍惜自己的自由也不会侵犯别人的自由,法国大革命的问题正是以自由为名,侵犯别人的自由。显然,他不可能接受自

---

① 约翰·密尔也认为自由原则只适用于文明社会。见 John Stuart Mill, *On Liberty*, New York: Appleton-Century-Crofts, Inc., 1947, p.10。

② 《梁启超全集》第十册,北京出版社 1999 年版,第 5932 页。

③ 《梁启超全集》第十册,北京出版社 1999 年版,第 5931-5932 页。

④ 这个说法和托克维尔(Tocqueville)在《论美国的民主》一书中表达的观点颇为接近。后者认为,民主(平等)势力无制约发展,而没有贵族(等级社会)势力加以平衡,便会破坏自由。See Alexis de Tocqueville, *Democracy in America*, Harvey C. Mansfield & Delba Winthrop(trans.), Chicago & London: The University of Chicago Press, 2000。

由与自治/自制,权利与责任的分离。[①]

回到政治自由与思想自由的话题,梁启超的观点也许可以概括如下:思想自由应该是无条件的,它本身就构成一切学术和政治进步的前提,而政治自由是有条件的,任何人行使其政治自由都不能侵犯别人的自由,不能破坏社会的基本秩序。人民必须先获得一定的觉悟和自我控制、自我提高的能力,才能够获得政治自由。梁启超受到西方自由学说和宪政法治的影响,强调行使自由必须以遵守法律为前提,同时,他的儒学修养使他坚信归根结底法治的维系不是靠制度的保障,而是靠人民的觉悟。[②] 要提高人民的觉悟就不能离开思想自由,一切启蒙和文化革命都必须以思想自由为前提。

三、从群体竞争到个人自主

上文指出梁启超介绍卢梭等人的自由学说有两个基本思路,即思想自由和天赋人权,但是这两个思路都受到进化论的制约,都以人群的进步和民族的竞争而非个人的基本价值为最后的依归。梁启超在 1901 年末连载《卢梭学案》(以下简称《学案》)才终于肯定个人自由的独立价值。[③]《学案》是梁启超对卢梭理论最系统的介绍,包含了对卢梭自由学说最浪漫主义的诠释,而以个人自主(individual autonomy)和人民主权为核心。下文集中讨论个人自主,因为人民主权强调的还是群体的政治自由,讨论天赋人权时已有所涉及,而个人自主的观念在这篇文章中才第一次展现,反映了梁启超讨论卢梭自由学说进入了一个新的阶段。

《学案》由一个简单的卢梭传记和正文组成,个人独立是正文前半部分的焦点。前人的研究揭示《学案》的正文是源自一部法文欧洲哲学史,中江兆民将全书译为日文,梁启超又将日文本与卢梭章节翻成中文。[④] 以往的学者或者完全忽略这一传承关系,或者只注意梁文与中江译文的差异,而忽略《学案》所传递的完整信息。以下分析希望既注意梁启超的独特贡献,也注意把握中国读者的整体观感。当时大部分中国人读梁启超的文章,像学生听老师上课,为授课内容所感动,却并不像今人读学术文章那样介意观点是否原创。

有趣的是,《学案》对个人自由的诠释似乎更接近洛克而非卢梭,甚至带有无政府个人主义(anarcho-individualism)的某些色彩。正文先通过四个例子(其中第四个

---

① 《梁启超全集》第十册,北京出版社 1999 年版,第 5931-5932 页。

② 《梁启超全集》第十册,北京出版社 1999 年版,第 5932 页。

③ 《学案》先连载于《清议报》,1902 年又连载于《新民丛报》,可见梁启超对内容的重视。

④ 玛丽安·巴斯蒂:《辛亥革命前卢梭对中国政治思想的影响》,收录于刘宗绪主编:《法国大革命二百周年纪念论文集》,生活·读书·新知三联书店 1990 年版,第 55-63 页。中江兆民是明治时期在日本介绍卢梭思想的代表人物,他将 Alfred Fouillée 所著的 *Histoire de la philosophie*(1875)译成日文,题为《理学沿革史》(1886)。

例子不见中江原文而为梁启超所加）力图证明自由是国家创立和发展的过程中必不可少的基石,再仔细解释为什么国家的创立必须以契约精神为原则:因为人人自由平等,两人以上互相合作便必须定立契约,引申开来,一国中人互相交际,无论为什么目的都必须依赖"契约之手段",既然所有人与人之间的交际都要通过契约,国家的创立也非依赖契约不可。①这个说法对传统权威和所有新旧政治权威都具有颠覆性。传统权威受挑战,因为契约关系预设各方的平等自由,而不承认任何的等级差别,政治权威受挑战,因为当契约被当作实现政治目的的唯一手段时,统治者便很难诉诸武力或其他压迫性的手段,令人民无条件地为国家牺牲。这样社会契约论便被用来否定所有不尊重个人自由和其他个人利益的政权。

《学案》强调社会契约不会"剥削"个人自由而以"增长坚立"个人自由为目的。②具体来说,首先社会契约不会把人民的自由和权利赋予个别统治者。《学案》认为这是卢梭的社会契约论与霍布斯和格劳修斯(Hugo Grotius)相关理论根本不同之处。根据梁启超的原文,"民约既成之后,苟有一人敢统御众人而役使之,则其民约非复真契约,不过独夫之暴行耳"。这句话相当忠实于中江兆民的日译,只有"独夫"一词是梁启超所加,特别提醒中国读者儒家反暴君的传统和卢梭理论之间的联系。③《学案》接下来解释个人自由不能放弃,因为自由不仅是权利和责任,而且是道德的来源,霍布斯的理论违反了道德的基本原则。④梁启超还特别在正文之间插入按语表明自己的意见,指出如果契约要求完全放弃权利,这样的契约根本就不值得遵守。⑤《学案》还指出,根据卢梭的学说,即使人们愿意放弃自身的自由,他们也无权放弃后人的自由,中江的日译批评父母把孩子卖给他人,是违背了天地的公理,超越了父亲的权限,梁启超还要加上"文明之世所不容也"。他又通过按语指出根据传统的中国习俗,父母可以出卖子女为奴仆,杀害子女也罪减一等,都是因为"不明公理,不尊重人权"。⑥这样《学案》便批驳了霍布斯等人的理论,证明人们不可以把自由和权利托付给少数统治者。接下来,便要处理一个更复杂的问题:卢梭的社会契约论是否要求个人把自由交给人民全体或者说人民的国家?

《学案》并不否认卢梭的确指出加入社会契约时,各人应把所有的权利交给国家。《学案》认为根据这个说法社会契约便非常接近"共有政体",企图把个人完全融入国家。我猜想所谓"共有政体"指的是关于社会主义国家的构想,因为"共有"意味着公有

① 《梁启超全集》第一册,北京出版社1999年版,第504页。
② 《梁启超全集》第一册,北京出版社1999年版,第506页。
③ 《梁启超全集》第一册,北京出版社1999年版,第504页;中江兆民:《中江兆民全集》第六卷,东京:岩波书店1983—1986年版,第126页。
④ 《梁启超全集》第一册,北京出版社1999年版,第505页。
⑤ 《梁启超全集》第一册,北京出版社1999年版,第505页。
⑥ 《梁启超全集》第一册,北京出版社1999年版,第505页;中江兆民:《中江兆民全集》第六卷,东京:岩波书店1983—1986年版,第128页。

制,而"政体"则意味着政府形式,合起来就是实行公有制的政府形式。然而《学案》试图说服读者,尽管不无相似之处,卢梭的理想不是社会主义,而是"真民主主义"。《学案》将卢梭的集体主义倾向追溯到柏拉图哲学和希腊罗马共和政治的影响,两者都重视国家多于个人,还引用卢梭在其《政治经济学》一文中的相关论述加以证明。①《学案》对这一倾向提出质疑,认为个人固然需要在财政上支持政府,却不可牺牲"自由权"。无论以什么理由牺牲个人自由都与社会契约论的基本原则背道而驰。因此,《学案》认为社会契约中注重国家而牺牲个人的内容并不代表卢梭的真实想法。卢梭关于每个人将权利交给所有人便是交给自己的辩护,《学案》认为是"英雄欺人",反问当每个人都已经被国家"吞吐""消融"之后,又怎么能恢复其固有的权利呢?②

为重新确立卢梭个人自由捍卫者的形象,《学案》指出卢梭其实只要求个人放弃一部分权利和自由,以供群体维持基本需要。社会契约不但不会使个人放弃些许权利,还会增加他们的利益。这也许是从捍卫个人自由的角度解释卢梭所能提出来的最有利的证据。卢梭的确说过类似的话,然而,他紧接着便指出,只有主权者才有权决定哪一部分个人自由和权利必须放弃。③也就是说,人民的国家必要时可以要求个人牺牲一切。

梁启超翻译的《学案》总的来说把卢梭当成现代民主的开创者,强调个人自由不可侵犯,无论是统治精英、其他传统权威还是人民的国家都必须尊重个人自由。通过将卢梭的学说与霍布斯的学说和社会主义国家的理论区分开来,《学案》将卢梭刻划为个人自由和公民权利最坚定的支持者。

结 论

从1899到1901年底梁启超有关卢梭论述比较系统地向早期中国知识分子介绍了现代自由的观念,其重心则一直放在思想自由上。梁启超希望运用他在日本所享有的思想自由、言论自由和出版自由做启蒙的工作,把中国人从传统文化和政治权威的束缚下解放出来,从思想上做好准备,迎接以保障人民各项自由为目的的政治改革。透过"天赋人权",梁启超向中国人介绍了政治自由,"天赋人权"这个观念也涵盖各项基本的公民权利,乃至人民反抗暴政的权利。然而,梁启超并不急于落实这些激进

---

① 《梁启超全集》第一册,北京出版社1999年版,第505-506页。卢梭的相关论述见 Rousseau, "Political Econo-my", in *The Social Contract and Other Political Writings*, Cambridge: Cambridge University Press, 1997, p.6。

② 《梁启超全集》第一册,北京出版社1999年版,第505-507页。卢梭的自我辩护见 Rousseau, "Of the Social Contract", in *The Social Contract and Other Later Political Writings*, Cambridge: Cambridge University Press, 1997, p.50。

③ Rousseau, "Of the Social Contract", in *The Social Contract and Other Later Political Writings*, Cambridge: Cambridge University Press, 1997, p.61.

理念,他宣传"天赋人权"还是服务于思想启蒙的目的,希望人们受启发而热爱自由,反对压制。1901年末的《卢梭学案》受中江兆民相关译文的影响,第一次把个人自主放在群体竞争之前,承认个人自由作为终极价值,标志着晚清新文化运动的一个高峰。

梁启超是中国第一波新文化运动的旗手,正如李大钊、陈独秀是五四新文化运动的旗手一样。必须指出梁启超的文章从晚清到民国初年反复刊印、长期流传,渗透到中国知识界的每一个角落,滋养教育了五四新文化运动的发起者和参与者,为五四运动做了思想上的准备。从这个意义上讲,梁启超对思想自由的鼓动深入人心,他个人对思想启蒙的贡献不可忽视。

晚清新文化运动代表中西两个思想传统第一次认真的对话,其对现代基本价值的介绍融入多方面的资源,包含多种诠释的可能性。从政治上说,当时最重要的思潮包括暴力革命、自由人权和国家主义。梁启超的卢梭论述坚持从自由人权出发,而不像其他人集中于暴力革命,这一倾向从未改变。他在1902年以后,逐步放弃对卢梭的支持,转向国家主义。虽然如此,他对卢梭理论的基本看法没有改变,只是觉得这种对自由和权利的浪漫主义的追求不能解决反而加深中国的问题。他对卢梭的看法之所以异于他人,是因为他把卢梭当成西方自由传统的一员,他对卢梭的解释融合了孟德斯鸠、康德、密尔和洛克等人的思路。从文化上说,梁启超的论述固然包含"五四"那种激烈的反传统、反思国民性的因素,中国传统文化也在其中起到关键的作用。他对思想自由、思想先于行动的强调反映了《大学》由内而外,先格致诚正,再修齐治平的模式。他对"天赋人权"的阐发,不完全等同于西方的自然权利论,而是受到《中庸》"天命之谓性,率性之谓命"的影响。他强调个人自由不可侵犯,也不忘联系儒家反暴君的传统。梁启超介绍的这些观念,反映了两种文化的融合如何塑造了中国现代政治思想的传统,无论我们视这个传统为遗产还是为包袱,直到今天它还影响我们对现代社会的思考。

论抗战时期国家认同及其建构的具象表达 *

——以漫画新闻为例

胡正强

（南京师范大学新闻与传播学院）

摘要：一部中国抗日战争史就是一部国家认同及其建构的记录。漫画新闻以具象的方式，通过揭露日寇暴行、呈现"家亡"意象、唤起历史记忆、置入"国家"符号、建立个人与整体的关系感、强调合作与团结、鞭挞汉奸、培育宪政意识等，成功地使民众认清日寇的真面目，确立敌我关系，并产生对国家的依赖和认同感，在完成政治动员任务的过程中实现国家认同及其建构。

关键词：抗日战争；国家认同；具象表达；漫画

抗日战争是中国近代历史由衰败走向复兴的枢纽。经过十四年的浴血奋战，中国人民一举雪洗了近百年以来的民族耻辱，捍卫了民族独立、国家主权和领土完整。中国人民取得抗日战争胜利的原因不一而足，但源于"普遍和深入的政治动员"①基础之上的国家认同及其建构的成功，无疑是关键环节之一。所谓国家认同，就是公民对自己归属国家的认知以及对这个国家的构成，如政治、文化、族群等要素的情感和评价。国家认同感是民族国家的心理基础，是国家凝聚力的标志。在一定的意义上可以说，一部中国抗日战争史就是一部国家认同及其建构的记录。关于抗日战争时期国家认同及其建构的相关问题，学术界已经有了一些研究成果，但多为概括性论述，缺少具体的文本分析，无法回答当时的新闻媒体与知识界究竟是"如何进行国家认同及其建构"这一重大的实践性问题，其研究的指导性意义不免受到影响。有鉴于此，本文以漫画新闻为例，对抗战时期国家认同及其建构中的具象表达方式做一初步探讨，以期为当下的新闻传播实践提供历史借鉴。

---

* 本文原载于《学术交流》2015 年第 11 期，有修改。

① 毛泽东：《论持久战》，《毛泽东选集》第 2 卷，人民出版社 1966 年横排本，第 448 页。

一、揭露日寇暴行

热爱和平,避免战争是人类的永恒追求。对战争暴行的愤怒和厌恶是人类天然的本性。日寇在侵华战争中,烧杀淫掠,无恶不作,犯下了滔天罪行。揭露日寇暴行,让国人乃至全世界爱好和平的人们彻底认清日本帝国主义者的真面目,从而激发人民的同仇敌忾之心,使之投身和同情中国的抗日战争,这既是进行政治动员的需要,也是当时中国漫画工作者普遍而自觉的行动。在抗日战争爆发初期,中国的漫画新闻工作者立刻行动起来,以"报道漫画"的形式,暴露日本帝国主义在战区进行蹂躏的惨状和轰炸不设防城市的反人类罪行。如丁聪的《日本强盗任意蹂躏战区里的我同胞》、陆志庠的《京沪线上所见一列被暴敌所炸毁的列车》、张仃的《日寇空袭平民区域的赐予》、叶浅予的《敌人在华之奸淫杀戮》、李可染的《杀人比赛》等等,都有效地激发起了国人对侵略者的仇恨。

抗日战争全面爆发后,作为全国漫画运动中心的上海,一大批漫画家在抗日救亡的旗帜下迅速行动起来,在中华全国漫画作家协会的基础上,成立了上海漫画界救亡协会,组成了救亡漫画宣传队。1937 年 11 月,救亡漫画宣传队撤往武汉,成为国民政府军事委员会政治部第三厅的附属团体。1938 年 4 月,国际宣传处需要一批漫画赴苏联展览,漫画宣传队赶制了 45 幅布画,包括张仃的《欲壑难填》、廖冰兄的《游击队使敌人疲于奔命》、梁白波的《妇女参战》、叶浅予的《杀我同胞》、张乐平的《呵!中国孩子》等。6 月初,这些漫画作品就在莫斯科正式展出了。1948 年 4 月 15 日,《良友画报》第 136 期选登其中部分作品时,附有一段编者说明:"抗敌画展,不日在苏联举行,借以唤起世界人士对暴敌之认识及制裁。参加画展之作品,为数不少,兹特选刊著若干,以窥一斑。"张乐平的《呵!中国孩子》(图 1)这幅漫画新闻堪称揭露日寇暴行的代表作。这幅漫画新闻的画面上,一名赤身裸体的中国幼儿,被日军士兵用步枪刺刀高高挑起,周围是一片断壁残垣,但不见幼儿的父母,想必已遭屠戮。日寇把玩式地

图 1 张乐平《呵!中国孩子》 1938 年 4 月

将中国幼儿刺死,其态度之冷酷、手段之凶残,已经毫无人性,令人发指。儿童是民族的未来、国家的希望。日寇戕害的不仅仅是中国儿童个体的生命,更是中国的前途。被刺刀挑起的中国幼儿居于画面中心,四肢蜷曲张开,其无辜无助的情形令人酸鼻,任何有良知的人看了这幅漫画都不禁油然而生深深的同情和悲愤。漫画的标题"呵! 中国孩子",语气词的使用进一步渲染了惊奇的语气意义,"中国孩子"国族身份的刻意强调,使国人看了这幅漫画更容易产生心灵的震颤,并由此进一步联想到民族的前途和国家的命运,自然地体认到个人与国家的关联,产生出一种强烈的国家认同感,从而义无反顾地加入抗日的洪流。

图 2　张仃《兽行》　1938 年 1 月 1 日

1938 年 1 月 1 日《抗战漫画》第 1 期上的《兽行》(图 2),也是这一主题的佳作。这幅漫画是该刊创刊号的封底画。作品揭露这个日本强盗施暴后还残忍凶恶地一脚踩在中国妇女的身体上。背景是日军烧着的民房,正升起一团滚滚的浓烟。作品将日寇野兽般的凶残罪行和丑恶面目暴露在人们的面前,自然会激起每个善良的中国人对侵略者的深仇大恨。在 1987 年救亡漫画宣传队成立 60 周年纪念会上,张仃回忆说:"到武汉不久,很快出版一个《抗战漫画》,叶浅予为创刊号画封面,我画封底。我画的题目叫《兽行》,画一个日本人强奸我们的农村妇女后,又拿刀把她扎死了。用的是黄色、黑线。"①人不是野兽,但侵略中国的日寇在中国土地上横行无忌,无恶不作,其行为比野兽有过之而无不及。这幅漫画上的日军士兵口含刺刀,獠牙如同野兽一般,光天化日之下烧杀淫掠,所作所为毫无人性。画面夸张而又真实,具有强大的感染力。黄苗子当时曾论及这一主题漫画的鼓动作用:"对于敌人残杀同胞的描绘等,这应该使每一个同胞的热血都受感到而沸腾的。"②在凶残的野兽面前,任何怯懦与妥协都无济于事,"若是那豺狼来了,迎接它的有猎枪",人们从这幅漫画中只能得到如此的启示!

---

① 转引自黄远林:《百年漫画》(上),现代出版社 2004 年版,第 198 页。
② 黄苗子:《漫画表现方法》,《抗战漫画》1938 年第 2 期。

二、呈现"家亡"意象

中国国家起源的过程中,"血地一体,家国同构"的特征十分显著。夏朝是中国历史上第一个真正意义上的国家,夏启建国的特点就是"天下为家,各亲其亲,各子其子,货力而已"①。故孟子云:"国之本在家。"②家是我们每一个人的第一个人生驿站,人们对"家"往往有着深沉的情感依赖和寄托,"月是故乡明"所传达的就是这种情感上的理由。家国相连,不可分割。但是,抗日战争爆发之前,中国长期陷入军阀割据的混战之中,各地军阀拥兵自重,缺少一个强而有力的中央政府,国人国家观念淡薄。"他们生活在比较稳定的闭塞的环境里,将忠诚、热情与智慧主要献给家庭、宗族、社区或宗教。中华民国的国家系统还没深入影响普通人的生活,普通中国人对国家的认同还被淹没在对家庭、宗族、地缘和宗教等的认同之中或之后。"③把国家认同与家庭认同衔接起来,在家庭认同的基础上构建国家认同,就成为抗战时期构建中国民众现代国家认同的一条重要而有效的路径。在抗日战争中,新闻媒体发表了大量的以"家亡"为主题的漫画新闻,通过强调和突出"家亡"意象,来暗示或启发国人将家与国联系起来,催生并增强其国家认同感。

蔡若虹发表在 1937 年 9 月 25 日《救亡漫画》第 2 期上的《我们没有了家》(图 3)是思想性和艺术性兼备的优秀作品。这幅漫画由五幅图画组成,并配有韵律齐整、通俗易懂的绝句式文字,依次是:

1.鸟有窝巢人有家,有钱无钱不管它。煤油灯下吃山薯,也是人生幸福呀!

2.可恨东洋鬼子兵,想把中国一口吞,飞机大炮燃烧弹,多少房屋化灰尘!

3.日本鬼子如野兽,奸淫抢杀样样做。老娘割去一只手,三岁孩儿没有头。

4.不用哭来不用愁,饥寒交迫几时休!?大家只有一条路,打退东洋报我仇!

5.树无枝干哪有花,国不存在哪有家!若要家室重恢复,同心合力保中华!

---

① 《礼记·礼运》。
② 《孟子·离娄上》。
③ 徐慧清:《抗战对中国民众现代国家认同的建构》,《齐鲁学刊》2009 年第 2 期。

，吞口一图中把想，兵小鬼洋東以可
！烬灰化屋房少多，弹煌燃砲大機飞

！家有哪在存不闯，花苍哪幹枝抚槁
！華中保力合心同，復焕重室家要若

图 3　蔡若虹《我们没有了家》　1937 年 9 月 25 日

　　可以说，家是我们最有认同感的象征物。漫画《我们没有了家》以直观的画面，配以简洁的文字，把"家亡"而激起的情感，有效地与"国破"进行心理缝合和对接，使人们对家所具有的来自血缘的认同感，过渡和升华为对国家的认同感，在"国不存在哪有家"的叙述逻辑中，自然而然地提出"若要家室重恢复，同心合力保中华"的号召和结论，五个画面虽然是五个独立的画面，但由于具有文字的适当配合，组合后的画面具有了故事情节的叙述性和论证的因果性。这五幅画面十分紧凑，上下衔接，连环有序，如同一篇逻辑严密、论证有力、观点明确的论说文，既直观形象，又通俗易懂，入脑入心。

　　黄鼎的漫画《我的家》(图 4)发表于 1938 年 5 月 21 日的《烽火》第 15 期。日本发动全面侵华战争后，凭借其空中优势，为达其战略和战术目的，对中国各地进行了各种各样旷日持久的空袭，给中国人民造成了巨大灾难。无数人在轰炸中死去，无数人的家在日机的轰炸中化为一片废墟。抗战初期，各种体裁的文学作品都对此有所反映，如小说《覆巢》[1]《失去了巢的人们》[2]。漫画《我的家》的画面上，一位白发苍苍的老人紧紧抱着面前一根在战火中未被烧完的屋木，老人旁边一对母女紧偎在一起，面对着被炸后的一片废墟发呆。画面上的老人仰天呼告，仿佛在对着天上的飞机发出抗议和呐喊。"家"的意象在抗战初期文学作品中大量出现，其隐喻性意义不言而喻。正如著

①　陆蠡:《覆巢》,《烽火》1937 年第 4 期。
②　骆滨基:《失去了巢的人们》,《烽火》1938 年第 18 期。

名作家刘白羽在散文《家乡》的结尾处所表达的那样:"啊！我的情感是泛滥了。不错,我眷恋着那一片土。因为那是我们整个土地中的一片。我想,终于有那么一天,我们是会回去,拿我们的血,去掩埋死者的骨骸!"①家、家乡和国家,三位一体,不可分割,"家"的意象中实际上蕴含着对国家的情感和理解。

图 4　黄鼎《我的家》　1938 年 5 月 21 日

三、唤起历史记忆

现实是对历史的承继。"对于未来社会的待望,逼迫着我们不能不生出清算过往社会的要求。古人说:'前事不忘,后事之师。'认清过往的来程也正好决定我们未来的去向。"②"知耻而后勇。"设立国耻日并举行大规模的纪念活动,是民国时期独特的政治、文化现象,它是近代以来中国受外敌欺凌的产物,是"我们"区别于"他们"的群体自我意识的反映。中国人自古就认为"知耻而后",人们习惯于强调、反复某个耻辱事件来加重自我的耻辱感,进而砥砺心智,卧薪尝胆,发奋图强,最终实现光荣的雪耻。近代中国屡遭列强欺凌,屈辱不断,因此,清末就有人建议把"知耻"作为救国的一项举措,向大众普及国耻意识。1915 年中日"二十一条"交涉发生后,中国的民族主义者开始对国耻记忆进行大规模塑造,将 1840 年鸦片战争以来大大小小的被侵略战争、不平等条约、割地赔款等等都做了重新叙述。"国耻纪念日"的提倡及其活动,为国家认同建设提供了一个绝佳的平台。抗日战争更为国耻纪念活动提供了充分的时代土壤。漫画以其直观、感性的话语优势,在进行国家认同及其建构的过程中,被国人充分利

---

① 刘白羽:《家乡》,《烽火》1937 第 1 期。
② 郭沫若:《郭沫若全集》历史编第 1 卷,人民出版社 1982 年版,第 6 页。

用。很多新闻媒体或漫画刊物在国耻纪念日往往都会刊登具有"国耻"意象的漫画,通过召唤"国耻"记忆,来强化人们的国家意识,进行国家认同及其建构。

发表在 1938 年 10 月 1 日《烽火》第 19 期的漫画《惨痛的回忆(纪念九一八)》(图 5),是作者黄伟强精心绘制的一幅时事漫画。1931 年 9 月 18 日晚,日本关东军蓄意在沈阳北大营南约 800 米的柳条湖附近,将南满铁路一段路轨炸毁,诬称是中国军队破坏铁路,随即向中国东北军驻地北大营发动进攻。这就是震惊中外的"九一八"事变。"九一八"事变是日本帝国主义长期以来推行对华扩张政策的必然结果,也是它企图把中国变为其独占殖民地的重要步骤。"九一八事变"使得中国很多人认识到,中日之间必有一战,国民政府也加紧进行国耻教育,进行备战。"九一八"成为国民政府用"耻感"凝聚人心、增强国家向心力的一种政府行为。漫画《惨痛的回忆(纪念九一八)》,标题点出是对"九一八"的回忆,指明这是一个"惨痛"的日子。

图 5 黄伟强《惨痛的回忆(纪念九一八)》 1938 年 10 月 1 日

漫画的画面上,沈阳的城墙上高悬着日本的太阳旗,近处是一棵古老的大树被铁链锁着,正燃起熊熊大火。远处一群日兵持枪举刀,横冲直撞,遍地是中国人的尸首。我们的城市乡村被暴日侵占,我们的人民被暴日残杀。这就是"九一八"带给我们的记忆! 这是一种充满耻辱感的记忆! 但它"会成为我们民族复兴开端的纪念日,那不再是耻辱,而是光荣。那时候我们应该庆祝它,因为它使我们尝到苦痛,懂得苦痛终于解除了一身的苦痛"①。唤起对国耻的记忆,是媒体进行国家认同及其建构的最有效方式!

1928 年 5 月 3 日的"济南惨案"(又称"五三惨案")成为民国政府时期又一个国耻纪念日。1928 年 5 月 3 日,国民革命军在北伐途中经过山东济南城时,日本方面借口国民革命军对城内的日本侨民进行抢劫、强奸、屠杀,而出动军队展开报复,蓄意屠杀中国军人与民众 6000 余人,制造了震惊中外的"济南惨案"。国民党战地政务委员会派遣济南的外交处处长兼国民政府外交部特派山东交涉员蔡公时及署内职员 17 人被日军虐杀。惨案发生以后,日方否认日军屠杀中国军民,并要南京国民政府道歉、赔偿、惩凶,并于 5 月 11 日攻占济南。"济南惨案"不仅使中国人民产生了重大的心理阴影,也对当时的中国领导人蒋中正的心理造成重大冲击,蒋中正在 1928 年 5 月 3 日的

---

① 靳以:《"九一八"周年》,《烽火》1938 年第 20 期。

日记中写道:"身受之耻,以五三为第一,倭寇与中华民族结不解之仇,亦由此而始也!"此后,蒋在日记中一直坚持每日都写上"雪耻"二字。国耻是民族凝聚力的催化剂,是强化国家观念的推进器。全面抗战爆发以后,利用国耻日刊发有关材料,激发人们的国家认同,就成为新闻媒体和知识界的一种惯常选择。1941 年 4 月 30 日《战时后方画刊》第 19 期发表的漫画《只有用敌人的鲜血,才把我们的耻辱"五三"洗得干净!》(图6),无论是标题和画面,都明显体现出作者通过唤起人民"被虐"的记忆进行国家认同及其建构的主体意识。

图 6　谢趣生《只有用敌人的鲜血,才把我们的耻辱"五三"洗得干净!》
1941 年 4 月 30 日

四、置入"国家"符号

国民对国家的认识和情感取向不会凭空产生,往往需要一定的触媒。现代民族国家形成以后,领土、主权、人民,构成国家的三要素,与这三个要素密切相关或者象征这三个要素的符号,往往就成为民众在日常生活中感知国家存在、确立对国家情感价值取向及其意义的凭借物。在现代世界政治体系中,现代民族国家的象征性符号有国旗、地图、国歌和国庆等,这些符号是现代民族国家的一种标志或者象征,是国家主权意识的产物。它通过一定的样式、色彩、图案和仪式,反映出一个国家的政治特色和历史文化传统,显示着民族的个性和尊严。将国旗、地图、国庆等现代民族国家的象征性符号作为图画元素置入漫画,就成为抗日战争时期屡试不爽的国家认同及其建构的有效方法。

爱国主义作家丰子恺先生,很早就注意利用国旗、地图等国家象征物来启发民众的国家观念和情感,并将之作为进行"民族教育的 FIRST STEP"①加以强调。抗战爆发后,丰先生一改原先冲淡平和的漫画艺术表现风格,创作了大量反映现实的漫画新闻作品。《儿童陷失地,爱国心不移,约伴到深山,偷描我国旗》(图7),这幅漫画作者自署作于 1938 年 4 月,发表在 1938 年 6 月 1 日出版的《宇宙风》第 69 期。无产阶级革命导师列宁说过:"爱国主义就是千百年来巩固起来的对自己祖国的一种最深厚的情感。"爱国主义情感的建立对于每个人的成长、成才有着至关重要的影响,对于国家的兴旺发达也起到举足轻重的作用,这种情感不是空洞的抽象口号,而是体现在具体的日常生活中,特别是体现在对待与国家相关联的一些符号、物象,如国

图 7　丰子恺《儿童陷失地,爱国心不移,约伴到深山,偷描我国旗》　　1938 年 6 月 1 日

旗、国歌等等的态度和行为上。这幅漫画的画面上,是三个沦陷区的中国儿童,相约在日军尚未到达的山路边岩壁上,描绘中华民国国旗。他们一个去放哨,一个在写"中华民国万岁"口号,一个在描画国旗,虽各有分工,看似游戏,但绝非寻常的儿童游戏,而是共同指向对祖国的深厚眷恋。在异族入侵的抗日战争年代,这种爱国主义情感无疑显得非常的真实、宝贵,值得称颂和光大。这幅漫画以其构图简洁生动、爱国主义情感炽热含蓄、表达贴切形象而受到人们的称赞,传播广泛。1938 年 7 月 25 日上海《半月文摘》第 3 卷第 1 期转载了这幅漫画,1938 年 10 月 2 日上海《文汇报》"儿童园"专栏再次予以发表。这些都充分说明了这幅漫画所包蕴的爱国主义情感及其强大的感染力。

发表在 1940 年 3 月 1 日出版的《抗建通俗画刊》第 3 期的漫画《日本的今昔》(图8),则是通过将中国的版图作为漫画的构成元素,来帮助国人形成"敌"与"我"的关系概念。从历史与地理上说,中国是个以大陆为主体的国家,也是东亚的主体国家,很长时间内曾经是东亚乃至世界的文明中心,幅员辽阔,人口众多,资源丰富;而日本是个典型的海岛国家,陆地空间狭窄,资源匮乏,对外经济依赖严重。因此,从 19 世纪中叶开始,日本就确定了"开疆拓土"的对外侵略政策。19 世纪末叶,日本由资本主义发展

---

① 　丰子恺:《民族教育的 FIRST STEP》(漫画),《教育杂志》1934 年第 24 卷第 1 期。

为帝国主义国家后,加快了对外侵略扩张的步伐,并将主要矛头对准中国。《日本的今昔》这幅漫画把时间观念引入叙述,通过今、昔中日实力和角色的对比,表明抗日战争的爆发已经使中国走上了复兴的转捩点。这幅漫画由左右两幅图画组成。在"过去"的一幅图中,中国被描绘成一片脉络清晰、叶片饱满但无主体意识的桑叶,而日本则被描绘成一只体态臃肿的桑蚕,贪婪地觊觎着眼前的肥美桑叶,形象地表达出此前日本对中国的"蚕食"。而"现在"的一幅图中,中国摇身变成了羽翼丰满、英气勃发的雄鸡,雄鸡的眼睛正紧盯着到送眼前的"毛毛虫",怒启翅膀,跃跃欲试。这只浑身多刺令人生厌的"毛毛虫"就代表了日本。今昔对比,中国从被蚕食者变成了反攻者,日本从进攻者变成了防御者。作者通过对中日过去和现在双方角色的变化设置,巧妙地利用两国地图的形状,将中国从无生命的任人蚕食的桑叶,变成了能够敢于主动吞吃恶虫的雄鸡,形象地表达了中国已经觉醒了的主题。这幅漫画充满了对国家一种崭新形象的期待,令国人观后有扬眉吐气之感。

图 8　邵恒秋《日本的今昔》　1940 年 3 月 1 日

五、建立个人与整体的关系感

中国的抗日战争不是任何别的战争,乃是半殖民地半封建的中国和帝国主义的日本之间在 20 世纪 30 年代进行的一场决死的战争,是一个大而弱的国家与一个小而强的国家的对决。"只有全面的民族抗战才能彻底地战胜日寇"①,这是中国共产党人在战争爆发伊始就做出的英明论断。"挽救危机的唯一道路,就是实行孙中山先生的遗嘱,即'唤起民众'四个字"②,则是组织和进行全民族抗战的具体方法和路径。唤起民众的关键,就是要改变民众所持有的抗战是国家和军人之事,与自己无关的态度。反复阐释个人与国家的关系,启发民众的抗战觉悟,就成为壮大抗战力量的切要之事,也是国家认同及其建构的重要内容。抗日战争时期,漫画工作者创作了大量的、从各种

① 毛泽东:《为动员一切力量争取抗战胜利而斗争》,《毛泽东选集》第 2 卷,人民出版社 1966 年横排本,第 326 页。
② 毛泽东:《国共合作成立后的迫切任务》,《毛泽东选集》第 2 卷,人民出版社 1966 年横排本,第 337 页。

角度反映个人与国家关系的漫画作品,传播个体与整体不可分离的观点,汇聚、整合各种抗战力量。

关于个人与国家的关系问题,中国文化中有着非常丰富的历史资源,古人对此有着非常精当的认识。"皮之不存,毛将焉附"成语就是一个生动的例证。在 1938 年 5 月 1 日的《抗战漫画》第 9 期上,麦春光发表的漫画《告不愿做亡国奴的同胞,皮之不存,毛将焉附?》(图 9)就是借用这一成语而创作的漫画。这虽是一幅单幅漫画,但由两个有对比性质的画面组成。这幅漫画的画面上,上面是日本军人在残杀中国民众,漫画以抽象的手法,将日本的太阳旗图案作为日本军人脚下所托之处,隐喻日本对中国的侵略和占领。日本侵略中国,带给中国人民的并不是"中日亲善""共存共荣""经济提携"等,而是活生生的屠杀、奴役。这种侵略的性质无异于宰杀牲畜。漫

图 9　麦春光《告不愿做亡国奴的同胞,皮之不存,毛将焉附?》　1938 年 5 月 1 日

画下方是一个屠夫在宰杀牛、羊一类的牲畜,正在剥皮。牛、羊的皮已经被剥掉,原来牛、羊皮上的毛,怎么能再依附牛、羊而存在呢?作者就是将这个饱含智慧的成语转化为直观生动的画面,号召人民抛弃小我观念,抛弃抗战与己无关的错误想法,把自己看作国家的一分子,确立国民意识,积极加入抗日的队伍,为抗日贡献自己的一分力量。没有国家认同感,已经建立的民族国家就没有稳固的心理基础。而国家认同感的基础则是对自己与国家关系的认识。读者看了这幅漫画,确实很容易被其中所蕴含的道理打动,产生对国家和个人关系的思考。

1938 年 6 月 1 日《抗战漫画》第 11 期发表的漫画《王老五当兵打日本》(图 10),则是采用连环画的形式,通过叙述一个生动的故事,来传播这样的一个道理:没有国,哪有家?要有一个温暖安乐的家,首先必须把日本侵略者赶出去,任何个人都无法置身事外。这幅漫画共由 15 幅图画组成,每幅图画都配有韵律齐整的解释文字。配文分别是:

(一)东村有个王老五,今年活到三十五,佃种李家几亩田,一家两口平安过。

(二)五嫂娘家在西村,一个哥哥两个弟,政府征兵打日本,弟弟入伍保

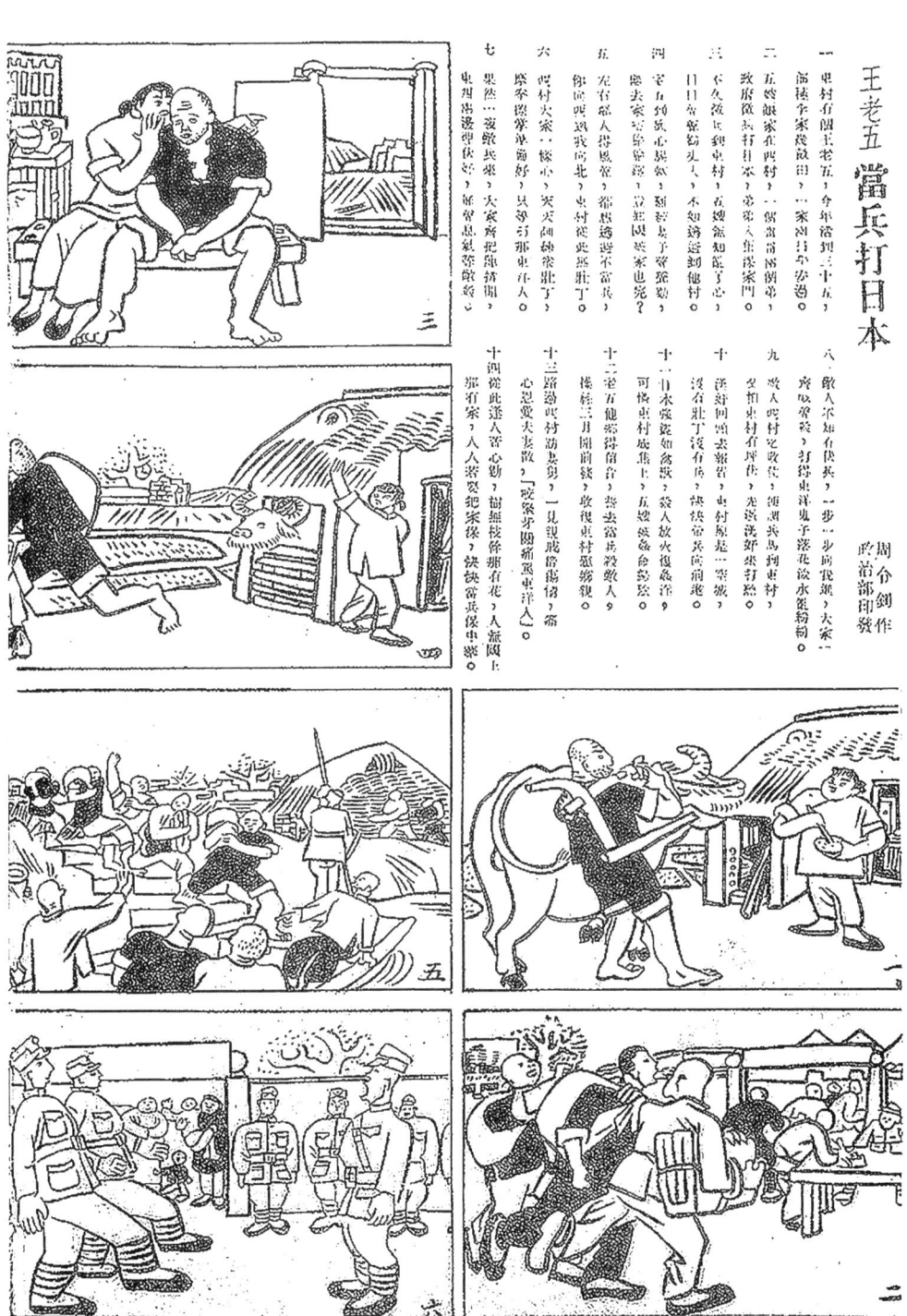

王老五 当兵打日本

周令钊作
政治部印发

一、东村有个王老五，今年活埋三十五，邻楼李家爱改田，一家剩只七岁多。

二、留当拥兵打日本，忘家人生落家门，政府征兵打日本，东家知道了心。

三、五嫂娘家在四村，留当拥兵打日本，不久娘姐李得卖村，不知逃避到他村。

四、东家知道心异如，难弄是子容容勤，跑去寻回来五嫂，立狂园东家也哭？

五、无有里人得愁离，都想逃避此不富，姓去来苦富兵身逼，一天那俊紧赶了。

六、哪村大家，一场，天天俊伙伴，只哮引那里早人。

七、果然一次敌兵来，大家齐把家俊捐，东四溢边俊保安，保留息越莽敬愁。

八、敌人不知有快兵，一步一步向我迎，大家一齐似曾愁，打得东洋鬼子落花流水笑粉粉。

九、敌人哭村吃政俊，滩潮其马判东村，发起束村有坪伏，先送洋妈坐打给。

十、兄弟回鱼话知卷薯，东村原起一枚敬，没有壮丁没有有，供给俊苦英俊盆。

十一、田水强瓷知备败，发村人放火俊活，可悔东村成焦上，五嫂俊俊台俊愁。

十二、老王五健壮得俊留台，寄去当兵俊敬人，杰去故敬人，楼样三月园前发，收得束村愿愁缕。

十三、路过此村防焦身，一见戈战俊俊信？心愁觉夫妻俊，「咬紧牙根痛要洋人」。

十四、润从此逃人苦心勤，树插枝俊那有花，杀人不偿哪里人流俊归上那有案，人人蓄愤把案俊，快快当兵保申案。

图 10　周令钊《王老五当兵打日本》　1938 年 6 月 1 日

家门。

（三）不久征兵到东村，五嫂无知乱了心，口口声声劝丈夫，不如逃避到他村。

（四）老五到底心肠软，难经妻子声声劝，离去家乡偷偷跑，岂知国破家也完？

（五）左右邻人得风声，都想逃避不当兵，你向西逃我向北，东村从此无壮丁。

（六）西村大家一条心，天天训练众壮丁，摩拳擦掌准备好，只等打那东洋人。

（七）果然一夜敌兵来，大家齐把阵排开，东西两边埋伏好，屏声息气等杀敌。

（八）敌人不知有伏兵，一步一步向我进，大家一齐喊声杀，打得东洋鬼子落花流水乱纷纷。

（九）敌人西村吃败仗，便调兵马到东村，又怕东村有埋伏，先派汉奸来打听。

（十）汉奸回头去报告，东村原是一空城，没有壮丁没有兵，快快带兵向前进。

（十一）日本强盗如禽兽，杀人放火复奸淫，可怜东村成焦土，五嫂被奸命归阴。

（十二）老五他乡得信音，誓去当兵杀敌人，操练三月开前线，收复东村慰乡亲。

（十三）路过西村访妻舅，一见亲戚倍伤情，痛心恩爱夫妻散，咬紧牙关痛骂东洋人。

（十四）从此逢人苦心劝，树无枝干哪有花，人无国土哪有家，人人若要把家保，快快当兵保中华。

故事情节生动，图文结合，相得益彰，运用对比的手法，把"人无国土哪有家"的道理表达得显豁明白，这对于鼓动民众投身军伍杀敌保国，确实具有很强的说服力量。

六、强调合作与团结

1943 年 6 月，在晋察冀边区平山县黄泥区一个小村子里，曾经产生过一首脍炙人口的歌曲《团结就是力量》。当时，为了反抗日寇到边区抢粮，实行"抢光、杀光、烧光"的疯狂政策，西北战地服务团深入河北平山和山西繁峙的广大农村参加斗争。为了配合这场斗争,牧虹和卢肃一起,在三四天时间里,突击创作了小型歌剧《团结就是力量》。在排练过程中,大家觉得剧情还可以,就是感到结束得有些突然,缺乏终止感。最后大家综合建议,决定由牧虹写词,卢肃谱曲,为该剧增加一个幕终曲,于是,《团结就是力量》这首经典名曲就这样诞生了。"团结就是力量,团结就是力量,这力量是铁,这力量是钢,比铁还硬,比钢还强,向着法西斯蒂开火,让一切不民主的制度死亡!向着太阳,向着自由,向着新中国发出万丈光芒!"这首歌之所以诞生后即迅速流传开来,就在于它唱出了时代的心声。抗战期间,以"军民合作"为主题的漫画作品在当时的报刊上经常出现,不断深化着人们对团结合作必要性和重要性的认识。

著名女漫画家梁白波发表在 1938 年 3 月 16 日《抗战漫画》第 6 期上的漫画《军民合作抵御暴敌》(图 11),是抗战第一阶段表现军民合作抗战主题的漫画佳作。1937 年7 月 8 日,卢沟桥事变爆发的第二天,中国共产党中央委员会即向全国发表了号召抗战的宣言,宣言要求国民党南京中央政府立即开展全国民众的爱国运动,发扬抗战的民气,认为只有将民力和军力相结合,才能给日本帝国主义以致命的打击。民族战争不依靠人民大众,毫无疑义将不能取得胜利。中国共产党在抗战时期实行的全面抗战路线,就是动员全民族一切力量,争取抗战胜利的人民战争路线。具体的做法就是广泛地开展独立自主的游击战争,建立抗日民主根据地,把敌人的后方变成抗日的前线。与此相对,国民党实行单纯依靠政府和军队的片面抗战路线,不广泛发动群众。国民党于 1938 年 3 月 29 日至 4 月 1 日召开的临时全国代表大会通过的《中国国民党抗战建国纲领》,在抗日方面表现出了积极态度,但对发展民众运动仍有不少限制。漫画《军民合作抵御暴敌》形象地展示了军民合作进行抗日活动的生动而喜人的图景。画面上,正规军、民兵在战壕中战斗,后方老百姓男女老少齐上阵,女的做救护工作,照顾

图 11　梁白波《军民合作抵御暴敌》1938 年 3 月 16 日

伤员,男的忙着支前,搬运物资,真是各司其职,各派用场,好一幅全民皆兵、军民合作抵御敌寇的动人场景。漫画构图巧妙,画面上的人物构成一个圆形,妇女救护伤员处于圆心,给人一种向心、关爱的感觉,如同家一般的温馨,使军民合作的主题得到了突出而恰当的表达。

车辐的漫画《谁说我们川军是专门打内战的?你看!这次在战场上不是把日本鬼子打破头了么?》(图12),则从另一个视角表现了合作抗日的观念。民国时期四川军队派系繁杂,与其他地方不同的是,川军从来没有形成一个统一体系,互相倾轧,连年混战。川军出川时,被认为是当时中国最糟的军队,装备不足,缺乏弹药、给养和医疗设备,冬天在山西打仗时,士兵脚上穿的还是草鞋。就是这样一支部队,却在抗战中进行了无数次最惨烈的战斗,为中华民族的独立事业做出了伟大的贡献。内战中恶名在外的第20军杨森部,是第一支出川抗战的川军,从淞沪会战开始,即无役不与,在第三次长沙会战的珠影山战斗中,全歼日军第九混成旅团加藤大队。参加淞沪会战的川军第26师是当时战绩最好的五个师之一,全师4000余官兵,撤离战场时仅存600多人。第22集团军1937年底编入李宗仁第五战区参加台儿庄战役,122师师长王铭章奉命驻守滕县(滕州市旧称),亲自指挥巷战,不幸壮烈牺牲。滕县一役,122师5000余人几乎全部伤亡,将士中没有一个做俘虏的懦夫,赢得了全国的尊重。这幅漫画的画面上,川军将士同仇敌忾,奋勇杀敌,气壮山河,充分显示了在民族解放的斗争中,曾经以打内战闻名的川军,在民族大义的感召下,已经脱骨换胎为一支骁勇的军队。他们用自己大无畏的牺牲换来了“无川不成军”的美名。这幅漫画不仅洗刷了川军曾有的恶

图12　车辐《谁说我们川军是专门打内战的?你看!这次在战场上不是把日本鬼子打破头了么?》　1938年3月16日

谧,而且生动地展示了国人在血与火的洗礼中,对"自我"与"他人"之间应有关系的新认识。

七、鞭挞汉奸

"从国家认同的角度来说,汉奸显然是对敌人的认同,对自己民族、国家的否定和拒斥。它不仅是一个背叛者,而且是在自己群体内部出现的对自己群体的破坏和瓦解者,这对要急于拯救和建构自己民族国家想象的国人来说是罪不可恕;同时敌我之边界是不可通透、变更的。作为破坏边界界限、颠倒敌我的汉奸就非除之不可。因而锄奸不仅是大快人心的行动,在更深层的意义上是在建构纯洁、理想的民族国家形象。"①汉奸者,国之贼也。对汉奸卖国贼,人民历来深恶痛绝。抗日战争时期,中国出现了很多里通外国、靦颜事仇的汉奸。这成为抗日战争时期中国人心中永远的痛。1937 年 4 月 5 日清明节,林伯渠受毛泽东、朱德的委托,代表中华苏维埃在陕西黄陵县黄帝陵举行祭陵仪式,宣读了由毛泽东亲笔撰写的祭文,其中有"辽海燕冀,汉奸何多! 以地事敌,敌欲岂足。人执笞绳,我为奴辱"之语,表达了对汉奸毫不妥协、毫不留情的决绝态度。对汉奸所造成的危害,时人多有揭露。1938 年 2 月 16 日《抗战漫画》第 4 期,就是该刊主编的"汉奸专号",专门刊发从各种角度揭露汉奸卖国罪行的作品。编者在《锄奸》一文中交代其编辑意图云:

> 倭寇进攻我国的主要工具,当然是海陆空三种武力,但是比这三种武力更阴险更毒辣的手段,便是中国人亡中国人的恶计。他们制造大批汉奸,到处活动,以直接或间接的行为,帮助其侵略我国。敌人的武力不足惧,可怕的是汉奸,因为无论敌人的武力怎样凶险,我们总还可以用武力来对付,惟有那些无耻的汉奸,祸生肘腋,其阴谋,其毒计,无孔不入,无恶不作,使人防不胜防。尤其是从这次展开我们的民族抗战以来,汉奸的活跃,比前更甚。从繁盛的都市,到偏僻的农村,从最高政府机关,到一般民众集团,随处可以发现汉奸的足迹;至于在敌人暴力直接支配下的地区,大小汉奸的充斥,更不待言。总之,汉奸的活动,现在已成为极普遍而严重的问题。如果中国会灭亡的话,一定亡于这辈无耻的汉奸身上,所以我们要打倒日本帝国主义,便要积极加紧我们的锄奸工作,汉奸一天不肃清,我们的抗敌工作便一天不能顺利进行。②

---

① 徐慧清:《抗战对中国民众现代国家认同的建构》,《齐鲁学刊》2009 年第 2 期。
② 《锄奸》,《抗战漫画》1938 年第 4 期。

江敉的《刀口上吸血吃的汉奸》(图 13)这幅漫画即发表在《抗战漫画》第 4 期上。画面上,两个汉奸模样的人正趴跪在滴着鲜血的刀口下舔舐。靠出卖同胞来养活、喂肥自己,正是汉奸的本质所在。作者在此表达了对汉奸的强烈痛恨和鄙视,其中包含着对自我与他人之间理想关系的一种设计。

图 13　江敉《刀口上吸血吃的汉奸》　1938 年 2 月 16 日

中华民族的爱国主义传统源远流长,世代相袭,犹如一条红线贯穿历史始终,成为中华民族一面战斗的旗帜,鼓励着世代炎黄子孙为中华的崛起、繁荣、发展而奋斗不息。中华民族的爱国主义情感是在长期社会生产实践中产生和发展起来,并逐渐转化为人们维护国家利益和忠于祖国的坚定信念,进而成为整个社会公认的道德规范。回顾历史,历代仁人志士所尊崇的都是一种为国家、为民族而献身的精神。诸葛亮"鞠躬尽瘁,死而后已"的忠诚,范仲淹"先天下之忧而忧,后天下之乐而乐"的崇高,文天祥"人生自古谁无死,留取丹心照汗青"的悲壮,顾炎武"天下兴亡匹夫有责"的高风,邓世昌"大丈夫为国而死,死得其所"的慷慨,代代传扬,无时无处不在调整着人们与国家、民族整体利益的关系,成为一种崇高的道德追求。同时,那些出卖国家人民利益、认贼作父的汉奸,无不受到千秋万代的谴责和唾骂,被永远地钉在历史的耻辱柱上。南宋权臣秦桧以"莫须有"的罪名处死抗金大将岳飞,长期以来一直被世人视为奸臣而遗臭万年。抗日战争时期的汪精卫是现代汉奸的典型代表之一。其汉奸卖国行为,差可与秦桧前后相映。漫画新闻《秦桧王氏说:请你两位也尝尝滋味吧!》(图 14)的画面上,汪精卫、陈璧君双臂被缚跪着,秦桧王氏夫妇则笑嘻嘻地对汪精卫、陈璧君说:"请你两位也尝尝滋味吧!"尝尝什么"滋味"呢?当然是被人唾骂、遗臭万年的滋味!汪、陈跪着的前面栅栏上,系着一块写有"禁止小便"字样的木牌,画龙点睛般地说明这对现代汉奸夫妻的下场,必然与秦桧、王氏一样！人们自然能从这幅漫画中阅读出什么是忠诚为国,什么是认贼作父,从而寻觅到自己的人生道路和坐标。

图 14　王乐天《秦桧王氏说:请你两位也尝尝滋味吧》　1941 年 1 月 5 日

战后普通知识群体的报刊论政 *

——《观察》周刊"读者投书"栏考

田秋生

（广州大学新闻与传播学院）

摘要：论文通过对《观察》周刊"读者投书"栏的细致考察，探讨普通知识群体在"文人论政"过程中的角色、行为与影响。研究发现，普通知识群体充当了政治和声者的角色，在有限的话语空间，对精英话语进行应和、延伸与补充，对实体政治的影响固然微弱，但在营造公共话语场域、推动公共舆论的形成、构建身份认同进而形成"知识人社会"等方面则功不可没。

关键词：《观察》周刊；"读者投书"；文人论政

作为一家著名的自由主义同人刊物，20 世纪 40 年代后期（1946—1948）的《观察》被学界视为"文人论政"的典型①以及中国自由主义发展的关键节点之一②，具有重要的政治史、思想史与新闻史考察价值。学界针对《观察》的系统研究起自 1990 年代，迄今为止，已取得了不少有价值的成果。综观立足《观察》周刊的相关研究文献，可大致分为两类：一是近代史领域的研究，主要考察自由主义在中国的发展及其流变③，尤其

---

* 本文原载于《现代传播》2018 年第 1 期，有修改。

① 傅国涌认为，《观察》乃近代中国知识分子"文人论政"的最后一个高峰（傅国涌：《"文人论政"：一个已中断的传统》，《社会科学论坛》2003 年第 5 期）；李金铨认为，《观察》继承了现代中国知识分子"以天下为己任"，以文章报国的言论传统（李金铨：《文人论政：知识分子与报刊》，序言第 5 页，广西师范大学出版社 2008 年版）；朱至刚则将《观察》视为第三代"文人论政"的典型（朱至刚：《试论"文人论政"的流变——以报人的自我期许为中心》，《新闻与传播研究》2010 年第 3 期）。

② 章清明确表示将代表"自由思想分子"政论立场的《观察》作为考察战后自由主义浮现的典型标本（章清：《中国自由主义的"正名"》，《华东师范大学学报》2011 年第 2 期），高瑞泉则以《观察》为对象研究自由主义者的观念（高瑞泉：《〈观察〉：自由主义视域中的平等观念》，见李金铨：《文人论政：知识分子与报刊》，广西师范大学出版社 2008 年版，第 231-233 页）。

③ 参见付祥喜：《〈观察〉周刊研究（1946—1948）——现代自由主义刊物的个案》，硕士学位论文，暨南大学，2003 年；郑林：《〈观察〉周刊与中国 20 世纪 40 年代下半叶的自由主义文人论政》，硕士学位论文，厦门大学，2007 年；高瑞泉：《〈观察〉：自由主义视域中的平等观念》，见李金铨：《文人论政：知识分子与报刊》，广西师范大学出版社 2008 年版，第 231-233 页；李统兴：《歧路短歌——战后中国自由主义时政周刊研究（1945—1949）》，博士学位论文，华中科技大学，2009 年。

是自由主义知识分子的政治参与①；二是新闻传播学领域的研究，主要探讨《观察》周刊尤其是主编储安平的新闻理念与新闻实践②，分析其经营策略③，考察其在形成公共舆论方面的手段与作用④等。

"读者投书"是《观察》周刊专设的通信栏，该栏目延续并发展了民初以来报刊通信栏的形式，供普通读者指陈时事、与同道交流，成为"文人论政"的一种特殊方式，产生了广泛的社会影响，具有独特研究价值。对于"读者投书"栏，迄今为止，相关研究还停留于简单的介绍与评价⑤，尚无人直接以其作为研究主体展开系统的考察。

在以往多数论者的笔下，"文人论政"似乃精英文人的专属，而普通知识群体的角色与贡献则鲜有提及，由此所描绘出来的"文人论政"历史图景在某种意义上是残缺不全的。因此，为了更全面地认识"文人论政"的历史实践，有必要对普通知识群体的参与展开进一步研究，"读者投书"恰好是一个典型的考察对象。基于此，本文尝试对"读者投书"栏展开细致考察，以期回应以下问题：在中国近代报刊"文人论政"的实践过程中，普通知识群体扮演了何种角色？如何借助报刊议论政治、参与国事？有何特色、成就与限制？

一、"读者投书"栏的创设及其整体面貌

从第 2 卷第 1 期起，《观察》正式增设"读者投书"栏，首期"读者投书"刊发了 1 篇开栏语及 5 封读者来信，题为《致读者》的开栏语不足百字：

---

① 参见左双文：《对〈观察〉周刊的再观察——兼论中国自由主义知识分子政治态度的变化和国民党政权在大陆迅速崩溃的关系》，《南京社会科学》1992 年第 1 期；郑现哲：《〈观察〉周刊（1946—1948 年）的民主政治思想研究》，硕士学位论文，北京大学，1996 年；张玉龙：《从"客观"到"观察"：储安平对 1947 年前后中国政局的观感与析评》，《吉首大学学报》2003 年第 4 期；张蕾：《1946—1948 年中国自由主义知识分子的政治理想和社会角色——以〈观察〉周刊为例》，硕士学位论文，兰州大学，2007 年；宁文晓：《中国自由主义知识分子的政治态度研究——以〈观察〉周刊为中心》，博士学位论文，东北师范大学，2010 年。

② 参见刘丽伟：《从〈观察〉看储安平的时论观》，硕士学位论文，河北大学，2006 年；王先孟：《论〈观察〉时期储安平的新闻思想》，硕士学位论文，兰州大学，2006 年；牛超：《储安平新闻思想研究》，硕士学位论文，南京师范大学，2013 年；何奉华：《民国报人储安平职业认同探析》，硕士学位论文，安徽大学，2015 年。

③ 参见付祥喜：《从〈观察〉看储安平编辑与出版发行思想》，《编辑学刊》2004 年第 1 期；蒋含平：《刊物本身是可以赖发行收入自给的——储安平〈观察〉的经营策略探析》，《新闻记者》2006 年第 9 期；王怀春：《从〈观察〉周刊看储安平的出版发行策略》，《编辑之友》2009 年第 3 期；袁新洁：《从〈观察〉周刊看储安平的期刊编辑与经营理念》，《长沙铁道学院学报》2010 年第 2 期。

④ 参见圣洁：《从储安平的〈观察〉看公共领域》，《青年记者》2009 年第 12 期；程茂枝：《自由的言说——〈观察〉周刊公共舆论研究》，硕士学位论文，安徽大学，2010 年；李雅洁：《〈观察〉周刊与民国时代公共领域的建构》，硕士学位论文，暨南大学，2010 年。

⑤ 付祥喜（2003）在其硕士论文的第四章讨论《观察》知识群体时，对于聚集在《观察》周围的中下层知识群体及"读者投书"栏的作用给予了积极评价，但对该栏目的具体内容则没有进行考察；程茂枝（2010）的硕士论文对"读者投书"栏的开设及主要内容进行了简要的概括性介绍，对其创办目的与作用也有简要评价；陈金龙（2016）的硕士论文以该栏目为依托，探讨了编者、作者和读者之间的自由主义话语互动，遗憾的是考察文本非常有限，分析视角也停留于话语互动层面。

从第二卷一期起,我们腾出这一页来刊载读者投书。但读者投书时,希望是一封"信",而不是一篇"文章";不要长篇大论,最好二三百字,甚至寥寥数行亦可。纸价太贵,我们希望尽量经济篇幅,俾能多登几封读者来信。①

在本期刊物最后一页的"编辑后记"中,编者又就本栏的开设做了这样几句话的说明:

> 自本卷起,我们将原来是广告地位的"封里",不刊广告,改刊读者投书,但请勿长篇大论,每信不超过五百字最好。②

编者的寥寥数语,并未详陈开栏动机与理念,也无法让人理解为何该栏目占据了原来用于刊登广告的"封里",直至第 2 卷第 24 期的第 2 卷读者报告书,储安平方道出其中原委:

> 关于编辑部分,第一卷结束时,我们打算至第二卷起,增加篇幅至三十二页。在我们的编辑计划上,自第二卷起,我们打算增开"读者投书""观察文摘"和"观察漫画"三栏,并扩充文艺栏的篇幅,在此计划下,原有的二十四页自然不够分配。但是就在第一期出完,休息的两个星期中,金潮泛滥,百物齐涨,其中纸价的上涨最可骇人。在这种情形下,扩充篇幅的计划只得收起。但原定增开的"投书、文摘、漫画"三栏,则决计使之实现,文艺篇幅无法扩充,而刊载学术理论文章的"特稿连载"一栏,不得不暂时取销。"尾页"也随之取销。并腾出一页广告地位以容纳读者投书……③

原来,占用广告页是出于纸价上涨,原来的扩版计划搁浅。至于开设本栏的理念,则迟至第 3 卷第 24 期刊出的第三卷报告书中,方有较为明确的说明:

> 关于投稿的情形,我们也愿在此附带报告。一个言论刊物,本来应该是为全国作者读者所共有的,我们极其诚恳的希望,本刊能成为全国作者共同发表意见的园地……
> 读者投书一栏本来是供给一般读者发表意见的,但发表的意见应与公共

---

① 《致读者》,《观察》第 2 卷第 1 期"读者投书",1947 年 3 月 1 日。

② 《编者后记》,《观察》第 2 卷第 1 期,第 27 页,1947 年 3 月 1 日。

③ 《艰难·风险·沉着——本刊第二卷报告书》,《观察》第 2 卷第 24 期,第 7 页,1947 年 8 月 9 日。

生活有关,或有公共的意义者为限,纯然属于个人生活的诉苦,不在录取之列。提出的问题太限于地方性质的,我们也不一定能发表,因为投书很多,其间不得不有大小轻重之别。对于任何个人的批评,应以政治性质的批评为限,不应涉及法律性质的个人攻讦,最不能使我们同情的一种投书,就是不负责任的攻击。①

可见,"读者投书"栏是供普通读者针对公共事务发表意见的。此栏的增设,意在进一步实现储安平一直以来的办刊理想——使《观察》成为全国作者共同发表意见的园地,将《观察》打造成全国读者共有的刊物。对此,储不厌其烦,在第4卷报告书中再次加以说明:

我们不希望一个刊物仅仅只有少数的作者在写稿,而且为民主政治不可缺少的公共舆论,也必须有广大的群众大家来参加,才能增加其力量,因之我们经常盼望有新的作者来参加这个写作的阵营。②

至此,我们已明了"读者投书"栏的开设动机与编辑理念:为普通读者讨论公共事务提供言论阵地,从而形成公共舆论,为民主政治提供基础,进而使刊物真正为全国读者所共有。

自第2卷第1期起,"读者投书"成为该刊一个常设性固定栏目,一直持续到第5卷第11期,共刊出78期。各卷刊出"读者投书"具体情况如表1。

表1　第2至5卷刊出"读者投书"具体情况表

	总期数	刊出"读者投书"的期数	未刊出"读者投书"的期数
第2卷	24	24	0
第3卷	24	21	3
第4卷	24	23	1
第5卷	18	10	8
总计	90	78	12

就形式而言,该栏目设置在紧接封面的第2页,即"封里",页面右上角设有固定的栏题,起初仅为1页。第2卷第10期,"读者投书"篇幅首次出现超1页的情况,首页刊登不下的投书转入内页。自此以后,"读者投书"超过1页的情况时有出现,但刊登

---

① 《风浪·熬炼·撑住——〈观察〉第三卷报告书》,《观察》第3卷第24期,第7页,1948年2月7日。
② 《吃重·苦斗·尽心——〈观察〉第四卷报告书》,《观察》第4卷第23、24期,第7页,1948年8月7日。

投书的内页则位置不固定,一般不超过半页的版面空间。自第5卷第9期起,"读者投书"栏的首页由原来的第2页调整到封底。字数方面,所刊投书篇幅短小,多在200字上下,短的甚至只有数十字,只有个别投书超过500字。

内容方面,"读者投书"栏所发表的文章主要可分为四类:第一类是时事评论及建议,第二类是新闻性信息,第三类是阅读《观察》文章所引发的感想,第四类是有关刊物编务的编者公告。兹将第2至第5卷中每一卷"读者投书"栏的文章数量及其类型分布列表,见表2。

表2 第2至第5卷中各卷"读者投书"栏的文章数量及其类型分布表

	时事评论及建议		新闻性信息		读后感		编者公告		总计
	篇数	占比	篇数	占比	篇数	占比	篇数	占比	
第2卷	73	49.7%	39	26.5%	31	21.1%	4	2.7%	147
第3卷	34	29.8%	45	39.5%	26	22.8%	9	7.9%	114
第4卷	32	31.1%	42	40.8%	24	23.3%	5	4.9%	103
第5卷	3	10.3%	20	69%	6	20.7%	0	0	29
总计	142	36.1%	146	37.2%	87	22.1%	18	4.6%	393

由表2可知,"读者投书"栏共发表投书393篇,其中,"时事评论及建议"类来信142篇,占36.1%;"新闻性信息"类来信146篇,占37.2%;"读后感"87篇,占22.1%;"编者公告"18篇,占4.6%。若进一步细看上表,则可发现,自第2卷至第5卷,"读后感"在各卷的分布基本保持均衡,但第一类"时事评论及建议"与第二类"新闻性信息"却呈现出明显的此消彼长的态势,"时事评论及建议"类来信由第2卷占49.7%下降到了第5卷的占10.3%,而"新闻性信息"类来信则由第2卷占26.5%上升至第5卷的占69%。也就是说,从第2卷至第5卷,"读者投书"栏呈现出由"意见性信息为主"向"事实性信息为主"的变化轨迹。

至此,我们已勾勒出"读者投书"栏的基本框架。接下来,有必要进入该栏目内部,进行具体的内容考察,进而细致地描绘出该栏目真实的图景。鉴于"读者投书"数量众多,本文无法逐条考察,只有按照上述四种类型,选取典型来信展开分析。

二、"读者投书"栏的具体内容及其功能

(一)作为平民政治广场,普通知识群体在此建言时局、批评国事,就社会公共事务发表意见

如前所述,储安平开设本栏目的主要初衷便是供给一般读者就社会公共事务发表

意见,此类来信在"读者投书"中占据重要位置也就是顺理成章了。根据前文统计,"时事评论及建议"类来信共 142 篇,占所有"读者投书"的 36.1％,就其内容看,此类投书又可大致分为两类:一类是针对时局直接发表意见,另一类是对新闻事件(现象)展开评论。

先看第一类,1947 至 1948 年间,时局动荡,学潮风起,民间知识分子忧心如焚,纷纷建言时局,呼吁和平。

位卑未敢忘忧国,国事危殆之际,作为《观察》读者的普通知识人依然胸怀天下,积极进献方略。如 1947 年 8 月,南京读者吴中平来信,针对时局,给出了自己的七点希望:反对"军事剿匪"、希望大选延期、严惩文官贪污、严惩武官贪污、推进土地改革、公教军等收入公平、对豪门课以重税等;[①]1947 年 2 月,台湾爆发"二二八"事件,台北读者王楚生针对此事,给出有关改革台湾的七点建议,包括充实国防、改革政治、改革经济、改革教育等各个方面。[②]

在向当政者献策的同时,知识分子也没有忘记自身作为行动者的使命。如 1947 年 5 月,武汉读者张雪非来信,向全国专科以上学校的学生发起倡议,号召全国大学生团结起来,负起"五四"时代的精神使命,反内战,促和平。[③] 紧接着张雪非的投书,随后出版的第 2 卷第 15 期刊出投书《展开和平运动》,投书者为燕京大学宗教学院与研究院政治学部的全体研究生,他们呼吁知识分子承担起使命,以全力要求两党停止屠杀自己的同胞,进而提出了具体的行动策略建议:扩大和平呼声、形成和运组织、促进和平实现等。[④]

再看第二类,较之前一类直接建言,依托新闻热点而写的时评占了更大的比重,此类时评已属成熟形态的新闻评论,论题广泛,遍及政治、经济、社会等各个方面。

政治方面,如第 2 卷第 4 期刊出的头两封读者来信,第一篇题为《人权与国权》,第二篇题为《"国际干涉"》,两篇文章的评论由头是:上海一部分教育界人士发起护权运动,旨在保障国权,反对国际干涉。前一封来信的作者高怀远认为,要反对外国干涉,还得自己先争气,国权固不容他人侵犯,而人权尤须得到有效保障;后一封来信的作者周鸿道则表示,若是强国可通过外交压力使中国停止内战,则这样的"国际干涉"他并不反对。[⑤]

经济方面,如第 2 卷第 11 期的投书《"良心"问题》,该文所讨论的是政府发行美金公债在市场上受到冷落,认购者寥寥无几。作者认为,之所以出现此种局面,根子在于

---

① 《七点希望》,《观察》第 3 卷第 1 期"读者投书",1947 年 8 月 30 日。
② 《改革台湾的七点建议》,《观察》第 2 卷第 5 期"读者投书",1947 年 3 月 29 日。
③ 《给全国专科以上同学的一封信》,《观察》第 2 卷第 14 期"读者投书",1947 年 5 月 31 日。
④ 《展开和平运动》,《观察》第 2 卷第 15 期"读者投书",1947 年 6 月 7 日。
⑤ 《人权与国权》《"国际干涉"》,《观察》第 2 卷第 4 期"读者投书",1947 年 3 月 22 日。

此前的类似举措中政府不讲信用,伤了民心。①

社会新闻方面,如第 2 卷第 7 期的投书《"命"的等级》,作者孙进明就北平美军枪杀小学生王凤喜案发表评论,指美军深明中国世故,在初始阶段故意将死者身份说成小贩,皆因中国人阶层不平等,小贩命贱,由此发出"必须先把一切人民的人权平等起来"的呼吁。②

综上,"读者投书"栏首先是作为平民政治广场而存在的,也是储安平实践民主理想的一方媒介空间,呈现普通知识群体有关社会公共事务的意见,激发并培养普通知识群体的公民意识和政治参与热情。

(二)作为社会展示的窗口,呈现末世图景,连接上层知识分子与底层社会

根据前文统计,"新闻性信息"类来信共 146 篇,占"读者投书"栏全部文章的 37.2%。在各类来信中,"新闻性信息"不仅比例最高,而且自第 2 卷至第 5 卷呈现出不断上升的态势。展阅此类投书,一幅兵荒马乱、人民流离失所的末世图景赫然呈现在眼前。

1.图景一:战火频仍之际,乱抓壮丁,恶吏催粮,兵祸丛生

1947 年至 1948 年间,国共两军对峙,战事渐趋白热化,其所带来的战争负担不可避免地转嫁到了百姓身上,种种乱象层出不穷。

其一,强行征兵,乱抓壮丁。第 2 卷第 19 期,南京读者徐源浩来信反映家乡鄂东广济征兵情状——全县适龄壮丁潜逃殆尽。③ 第 3 卷第 2 期,浙江读者李振周来信反映上海破获贩运壮丁机关,并反映壮丁交易在浙南各县流行已久。④ 第 3 卷第 20 期,长春读者章英来信反映,长春征兵,有钱即免。⑤ 随着战事的发展,乱抓壮丁渐成普遍现象。第 4 卷第 1 期,连刊 3 封来信,反映徐州、青岛、南昌三地乱抓壮丁。⑥ 第 4 卷第 18 期、第 20 期,又见读者来信,反映青岛与广州乱抓壮丁。⑦ 尤为荒唐的是,竟然出现了"长春征兵惠及狱囚"的状况,由于兵力不足,长春行政当局竟然向"东北剿总"献策,要"感化"狱中"军犯",使之充军,而且建议竟然也被采纳⑧,足见国民党军征兵已陷入

① 《"良心"问题》,《观察》第 2 卷第 11 期"读者投书",1947 年 5 月 10 日。
② 《"命"的等级》,《观察》第 2 卷第 7 期"读者投书",1947 年 4 月 12 日。
③ 《鄂东广济征兵实况》,《观察》第 2 卷第 19 期"读者投书",1947 年 7 月 5 日。
④ 《壮丁的市价》,《观察》第 3 卷第 2 期"读者投书",1947 年 9 月 6 日。
⑤ 《长春征兵,有钱即免》,《观察》第 3 卷第 20 期"读者投书",1948 年 1 月 10 日。
⑥ 《徐州乱抓壮丁》《青岛乱抓壮丁》《南昌乱抓壮丁》,《观察》第 4 卷第 1 期"读者投书",1948 年 2 月 28 日。
⑦ 《青岛乱抓壮丁》,《观察》第 4 卷第 18 期"读者投书",1948 年 6 月 26 日;《广州乱抓壮丁》,《观察》第 4 卷第 20 期"读者投书",1948 年 7 月 17 日。
⑧ 《长春征兵惠及狱囚》,《观察》第 4 卷第 7 期"读者投书",1948 年 4 月 10 日。

穷途末路。

其二,强行摊派,恶吏催粮。战争不仅需要不断补充人力,还需要不断补充物资,民国末年国库空虚,强行摊派便成势在必行。第 2 卷第 19 期,西安读者陈某来信,反映铁路局国民党党部决定扣除全体职员一日所得,以充党员特别捐,即便是非党员职工,也在扣除之列。① 第 3 卷第 11 期,安庆读者来信反映,在老家乡下,原本是县党部随人乐捐式的募款,变成了保长挨家挨户的摊派,且收缴者层层加码,从中渔利,乡民不堪其苦。② 第 3 卷第 15 期,西安读者来信,痛陈陕西农民全年收成欠佳,入不敷出,仍面临恶吏催粮,以致"役一来,风声鹤唳"。③ 第 3 卷第 22 期,安徽和县读者来信,反映当地百姓纳粮负担已加重一倍,且在纳粮过程中还要受到克扣刁难,要向小吏行贿。④ 第 4 卷第 15 期,江苏读者来信,以江苏南汇陈桥乡为例,详陈百姓的 14 项负担,给大家算了一笔细账,百姓负担之重,一目了然。⑤

其三,杀人放火,兵祸丛生。第 3 期第 6 卷,湖北读者王威来信,痛诉承担清剿任务的国民党军所到之处,抢夺财物,强奸民女,作恶多端,致使"凡是清剿国军经过的村落,都留下了惨不忍闻的罪恶痕迹"⑥。第 4 卷第 12 期,南京读者来信,讲述了发生在中华门外的一幕,驻守当地的国民党军强行拆除农民用于支撑房屋的大木料,受阻拦后,将房主打伤并囚禁。⑦ 第 5 卷第 9 期,冀东读者胡某来信,阐述两管区的老百姓,饱受国共两军之扰,文末大放悲声:"现在的老百姓,不在乎战争了啊! 可不? 他们麻木了! 不是麻木了,怎么吃草根树皮也还活着呢?"⑧

2.图景二:社会动荡不安,个体流离失所

第 3 卷第 2 期,贵阳读者孟东邻来信,反映贵阳食盐在一个月内连涨 6 次。⑨ 第 4 卷第 21 期,上海读者许斐来信,说起一百万与五百万大钞出笼一事大发感慨:"现在要是在路上碰上一个熟人,跑进小馆子去吃一餐便饭,就要五六百万。"⑩第 5 卷第 5 期,柳州读者来信痛陈:"在民国廿四年法币政策实行前一个拥有三千成块银圆的大富翁,如果他是个安分良民,遵守政府法令,将他所有的现款,总是放在家里,既不活动图利,亦不注意保持币值,则到了十三年后的今天,他所有的钱折合成原来本位银圆的话,他便只有一分二厘五毫了! 连买一个烧饼都不够……"物价飞涨之速,令人瞠目结舌。

---

① 《形同摊派,于法无据》,《观察》第 2 卷第 19 期"读者投书",1947 年 7 月 5 日。
② 《乡间苦》,《观察》第 3 卷第 11 期"读者投书",1947 年 11 月 22 日。
③ 《请政府一读此信》,《观察》第 3 卷第 15 期"读者投书",1947 年 12 月 6 日。
④ 《今日之粮政》,《观察》第 3 卷第 22 期"读者投书",1948 年 1 月 24 日。
⑤ 《一笔账,请看百姓的负担》,《观察》第 4 卷第 15 期"读者投书",1948 年 6 月 5 日。
⑥ 《清剿与轮奸》,《观察》第 3 卷第 6 期"读者投书",1947 年 10 月 4 日。
⑦ 《南京中华门外一事》,《观察》第 4 卷第 20 期"读者投书",1948 年 7 月 17 日。
⑧ 《两管区里的百姓》,《观察》第 5 卷第 9 期"读者投书",1948 年 10 月 23 日。
⑨ 《贵阳的食盐》,《观察》第 3 卷第 2 期"读者投书",1947 年 9 月 6 日。
⑩ 《最后的一批大钞》,《观察》第 4 卷第 21 期"读者投书",1948 年 7 月 24 日。

物价飞涨之下,抢米风潮接踵而来,《重庆抢米记》《宁波抢米记》《台湾抢米》等来信也相继见诸本栏。[①] 社会失序也达至顶峰,全国各地的读者纷纷呈递投书,描述城乡动荡,诸如此类的来信不断出现:杭州全城大骚动、西安漆黑、北平风雨中、阜阳被炸、广州局势混乱、兰州乱象、浙大混乱、北方哀情、川东不靖⋯⋯

值此乱世,苍生之苦也是可想而知。第 3 卷第 12 期刊发汉口读者张叶来信《如此今朝》,作者自称是一位为逃兵役而流落异乡的青年,他将心中的苦痛写成了这样的文字:

> (一)世路崎岖到处洪水,白天暧昧夜更黑,日月光明都在天上,灾难祸害齐降人间。(二)东村的军争未熄,西庄的战火又起,流离失所的百姓,死不偿命的士兵,外战把人民齐残害,内战今又残害尽人民。(三)昨日征走了兄,今又继去了弟,逼得那家庭多离散,爸妈们泪涟涟,妻子们的哭声惨。(四)苛政猛于虎,法律盛似蛇,民生无保障,民权被剥夺,"时日何丧","民与汝偕亡"。[②]

"读者投书"栏的"新闻性信息"类来信,真实生动地呈现了抗战结束后、国共对峙期间中国社会的真实图景,呈现民间疾苦。一方面,以"用事实说话"的方式揭示了国民党政权的腐败与没落,从而对国民党统治的合法性构成了现实的破坏与威胁。另一方面,也是《观察》立足大地的根须,是连接精英知识分子与民间社会的重要桥梁。换句话说,"新闻性信息"类来信的存在,不仅对国民党统治的合法性构成了指控,也使《观察》在一定程度上接通了地气。

(三)作为读者、编者、撰稿人间的社会互动空间,促进公共舆论与"知识人社会"的形成

"读者投书"栏不仅是普通读者直接评论时政、发布新闻的平台,也是读者、编者、撰稿人之间三方互动的交往空间。依据上文统计,在全部"读者投书"栏,"读后感"87篇,占 22.1%;"编者公告"18 篇,占 4.6%。此类投书所占比重,在《观察》各卷基本保持了均衡的态势。

1. 回应专论撰稿人的言论,推动公共舆论的形成,成为"文人论政"交响曲中的"和声部"

对于撰稿人所写的文章,各地读者来信予以积极的回应。有的文章引发读者强烈

---

① 《重庆抢米记》《宁波抢米记》,《观察》第 4 卷第 19 期"读者投书",1948 年 7 月 10 日;《台湾抢米》,《观察》第 5 卷第 109 期"读者投书",1948 年 10 月 30 日。
② 《如此今朝》,《观察》第 3 卷第 12 期"读者投书",1947 年 11 月 15 日。

反响与集中讨论,如第 4 卷第 2 期,该栏刊发了 3 篇同题来信《论程孟明案》,来信皆为读前一期所刊储安平所撰专论①有感而发。首封来信的作者主要针对储文的最后一点发表意见,希望新闻文化界能多多关注"违宪"之事,多报道"违宪"之事;第二封来信的作者则发出如下感叹:"司法不能独立,除人事原因而外,制度也有毛病,可是现在的舆论声音太微弱了,老百姓有什么力量,司法人员又有什么办法?"相比之下,第三封来信更有建设性,作者首先指出,社会上正气不张,乃因有正义感的人士缺乏勇气,随即分析了正直之士缺乏勇气的原因,最后提出解决问题的建议——"我希望先生鼓励一切爱国家爱人民有血有肉有正义感的人们,拿出勇气来,向恶势力挑战,为最大多数的受压迫的被剥削的苦难同胞努力。"②

有的文章则引发作者与读者间的互动,如第 3 卷第 5 期刊发吴世昌的专论《论当前的政局与美国对华政策》,该文引发青岛读者张绍先来信,刊于第 3 卷第 8 期。张文认为吴文只讲出了美国对华政策的矛盾,未对苏联及其暴行有充分的认识。③ 对于张绍先所提意见,原文作者吴世昌在随后一期的"读者投书"栏进行了反驳,指出他所写文章的标题即已说明主要讨论对华政策,且苏军在大连的暴行尚未公开,不为外界所知,苏联及其暴行当不在题内。④

尽管"读者投书"栏的作者绝大多数乃各地普通读者,但撰稿人的来信也偶有出现,如第 3 卷第 6 期刊发费孝通来信,对自己所撰《欧洲仲夏夜之梦》一文所遗漏的重要信息进行了补正。⑤ 第 3 卷第 16 期,梁漱溟来信,就此前《观察》所刊《与梁张两先生论中国的文化与政治》一文给予了回应。⑥ 第 4 卷第 8 期,张东荪来信,针对《观察》第 4 卷第 6 期郑慎山文章对其的批评给予了回应。⑦

读者与编者、撰稿人在此间就社会问题所展开的讨论,放大了撰稿人的声音,拓展了话题讨论的边界,并将其引向深入,促进共识即公共舆论的生成。

2. 认同自由主义的普通知识群体在此获取并强化身份认同,进而谋求集体行动,建构"知识人社会"

撰稿人与编者的文章不仅激发读者对公共事务的关注与思考,从而推动编者、作

① 储安平:《论程孟明案兼论社会有心人能否合拢起来做一点事情》,《观察》第 3 卷第 24 期,1948 年 2 月 7 日。所谓程孟明案,乃上海律师程孟明起诉上海区邮政管理局进行邮资加价不合法。对于此案,储文肯定了程孟明的做法,并高度赞许其精神是"争是非而不计成本的精神",并由此建议,社会上的正义之士不计个人得失,不畏权势,积极行动起来,促进法制变革与社会变革。

② 《读"论程孟明案后(一)"》《读"论程孟明案后(二)"》《读"论程孟明案后(三)"》,《观察》第 4 卷第 2 期"读者投书",1948 年 3 月 7 日。

③ 《对于〈论当前的政局与美国对华政策〉一文的意见》,《观察》第 3 卷第 8 期"读者投书",1947 年 10 月 18 日。

④ 《关于〈论当前的政局与美国对华政策〉答张绍先君》,《观察》第 3 卷第 9 期"读者投书",1947 年 10 月 25 日。

⑤ 《〈欧洲仲夏夜之梦〉补正》,《观察》第 3 卷第 6 期"读者投书",1947 年 10 月 4 日。

⑥ 《答樊弘先生》,《观察》第 3 卷第 16 期"读者投书",1947 年 12 月 13 日。

⑦ 《张东荪先生来函》,《观察》第 4 卷第 8 期"读者投书",1948 年 4 月 17 日。

者与读者间的思想交流,有时还会进一步激发读者的行动倡议,最为典型者莫过于有关组织"好人互助会"的讨论。

"读者投书"正式开栏第一期,刊发无锡读者蒋锡昌来信《互助会》,全文如下:

> 编者足下:近读尊作《辛勤忍耐向前》一文,颇受感动。我现在脑中藏有一个意见,即中国好人向无组织。我想凡是中国好人,应组织一个互助会,自设藩篱,自设绳墨,所有会员,当奋共守。由一而十,由十而百,由百而千,以此转变风气。先生其有意乎?

蒋的来信得到储安平的高度认可,给予即时回应放在信后:

> 蒋先生这个意思很好。但这只是一个原则,可否再拟一点具体办法出来?（编者）①

蒋的倡议引发了一系列的回应,第 2 卷第 3 期,刊发来信《互助会的办法》②;第 2 卷第 6 期,刊发厦门读者田菊安的感慨:

> 我深深地觉得,蒋锡昌先生所提议的"互助会"是十分需要的,但需要更具体的办法,得更确定的目标,我希望,编者和梁先生,能够在这一点上,给予我们更多的指导……

对于田菊安的投书,储安平也给予了即时回应,欢迎他拟出更具体的目标与办法,并鼓励读者进一步就此话题展开讨论。③ 储安平的号召收到了积极效果,紧随其后的第 2 卷第 7 期,连刊 2 封相关来信,上海读者任九皋建议,《观察》的编者起而倡导,若"互助会"暂不可行,可先建立一个"观察读者联谊会",在此基础上还提出了主要守则;杭州读者储伟也希望储安平能负起将散沙集合起来的责任,组织一个会或一个社。④

对于读者的热情,储安平在第 2 卷第 9 期进行了正式回应:

> 自从蒋锡昌先生的"互助会"及任九皋先生的"读者联谊会"的提议在本刊刊载以来,读者中已有多人来函附议。蒋先生所提倡的"互助",在原则上,

---

① 《互助会》,《观察》第 2 卷第 1 期"读者投书",1947 年 3 月 1 日。
② 《互助会的办法》,《观察》第 2 卷第 3 期"读者投书",1947 年 3 月 15 日。
③ 《组织·生活·信仰》,《观察》第 2 卷第 6 期"读者投书",1947 年 4 月 5 日。
④ 《一个联谊会的建议》《散沙要集合起来》,《观察》第 2 卷第 7 期"读者投书",1947 年 4 月 12 日。

大家都是赞同的。任先生的修正提案,其最后理想亦寻求互助,但求易于实现起见,故主张先从简单的办法入手,从"联谊"而近入于"互助"。自任先生的修正案刊出后,来函者复表示赞成任先生所提办法。认为其事具体易行。有几位且提供了极其详细可贵的意见。这些意见,我们限于篇幅,不能再在本栏一一发表,只好将来提出大家讨论,凡是赞成任先生的提案者,请于五月十五日以前递函编者,以便商讨。①

这个讨论一直持续到了 1947 年的五四青年节,第 2 卷第 12 期刊发天津读者于鹤年所写《五四来信一》,再次提及此事:

> 贵刊有人讨论互助会或联谊会的办法,乃是一件大工作,不过组织方式不必太推敲,尽美尽善的章程不过纸上谈兵,毫无用处。有心人马上可以自动组成,单位不妨多,样式不妨杂,最怕说而不做。②

在这一持续数月的讨论中,踊跃投书的《观察》读者们表现出明确的共同体意识和强烈的行动愿望,他们认同自己作为《观察》读者——有社会责任感的、认同民主政治的自由知识分子的身份,不只满足于"坐而言",希望能够"起而行"——组建团体,建立规约,采取集体行动,以推动社会变革与国家进步。

不仅如此,在《观察》周刊遇到经济困难时,我们还从"读者投书"中看到了《观察》读者群体的家园意识与守望相助的精神。

第 2 卷第 17 期刊发广州读者余长甲来信说:"在早晚市价不同的今日,'维持原价'只有傻子才去撑,我建议贵刊酌量加价,以能支付排印、纸张、员工、稿费等为原则。"对此,编者给出的回应是,财政情形大体上还可以维持,想再撑一下,尽量维持原价。③

第 3 卷第 11 期刊发香港读者陆树人来信,提出:"因为贵刊绝无政治背景,纯系一民营刊物,一切困难,应由读者共同来分担,所以我主张由读者自由捐赠,以加强贵刊的经济力量;不过无论捐多少,决不可干涉贵刊的言论。"对此,储安平的回应是,刊物尚未到要向读者呼吁的阶段,因而暂不收读者捐款。④

第 4 卷第 3 期刊发两封同题来信,上海的万先生建议,"在贵刊经费捉襟见肘必然会影响到刊物本身时,应毫不迟疑,先向读者提出",理由就在于,"观察在名义上为先

---

① 《关于互助会和联谊会》,《观察》第 2 卷第 9 期"读者投书",1947 年 4 月 26 日。
② 《五四来信一》,《观察》第 2 卷第 12 期"读者投书",1947 年 5 月 17 日。
③ 《为何要维持原价》,《观察》第 2 卷第 17 期"读者投书",1947 年 6 月 21 日。
④ 《本刊暂时不收读者捐款》,《观察》第 3 卷第 11 期"读者投书",1947 年 11 月 22 日。

生主编,但如从远的大的方面看,它却是属于广大群众的,应该让群众合力来维持"。兰州的包先生也有类似的看法,认为储安平应接受读者的诚意。储安平在编者按中对两位读者表示了感谢,说到万不得已时则考虑两位读者的建议。①

很显然,上述读者已将《观察》视为精神家园,自觉自愿欲尽一己之力,与编者共度时艰,其对刊物的忠诚与认同已至最高境界,而作为编者的储安平则对读者心存体贴,不到万不得已不愿增添读者的经济负担,编读双方所体现出来的理解与关切已超越了一般地步。至此,刊物也如储安平所愿,真正成为全国读者所共有。

三、"读者投书"的特色、成就与限制

"读者投书"并非只是一个简单的编读往来空间,而是储安平主动搭建的一方"秀才论政"的舞台,作为《观察》读者、认同自由主义理念的普通知识人担当主体,在其间议论国事、发布新闻、讨论撰稿人文章、与同道展开积极互动。由此,这一版面空间反映了普通知识人关于社会公共事务的意见,呈现新中国成立前夕社会的种种乱象、底层百姓的生活状况,对《观察》撰稿人的文章展开深入讨论,推动公共舆论的形成。"读者投书"类似于刊中刊,其间的言论类来信对应"专论",其间的新闻信息类来信对应"观察通信"②,普通知识人充当了这一版块的专论撰稿人与通信记者,并使这一版块表现出鲜明的平民性与新闻性。此外,"读者投书"也是自由主义者的精神家园。在指陈时事的同时,带有自由主义倾向的普通知识人也在这一平台结识同道、获取并强化身份认同,形成想象的共同体。

"读者投书"栏推出后,很快得到了读者的积极响应,读者纷纷来稿,因版面有限,主编储安平在第2卷第16期发出通知:"日来投书奇增,本栏篇幅有限,劳难一一刊出,谨请投书未能刊出的读者原谅,我们便此希望读者投书,力求简短,俾在有限的篇幅中可以多登几封读者的来信。"③在第3卷第2期再次发出通知:"投书务请简短,俾省节篇幅,让更多的读者有发表投书的机会。"④

"读者投书"栏所刊发的文章也在读者内外产生了重要的影响。

其一,"读者投书"栏所刊来信在读者中产生积极影响,形成系列讨论。如前文曾提及的开栏首期所刊发的蒋锡昌关于组织好人互助会的来信,就激发了一场持续数月

① 《读者的盛意(一)(二)》,《观察》第4卷第3期"读者投书",1948年3月13日。
② "专论"与"观察通信"是《观察》两个最主要的栏目,不仅编排在刊物前面的位置,而且占据了百分之八十左右的版面空间。"专论"以发表政治时评及各种学术论文为主,绝大部分文章由主编及78位撰稿人所写;"观察通信"分为国内与国际两部分,报道国内外形势与新闻,出自"本报特约记者"之手,多为全国各地著名记者以及时事观察家。实际上,《观察》就是以"专论"和"观察通信"为主体的一份时政刊物,除了上述两个栏目外,其他栏目均为配角。
③ 储安平:《关于投书》,《观察》第2卷第16期"读者投书",1947年6月14日。
④ 《投书简约》,《观察》第3卷第2期"读者投书",1947年9月6日。

的讨论,共刊登读者来信 6 封,编者回应 2 封。又如第 2 卷第 17 期所刊的署名"一位青年军人"的来信《谁说军人欢喜内战》,引发了四位读者的来信,在随后的第 2 卷第 18 期、第 19 期、第 20 期《观察》上持续刊出①;而第 3 卷第 1 期所刊出的来信《七点希望》,也带来了 2 封后续讨论的来信,在随后的第 3 卷第 2 期集中刊出②。

其二,"读者投书"栏所刊发的文章得到社会的高度认可,产生重要的外部影响。在第 2 卷第 24 期刊出的《第二卷报告书》中,储安平颇感欣慰地宣告:"'读者投书',据各方面报告,甚受欢迎。甚至本刊所刊的读者投书,并已成为其他刊物发表的论文中所引用的材料。本刊所刊'读者投书'所以广受欢迎,一个原因是因为它短,二则因为大体上每封投书尚能言之有物。"③

上述种种,皆说明"读者投书"广受读者与社会欢迎,产生了积极的影响,取得了成功。但是,作为刀锋下的"秀才论政","读者投书"也有着自身难于突破的限制。

首先,言论空间的不确定性。《观察》创刊于 1946 年 9 月,停刊于 1948 年 12 月。创刊初期,适逢抗战后各派政治力量处于暂时微妙的平衡,国民党对舆论控制一时有所松动,为自由派提供了讨论与批评的政治参与空间。然而,随着内战的全面铺开及不断加剧,国民党对舆论的控制再度收紧,自由派的言论空间日益受到挤压,直至最终完全丧失。④

其次,作为论政主体的自由主义知识分子的边缘性与软弱性。据储安平所言,《观察》的创刊,笼统地建筑在两个假设之上:其一,国内拥有极广大的一群自由思想的学人,他们可以说话,需要说话,应当说话。其二,中国的知识分子绝大部分都是自由主义分子,超然于党争之外,只要他们的刊物确实是无党无派,说话公正,水准尤高,内容充实,则刊物就可以获得众多的读者。⑤ 可见,《观察》是依靠自由主义知识分子并面向自由主义知识分子办刊的,《观察》创刊后的表现也在一定程度上印证了储的判断。然而,不可否认的是,中国自由主义知识分子具有边缘性与软弱性。自由知识分子对国共两党均不满,给予严厉的批评,使其左右为难。自由派知识分子手无寸铁,脱离基层社会,类似社会的游士,只能做精神的巨人和行动的矮子,每遇强权,便不可避免地陷入"秀才遇到兵"的无助境地。而且,随着战局的发展,自由知识分子的生存空间也渐趋消失,不可避免地走向两极分化,做出非左即右的选择。

具体到"读者投书"中的论政主体,又属于边缘中的边缘,投书的作者乃认同自由

---

① 《谁说军人喜欢内战》,《观察》第 2 卷第 17 期"读者投书",1947 年 6 月 21 日;《中国军人在前进中》,《观察》第 2 卷第 18 期"读者投书",1947 年 6 月 28 日;《又一位军人的申诉》,《观察》第 2 卷第 19 期"读者投书",1947 年 7 月 5 日;《中国军人本来前进》,《观察》第 2 卷第 20 期"读者投书",1947 年 7 月 12 日。

② 《七点希望》,《观察》第 3 卷第 1 期"读者投书",1947 年 8 月 30 日;《公道吗?》《肃清官常应重上层》,《观察》第 3 卷第 2 期"读者投书",1947 年 9 月 6 日。

③ 《艰难·风险·沉着——本刊第二卷报告书》,《观察》第 2 卷第 24 期,第 7 页,1947 年 8 月 9 日。

④ 参见许纪霖:《启蒙如何起死回生》,北京大学出版社 2011 年版,第 96 页。

⑤ 《辛勤·忍耐·向前——本刊的诞生、半年来的本刊》,《观察》第 1 卷第 24 期,第 3 页,1947 年 2 月 8 日。

主义的普通知识群体,他们不仅缺乏政治、经济与军事资源,也缺乏足够的文化资源,只能作为精英知识分子的配角而存在。

正因为其带有刀锋下的"秀才论政"的特征,"读者投书"对于实体政治的影响是有限的,但在传播自由主义理念、启迪思想方面却起到了重要的作用,为后世报人留下了宝贵的思想资源。

四、结语

走笔至此,我们可以尝试解答文章开头所提出的问题。《观察》"读者投书"栏呈现出中国近代报刊"文人论政"画卷中一幅未曾得到清晰描绘的图景——普通知识群体在"文人论政"过程中的角色、行为与影响。

在某种意义上,我们可以将《观察》想象为一个政治谈话节目,作为编者的储安平充当了节目的主持人,列在封面上的 78 位撰稿人就是节目所邀请的嘉宾,而"读者投书"栏的作者们就是演播室的现场观众。主持人是话题的发起者和组织者,嘉宾是观点的主要阐述者,而现场观众则是倾听者与回应者。节目的主体是主持人与嘉宾之间的谈话,尤其嘉宾是观点的主要提供者。在节目行将结束时,主持人会将话筒交到现场观众的手中,让其发表意见,并与场内的嘉宾或其他观众展开互动。

通过"读者投书"这一个案,可以看到,在《观察》周刊所演奏的"文人论政"的宏大交响曲中,普通知识群体扮演了和声的角色,处于从属的地位。其政治参与方式与作为领唱者的精英文人表面上相似,即通过大众传媒工具批评时政,或曰"书生议政",但其所依赖的版面空间局促。因而,就文本形式而言,往往只能简短、直接,甚至是碎片式表达;就内容而言,则主要是对精英话语的应和、延伸与补充;就其影响而言,普通知识群体的观点对实体政治的影响固然微弱,但在营造公共话语场域、推动公共舆论的形成、构建身份认同进而形成"知识人社会"等方面则功不可没。若是没有普通知识群体的参与和在场,"文人论政"就会变成精英文人在旷野中的自言自语,无所着落,随风而逝。

世间宁有公言？从"萍水相逢"悲剧到新记《大公报》的新生*

——以林白水的办报与言论为中心

曹立新

（厦门大学新闻传播学院）

摘要：1926 年，中国新闻史上发生了两件重要的事情：一件是著名报人邵飘萍、林白水在北京相继被枪杀；另一件是新记《大公报》公司在天津成立。关于这两件事本身，学界已有无数论述，但两者之间有何关联，人们似不屑置一论。邵飘萍、林白水的牺牲是民国初年中国报人言论贾祸的悲剧代表，新记《大公报》的成立，则是中国独立报出现的标志。那么，从言论贾祸到言论独立，这一转型的逻辑与历史过程是如何发生的？本文拟以林白水一生的言论经历为例，特别是其晚年在北京办报时诸多典型的"骂人"言论，剖析其提出"完全政论家"与"报馆记者"区分的意涵，并尝试从中国新闻事业由政党报向专业报过渡的角度，对其作为政论家的职业角色困惑提出分析。

关键词：完全政论家；报馆记者；林白水

一、"萍水相逢"：过渡时代的报人

1926 年 4 月 26 日，军阀张宗昌以"宣传赤化"名义枪杀《京报》社长邵飘萍，8 月 6 日，又以同样名义枪杀《社会日报》社长林白水。"萍水相逢百日间"，后人常将邵飘萍和林白水的罹难相提并论。无独有偶，这两位名报人在北京开始办报的时间也基本相同——这一点巧合的意义，却为新闻史家所忽视。

1916 年 6 月 6 日，一代枭雄袁世凯在众叛亲离中一命呜呼，结束了 83 天的皇帝梦。8 月 1 日，林白水辞去北洋政府议员之职。几天后，《申报》驻京特派记者邵振青从上海乘火车北上赴任，创办"北京新闻编译社"。9 月 1 日，林白水创办《公言报》。

---

* 本文原载于《兰州大学学报》（社会科学版）2017 年第 6 期，有修改。

此后十年,两位不同时代的报人,面对相同的报业环境,各自奋斗,留下两条方向相同、轨迹却不完全一样的道路。

邵飘萍和林白水在北京办报的十年,是北洋军阀混战的十年,也是中国新闻事业由政党报向专业报过渡的十年。这十年,一方面,由于维新变法、辛亥革命时期的许多报人还很活跃,以笔作枪,文人论政,依然是许多报人秉承的办报理念,加上党派纷立,舆论乍然;与此同时,北京城头变幻大王旗,政治波谲云诡,军人干政,报人容易以言论贾祸,加上各政党报纸多互相丑诋,向来为各报重视的政论声誉陡降。于是,如何从各种政治势力的纠缠中努力突围,寻找独立采写新闻与立言论政的专业地位,从政党报人转向专业报人,便成为当时报人必须面对的紧迫任务。

大过渡时代的中国报业,在规避政治风险和追求专业成长的双重动力下,许多报纸逐渐少发政论,彼此间的竞争也因此由政论转向新闻。邵飘萍深刻洞察到这一新闻趋势,首创"北京新闻编译社",自编本国新闻,翻译重要外电,每天19时左右准时发稿。1918年10月5日,他又辞去《申报》之职,独自创办《京报》,以"探求事实不欺阅者"为第一信条,凡事必力求实际真相。对于其不凡的新闻敏感和高超的采访技巧,同为上海《时事新闻》报驻北京特派记者的张季鸾曾表示由衷赞佩。此后,邵飘萍与蔡元培、徐宝璜一起创立了"北京大学新闻学研究会",亲自撰写了我国新闻学的两本开山之作《实际应用新闻学》和《新闻学总论》,成为名副其实的新闻学"一代宗师"。

虽然林白水是国人中第一位到国外学习新闻的留学生[①],并且与邵飘萍同处于中国新闻事业从政论本位向新闻本位的大过渡中,然而,两个人的职业取向却并不完全相同。邵飘萍是公认的新闻全才,既是优秀记者,又是出色的报业经营家,相比之下,林白水虽然也独立创办过多家报纸,但其一生在报业经营和新闻采写方面,并无突出特色,主要成就乃在于大胆辛辣的新闻评论,所谓"谠言谠语,传诵一时",是一位著名的政论家,并且"极其浓厚地拥有中国文人的传统气习"[②]。

从政党报向专业报过渡的角度看,林白水在办报理念和专业标准方面,更偏向于梁启超一代人,而邵飘萍则更接近成舍我一代人。两代人之间的联系与区别,体现于中国现代新闻史上不同类型报纸的嬗变之中。

在中国第一部重要新闻史著作中,戈公振首次将中国报纸分为官报、外报和民报三种[③]。多年以后,曾虚白重新撰写中国新闻史时,根据办报者办报目的的不同,将中国报刊也分为三种:以政论为目的的报纸、以企业为目的的报纸、企业报与政论合流的报纸[④]。在此基础上,赖光临进一步将报纸分为政治报、商业报和独立报,第一次提出

① 方汉奇:《林白水的评价问题》,《新闻记者》1983年第9期,第30-31页。

② 成舍我:《林白水传》序,载刘家林编:《成舍我新闻学术论集》,暨南大学出版社2012年版,第300页。

③ 戈公振:《中国报学史》,中国新闻出版社1985年版,第18-19页。

④ 曾虚白:《中国新闻史》,台湾三民书局1989年版,第8-12页。

了独立报概念。赖光临认为,独立报是指政治、经济上均能独立,以商业经营作手段,仍保持文人论政的面目,与政治性与商业性报纸不同而兼有两者特色的报纸①。与此相似,李金铨将中国报刊分为政党报刊、民营商业报刊和专业报刊三种②。"企业报与政论报的合流"、独立报、专业报,名异而实同,因此,三位所举的代表性报纸不约而同地指向了新记《大公报》。

世界报业发展史上出现过的报纸类型也约略相同。日本学者小野秀雄按时间发展顺序,将世界报业史上的报纸分为论文报、政党报和大众化三种③。美国学者派克(Robert E. Park)则将美国新闻史上的报纸区分为政党报纸、黄色报纸和独立报纸三种类型④。同样是美国新闻史,舒德森(Michael Schudson)则认为民主社会中的新闻事业有三种模式,分别为鼓吹模式、市场模式和托管模式。三种模式的区别在于:鼓吹模式中新闻事业通过成为传送政党观点的中介而服务于公众,市场模式中新闻工作者以提供公众想要的东西而服务于公众,托管模式则是专业新闻工作者提供他们认为公民必须被告知的新闻,以参与到民主中⑤。显然,舒德森的托管模式即派克的独立报纸。

在中外新闻史上,独立报最主要的特点均是专业性,也就是李金铨和舒德森所强调的新闻专业主义。专业性表明,独立报的"论政"与政党报的"宣传"不同,它是专业意见的理性表达,并且以专业意见赢得市场。同时,独立报与商业报唯市场是从的膻腥风格又判然有别:专业报比商业报更看重舆论的影响力而不是市场占有率。因此,独立报也被称为严肃报、优质报刊或"精粹报纸",有严肃的宗旨和较高的格调,会影响那些有影响力的人群⑥。换句话说,独立报之所以能够称为独立,是因为它既独立于政党利益,也独立于商业利益;体现在新闻生产方面,就是它不仅具备了专业规范与标准,而且有了专业伦理自觉——与自由相随的责任意识与专业自律。

因此,中外新闻史上,独立报都是新闻事业发展到一定历史阶段的产物。独立报在中国出现于20世纪20年代,所谓"政论报与商业报的合流",也就是对政党报与商业报的扬弃。其代表与标志性报纸,便是1926年9月成立的新记《大公报》。该报成立距林白水牺牲不到一个月,两者在时间上衔接,在历史发展逻辑上更是密切相关。

① 赖光临:《中国新闻传播史》,台湾三民书局1983年版,第169页。
② 李金铨:《文人论政:民国知识分子与报刊》,台湾政治大学出版社2008年版,第18-19页。
③ 小野秀雄著,陈固亭译:《中外报业史》,台湾正中书局1984年版,第7-31页。
④ 派克著,空谷译:《报业发展史》,载"中华民国新编人协会"编:《外国新闻史》,台湾学生书局1979年版,第6-14页。
⑤ 舒德森:《公共新闻学关于新闻学知道什么,关于"公共"不知道什么》,载西奥多·格拉瑟主编,谢静、展江、李洋校译:《公共新闻事业的理念》,华夏出版社2009年版,第115页。
⑥ 程之行、戚辛夫译:《全球"精粹报纸"的类型》,载"中华民国新编人协会"编:《外国新闻史》,台湾学生书局1979年版,第35页。

二、从"中国白话报先驱"到"新闻界刽子手"

在中国现代新闻史上,作为政论家的林白水,是一位个性鲜明、富有传奇色彩的人物。这位"独角怪兽"曾被冠以"中国白话报先驱"、"新闻界的刽子手"、民国"骂人王"等诸多称号①。

1905 年 5 月,林白水到日本早稻田大学主修法政,兼修新闻,比徐宝璜 1912 年到美国密歇根大学学习新闻学整整早了七年,算是我国第一个到国外学习新闻的。但是,从 1901 年任《杭州白话报》主笔开始,成为他二十多年间创办十多家报纸指导思想的,与其说是西方的现代新闻理论,不如说是由王韬、梁启超等国人开启的文人论政的理念。

文人论政,也就是文章报国,将报纸当作救民救国的工具。这种办报理念的形成,既是近代中国民族危亡情势影响新闻事业的必然产物,也与中国知识人的精神传统相关。余英时认为,自孔子以来,中国历代士人,志业所在,不出得君行道与明道救世二途,不能在朝执政,便是在野论政。春秋战国时代,礼崩乐坏,道术为天下裂,道统与政统分立,士大夫阶层即成为道的承担者。从此,以"道"的标准来批评政治、社会,便成为士阶层的分内之事,不治而议,负有"言责"之任②。近代中国,"三千年未有之变局"深刻地影响了士人的命运。大众传媒、现代学堂的出现,不仅改变了士人的身份,也改变了他们的进身之途。"得君行道"成为穷途,"文章报国"渐成新路。曾虚白认为,中国传统文人用以承载言责的通道有两条:讲学与著书。近代报刊引入,为士人议政提供了新的途径。中国报纸初由西方传教士及商人携来试办时,未见十分功效。直到后来配合着政治的需要,激荡而成重要的传播媒介,于是蔚成风气,把办报的重心放在配合政治的运用上,文人与报人打成一片,能文之士转为办报能手,报刊内容也多偏重于言论,"意"多于"事",由此形成中国新闻史上独特的政论报纸的兴盛和文人论政的传统③。

从社会转型的角度看,文人论政可视为中国士人在转向知识分子的边缘化过程中,试图以报刊为中心重构社会重心的尝试④。文人论政的"文人",一般特指报人。"报人"这个称呼,因此含有极崇高的意义⑤。从王韬、梁启超到孙中山、陈独秀,中国近现代知识分子的优秀人物,几乎都做过报人。报人用以报国的"文章",主要是论说文,特别是政论。国人办报的最早代表王韬就明确主张"办报立言",《循环日报》也被

① 庆斌:《"独角怪兽"林白水》,《新疆新闻界》1987 年第 3 期,第 46-47 页。
② 余英时:《士与中国文化》,上海人民出版社 1987 年版,第 107 页。
③ 曾虚白主编:《中国新闻史》,台湾三民书局 1989 年版,第 10 页。
④ 李金铨:《文人论政:知识分子与报刊》,广西师范大学出版社 2008 年版,第 4-6 页。
⑤ 徐铸成:《报人张季鸾先生传》,生活·读书·新知三联书店 1986 年版,第 6 页。

公认为中国第一份政论性报纸。这并非指《循环日报》之前或同时代的其他报纸没有政论。事实上,近代最早的中文报刊,像《察世俗每月统记传》《东西洋考每月统记传》等,主要内容都是宗教性言论而不是新闻。至于《申报》等商业性报纸,除了以刊载新闻为主,同样有不少论说内容。只不过,《申报》上的言论,更自觉地遵循着公道、不偏不倚的原则,在立论的针对性和冲击力方面,反而比不上王韬那种富有立场、爱憎分明的政论文章。从专业形态上看,《申报》无疑是更为纯粹的报纸;可从文人论政的角度看,《申报》专业上的成熟恰恰成为它受到舆论批评的原因。林语堂就批评《申报》是"旧时代保守大报的代表"[①]。

因此,文人论政在某种意义上就是以"政论"论政。这一点,正如张季鸾曾指出的,"可以说中国落后,但也可以说是特长"[②]。特长,主要是指中国报人有着特别强的社会责任,以天下为己任的情怀。落后,则主要包括两个方面:一是言论多于新闻,另一个就是论政多从政党意见出发,公正、客观等专业性意识较淡漠,结果导致中国政党报以及报纸政论特别发达。

从王韬确立"办报立言"开始,到新记《大公报》成立以前,国人所办主流报纸,多半"意"多于"事",其社会影响力往往依赖言论胜于新闻。戊戌变法时期,梁启超在北京创办的《中国纪闻》,"只有论说一篇,别无记事"。此后,无论是《时务报》《新民丛报》的一纸风行,还是《民报》、"坚三民"等报刊的洛阳纸贵,黄钟大吕式的政论和匕首投枪般的时评都是报纸产生巨大影响力的主因。

林白水 1874 年出生于福州,比梁启超年轻 1 岁,比邵飘萍年长 12 岁。幼年时曾跟随父亲在福州船政局生活,对船坚炮利的洋务颇有感性认知。马江海战一役,亲朋长辈牺牲不少。此后受业于福州名士高啸桐,由此接触到高啸桐同科严复、林纾等人的思想。家仇国难,欧风美雨,使得林白水很早就有了民族危机感和救亡意识。像王韬、梁启超等先贤一样,林白水选择了文章报国、办报救亡的道路。林白水 1901 年担任《杭州白话报》主笔,1903 年创办《中国白话报》,1904 年主编《警钟日报》,无不是为国家危急情势所迫。他这样自述办报的目的:

> 我兄弟整日家里事体忙得很,如今无缘无故做出这张报纸给你列位看,到底是为了什么呢? 讲起来不由人不哭啊。看中外日报的大半都是念书人,我们中国还有许多男男女女却不能够个个都会看,现在挨不过,所以握着一把眼泪做这段白话给列位通知一下子,好教你早些预备啊。……列位啊,你不要再睡觉啊,你也不要再瞎闹啊。……你各等的兄弟,到这时候应该怎样同心怎样协力,怎样预备,怎样动紧去想法,且等我一天一天慢慢地告诉你列

---

① 林语堂:《中国新闻舆论史》,中国人民大学出版社 2008 年版,第 131 页。
② 张季鸾:《本社同人的声明——关于米苏里赠奖及今天的庆祝会》,《大公报》(重庆)1941 年 5 月 15 日。

位,你听了千万不要丢在耳朵后头啊。①

眼看"一场大祸已进了门",却可怜中国民众还是一点不晓得,林白水像所有睁了眼看世界的国人一样,"急得要死,又死不来,没法可想",于是乎,"不免做个支更的更夫,敲着一面大锣向大家报火,希望大家得了这惊信,心里就有了斟酌"②;"握着一把眼泪,写期一张字,送把列位,好教你列位兄弟们赶紧设法自己救自己;甚至"巴不得我这本白话报变成一枚炸弹,把全国的种种腐败社会炸裂了才好"③。

支更的更夫,就像报警的烽火台、大海上船头的守望者,一样是新闻人的生动形象。救亡与启蒙,无疑也是林白水办报的主要动因。但是,与同时期其他报人相比,林白水办报最为人关注的特色莫过于提倡白话。用他自己的话说:

> 我朋友们商量想开报馆,又怕那文绉绉的笔墨,人家不大耐烦看,并且孔夫子也说道,动到笔墨的事情,只要明明白白,大家都看得懂就是。

不要文绉绉,要明明白白,不用文言,用白话。林白文自称这种办法得自日本人贝原益轩的启发。据他介绍,贝原益轩一生"专门做粗浅的小说书把人家看",不过几年,日本风气大开,国势也渐渐强起来了。在他看来,"日本维新的根基,大家都说是贝原益轩一个人弄起来的"④。

中国也需要变革,也需要大开风气。因此,林白水办《中国白话报》,便开始模仿贝原益轩,做起粗浅的小说,并借用中国传统白话演义的方式,向读者介绍中外史事,传播民权思想:

> 用中国外国正史小说,各种样子参加起来,拿通行的话演成书,又浅又显又简捷,就是妇女小孩子们,一看也明白,不识字的一听也知道。⑤

林白水用"演书"的方式介绍西方列强的历史,用意就是希望中国民众一心一意学

---

① 林白水:《告知大众》,载林伟功主编:《林白水文集》,福建省历史名人研究会林白水分会刊行,2006年版,第105-107页。

② 林白水:《论国民不可不知外情(政治意见)》,载林伟功主编:《林白水文集》,福建省历史名人研究会林白水分会刊行,2006年版,第165页。

③ 林白水:《大祸临门》,载林伟功主编:《林白水文集》,福建省历史名人研究会林白水分会刊行,2006年版,第99页。

④ 林白水:《论看报的好处》,载林伟功主编:《林白水文集》,福建省历史名人研究会林白水分会刊行,2006年版,第4页。

⑤ 林白水:《万国通俗史序》,载林伟功主编:《林白水文集》,福建省历史名人研究会林白水分会刊行,2006年版。

西方人,好替中国争争气①;做白话报的目的,便是"要使种田做手艺的、做买卖的、当兵的以及孩子们、妇女们个个明白,个个增加学问,增加识见"②。

本来,报纸作为大众传播媒介,传播对象为普通大众,语言自然应通俗易懂。这一点,外人办的商业报一开始就有明确意识。《申报》在1872年创刊号的《本馆告白》中就指出,新闻报纸与古已有之的书籍不同:

> 纪述当今时事,文则质而不俚,事则简而能详,上而学士大夫,下及农工商贾,皆能通晓。

因此,报纸上的文章,应该做到:

> 务使措词质而无文,论事宜显而弗晦,俾女流、童稚、贩夫工匠辈,皆能随时循览,以扩知识,而增见闻。③

基于这一理念,1876年3月30日,《申报》发行了我国第一份使用白话文和标点符号的通俗报纸《民报》,"专为民间所设,故字句俱如常谈话"。

20年后,部分维新人士也开始认识到报纸文章通俗易懂对于启蒙的重要性,提出了白话报主张。1897年,裘廷梁到上海力请汪康年增设"浅报",没有结果。次年5月,裘廷梁和同乡顾述之、吴荫阶等人创办了《无锡白话报》。该报发刊词称:

> 谋国大计,要当尽天下之民而智之……欲民智大启,必自广兴学校始。不得已而求其次,必自阅报始。报安能人人而阅之,必自白话报始。④

此后,裘廷梁在《论白话为维新之本》进一步指出:"愚天下之具莫文言,智天下之具莫白话。"明确主张"崇白话而废文言"⑤。1899年,陈荣衮在《论报章宜改用浅说》一文中也提出"文言之祸亡中国"⑥。

在维新人士的倡导下,白话报迅速发展。到晚清时代,已有140多家白话报刊,遍

---

① 林白水:《美利坚自立记》,载林伟功主编:《林白水文集》,福建省历史名人研究会林白水分会刊行,2006年版,第17页。
② 林白水:《论看报的好处》,载林伟功主编:《林白水文集》,福建省历史名人研究会林白水分会刊行,2006年版,第4页。
③ 《本馆告白》,《申报》1872年4月30日。
④ 裘廷梁:《无锡白话报序》,载张之华主编:《中国新闻事业史文选》,中国人民大学出版社1999年版,第102页。
⑤ 裘廷梁:《论白话为维新之本》,载《中国近代文学大系·文学理论集一》,上海书店出版社1995年版,第84-85页。
⑥ 陈荣衮:《论报章宜改用浅说》,《知新报》1900年1月1日第111册。

及香港、广东、湖南、湖北、山东、山西、江西、东北、天津、伊犁、内蒙古及海外,仅上海就有 20 余份。可见,用白话办报,乃是维新以后相当普遍的现象。使用白话办报,毕竟只是传播手段的选择。事实上,在被誉为"中国白话报先驱"的林白水之前,还有先驱。

不过,比起后人看重他采用白话的办报方式,林白水本人更强调自己办报的内容独特,特别是他认为超越其他维新白话派的地方。林白水宣称,《中国白话报》要克服"草头新党各种的弊病",要重视国学,以区别已有的几种"程度可以合着妇女孩童的报",譬如《杭州白话报》《安徽俗话报》《江西新白话》。此外,林白水还自称是"用白话报纸来做革命宣传"的第一人。的确,从《俄事警钟》《警钟日报》开始,林白水已从杭州时期的维新活动走向上海时期的革命活动①。不过,仔细检讨《中国白话报》的内容,既有启蒙与洋务的倡导,也有民权与革命的呼吁,可以说带有从维新到革命过渡的性质②。真正大张旗鼓地用报纸宣传革命,在舆论上超过《新民丛报》等维新报的影响,则是《苏报》《民报》创办之后的事。

在利用报纸宣传革命的事业中,林白水最为著名的言论莫过于提倡暗杀。与此相关,林白水办报另一个常被人评论的风格便是言论激烈。然而,即使在言论激烈这一点上,林白水的个人风格,也像他用白话办报一样,同样是当时报人普遍具有的特征。从根本上说,无论是维新报人还是革命报人,他们的身份主要还是党人。对于党人而言,报纸只是用来鼓动舆论、推动维新和革命事业的工具。为了实现维新和革命目的,至少从梁启超提出"变骇为习"策略开始,党人办报,就采取了与《申报》等商业报的平实理性迥然不同的激进夸张的修辞方式。梁启超曾明白宣示:

> 报馆者,救一时明一义者也。故某以为业报馆者既认定一目的,则宜以极端之议论出之,虽稍偏稍激焉而不为病,何也? 吾偏激于此端,则同时必有人焉偏激于彼端以矫我者,又必有人焉执两端之中以折衷我者,互相倚,互相纠,互相折衷,而真理必出焉;若相率为从容模棱之言,则举国之脑筋皆静,而群治必以沉滞矣。夫人之安于所习而骇于所罕闻,性也,故必变其所骇者而使之习焉,然后智力乃可以渐进。③

梁启超试图借用西方真理自由市场的观点,为"变骇为习"的策略辩护,但是,中国近代报人言论激烈的风格,主要还是本土现实语境下的产物。因为政治现实太混乱,

---

① 黄嘉康:《启蒙与革命——论辛亥革命时期的林白水》,《深圳大学学报》(人文社会科学版)2011 年第 6 期,第118-124 页。

② 吴廷俊、阳海洪:《白话启蒙的先行者:对林白水辛亥革命前白话报刊活动的考察》,《当代传播》2007 年第 1 期,第 62-65 页。

③ 梁启超:《敬告我同业诸君》,载张之华主编:《中国新闻事业史文选》,中国人民大学出版社 1999 年版,第48 页。

民族危亡的情势太急迫,"激进",既成为大多数知识分子在价值上的选择,也成为他们在实现各自价值上的策略主张。林白水就曾说:"不筹个速成的法子,哪能够济急呢?"①诚如余英时所言:"一部中国近代思想史就是一个激进化(radicalization)的过程。"②这种"激进"在新闻事业上的表现,就是政论报成为报业主体,极端与偏激之论不绝如缕。对于报人而言,激烈化意味着宣传效果最大化,自然也意味着风险最大化,因此,晚清民国报人有所谓"报馆不封门,不是好报馆,主笔不入狱,不是好主笔"的说法。

言论激烈化,在报人立言风格上的典型体现便是"骂人"。现代新闻史上,有许多"骂人"名家、"骂人"名篇,像章太炎骂光绪皇帝为"载湉小丑,不辨菽麦",张季鸾著名的"三骂"——骂吴佩孚、骂汪精卫、骂蒋介石等。然而,在名"骂"迭出的民国新闻界,林白水却独享了"骂人王"的称号③。

林白水是文章高手,往往信手拈来,借成妙谛,"其见诸报章,每发端于苍蝇臭虫之微,而归结于政局,针针见血,物无遁形"。在某种意义上,林白水的言论艺术便是骂人艺术。林白水的精彩骂人,不是偶然得之,而是一路骂来,办报不息,骂人不止。从清末到民初,林白水纵横舆论场 20 多年,不仅将各色政客骂了个遍,"污吏寒心,贪官打齿",就连各时代的领袖人物,也几乎骂了个遍。④ 他骂维新党为"草头新党","梁启超的屁,有什么好吃?"⑤又骂孙中山是全中国"顶会捣乱的"⑥;骂国会议员为"猪仔"⑦,又骂议长吴景濂是"大头儿子""塞外的流氓,关东的蛮种"⑧;他骂慈禧的名联曾传诵一时,最后,他骂潘复为自己惹来了杀身之祸。

林白水骂人的原因很复杂。首先,文人论政难免骂人。在政论报上,论政往往就是论战,议事便是议人,评骂即丑诋。其次,如前所述,为了争取言论效果最大化,赢得更大的读者市场,政论家往往不惜以言论博出位,语不惊人死不休。在这一点上,林白水更像章太炎,颇有名士风流,而与张季鸾完全不同。林白水骂人,不留情面。孙中

① 林白水:《刺客的教育(社会意见之一)》,载林伟功主编:《林白水文集》,福建省历史名人研究会林白水分会刊行,2006 年版,第 169-170 页。
② 余英时:《中国近代思想史上的激进与保守》,载余英时:《钱穆与中国文化》,上海远东出版社 1994 年版,第 200 页。
③ 陈龙:《书生报国——民国那些大记者》,湖北人民出版社 2011 年版,第 167 页。
④ 《东方杂志》第 32 卷第 13 期,转自余暇编著:《一代报人林白水》,《读写天地》2011 年增刊,第 218 页。
⑤ 林白水:《论做百姓的责任(其二)》,载林伟功主编:《林白水文集》,福建省历史名人研究会林白水分会刊行,2006 年版,第 101 页。
⑥ 林白水:《最高问题与统一》,载林伟功主编:《林白水文集》,福建省历史名人研究会林白水分会刊行,2006 年版,第 626 页。
⑦ 林白水:《赶猪运动》,载林伟功主编:《林白水文集》,福建省历史名人研究会林白水分会刊行,2006 年版,第 612-613 页。
⑧ 林白水:《吴大头之进项》,载林伟功主编:《林白水文集》,福建省历史名人研究会林白水分会刊行,2006 年版,第 685 页。

山、张弧都算是他的熟人和朋友,张弧更是有恩于他,都照骂不误。如此骂人,可以说是对事不对人,不为尊亲者讳,铁面无私,也可以说是不近人情,狂傲不羁。容庚曾因此将林白水比作东汉狂士祢衡:

> 视权贵蔑如也。其所办日报,抨击军阀,笔锋犀利,如挝渔阳之鼓……其身世与祢正平(祢衡)略同。①

林白水敢骂善骂,无疑是他的报纸吸引读者的重要原因。早在《中国白话报》时期,就有读者批评他的报纸"宗旨太偏",说话太激烈,规劝他"说话平和些"②。对于这些意见,林白水同样以读者的观点做了答复。他曾刊登了一篇作者为"激烈派第一人"、题为《论激烈的好处》的"来稿",称赞"激烈"可以无所顾忌、实行破坏、鼓动人民。③《公言报》创刊后,林白水曾先后发表《青山漫漫七闽路》《靳内阁的纪纲,原来这样》等时评,独家揭露交通总长许世英贪赃等舞弊案。一年之内,"颠覆三阁员,举发二赃案,一时有刽子手之称"④。

不幸的是,因骂人而被称为"舆论界刽子手"的林白水,最终也因为骂人而被真正的刽子手所害。不能说林白水成也骂人,毁也骂人;也不能以"后见之明"简单地将现代"隐私权""名誉权""人身攻击"等罪名加到他头上。⑤ 但是,"萍水相逢",两位报人因言贾祸,除了增加民众对于军阀的痛恨,也引发了新闻界同业的深思:"文人论政"究竟该如何"论"法,才不会被称为"刽子手",才能避免被真正的刽子手杀害?"论政"的权利边界和专业规范在哪里?

三、"迫于运会、局于智慧,挟持于利害":在"完全政论家"与"报馆记者"之间

事实上,对于"新闻界刽子手"的称号,林白水本人并非没有保留。毕竟,公正的言论,才是《公言报》的追求。可是,何谓公正言论?世间有公正言论吗?《公言报》一周年时,林白水对此似有怀疑:

---

① 转引自林慰君:《我的父亲林白水》,载福建省历史名人研究会林白水分会编:《纪念林白水文集》(内部交流本),2005年版,第138页。
② 林白水:《答常州恨无实学者来函》,载林伟功主编:《林白水文集》,福建省历史名人研究会林白水分会刊行,2006年版,第183页。
③ 林白水:《论激烈的好处》,载林伟功主编:《林白水文集》,福建省历史名人研究会林白水分会刊行,2006年版,第149-150页。
④ 林白水:《不堪回首集(一)》,载林伟功主编:《林白水文集》,福建省历史名人研究会林白水分会刊行,2006年版,第1037页。
⑤ 顾土:《历史是复杂的——重读林白水之死》,《书屋》2009年第1期,第57-59页。

> 夫世间宁有公言邪,于无量劫中得一贤劫,于大地中得托邦为国家,于万千年中得数十年以代俯仰,以陈迹为鉴而议是非,以居域为限而殊好尚,迫于运会,局于智慧,挟持于利害,乃复轩眉抗声昭昭。然揭日月而行日公言,公言此匪唯违者所嗤,反于吾心亦终馅然,无以自足也。①

仿佛是对读者质疑做必要的回应,《公言报》一周年时,林白水多次就本报立场和言论风格做了详细说明。他意味深长地表示:

> 吾报出世已近一年,所有政治上之记载及其主张咸以公平为主,以偏激为戒。……世人当知报馆记者非完全政论家之比。完全政论家之论政也,可以不问时势与潮流之如何而发挥其独立的纯理之论断,报馆记者要不能不随时势之潮流而遇事匡救,有时容有所指导为前驱之旗牌,而有时则追逐后尘,不免为应时之小卖。故当事实未发现之时所持之论调如是,及至事实变更则不能不弃前日之主张而别谋其救护之策,此非反复也,亦非矛盾也。潮流所趋,记者不能持空论相与支拒其间,斯固无如何者也。②

在这篇《敬告读本报者》中,林白水首先刻意强调《公言报》“以公平为主,以偏激为戒”,似有为其“骂人”辩护的用意。但他并没有敷衍塞责,而是试图将这一问题的思考引向深入。

值得注意的是,为了解释为何本报言论立场会有变化时,林白水敏感地提出“完全政论家”与“报馆记者”的区分。这一区分也坦诚地透露了他在报纸言论立场上的困惑——这一点在以往办报论政过程中不曾出现过,它表明林白水对新闻职业有了更清晰的专业意识。从来以文才横溢、政论犀利著称的林白水重返报坛一年时,竟然遭遇前所未有的职业焦虑:他已意识到不能再用《中国白话报》时代的那种方式——他称之为“完全政论家”方式——痛快“骂人”了,应该有一种不同的方式——“报馆记者”方式——言论公正了。

可是,“报馆记者”究竟是怎样的方式,世间宁有公言耶? 林白水并没有给出“完全政论家”和“报馆记者”的准确定义,只是敏感地强调了两者之间的不同。这一区分有着重大的意义:它揭示了当时中国新闻事业出现的进步趋势——以往的“政论家”已逐

① 林白水:《公言报周年纪念词》,载林伟功主编:《林白水文集》,福建省历史名人研究会林白水分会刊行,2006年版,第361页。
② 林白水:《敬告读本报者》,载林伟功主编:《林白水文集》,福建省历史名人研究会林白水分会刊行,2006年版,第307-308页。

渐分化为"完全政论家"和"报馆记者",也就是政党报人和专业报人。它表明,随着政治生态和新闻业本身的发展,报纸的价值从维新革命的宣传工具走向独立了:一方面,报纸从言论纸转向新闻纸,另一方面,报纸言论从政论转向新闻评论。与此相应,以往那种新闻与政论不分的情形开始改变,"文人论政"也逐渐由政治本位转向新闻本位。林白水看得很清楚,"报馆记者"立论应以变化着的新闻事实为标准,而不能以自己的政党或个人好恶作标准。从此,梁启超式的"完全政论家"的舆论阵地将逐渐转向政论杂志,至于报纸言论主笔,则要让位于张季鸾式的"报馆记者"了。

"迫于运会,局于智慧,挟持于利害。"林白水不能说没有智慧,在外界看来,也许他过于智慧。"运会"变了,新闻业生态变了。林白水的职业困惑与角色尴尬主要缘于此。如前所述,像维新党人和革命党人一样,林白水办报与从政,是一体两面,办报为了从政,从政是办报的继续。1916年,他在北京办报,是因为政治仕途的中断。从此,办报对于林白水而言,毕竟多了一份职业的意味。而此时的北京,维新与革命已成为明日黄花,论政的对象已然变化;报业的发展,又已今非昔比。他本该像"报馆记者"一样立论公正,却依然带有太强烈的"完全政论家"式的偏激习性。北京时代的报人林白水,因此显得有些时代错位[①]。

除了"运会",让林白水更加感到公言之难的另一个因素,乃是"挟于利害"——与各种政治经济势力的利益纠葛,这也是报业走向独立面临的最大障碍[②]。这一点林白水没有展开分析,也许是因为有难言之隐:《公言报》的出版受到安福系的资助。众所周知,《公言报》的创刊得到了他的同乡、早年的同事林纾的帮助,办报资金来自段祺瑞的心腹,有着"北洋军师"之称的徐树铮。

早在1912年,徐树铮就曾创办《平报》,为段祺瑞造势,林纾担任该报编纂。后来,段祺瑞、徐树铮受到袁世凯猜忌,《平报》停刊。四年后,林白水提出办报时,正值黎元洪和段祺瑞之间发生"府院之争",通过林纾,徐树铮出巨资支持《公言报》,自然有重建本派言论阵地之意。时人评论说:

> 黎党为之策划,谓徐多智,必须以多谋善断者与之抗,公荐山东黄县丁佛言接任公府秘书长,丁系议员,霸气纵横,恒以"表同情于弱者"自诩,既抱"打不平"之成见而来,与徐更相水火,府院风潮,竟成新闻上每日重要资料。其时京内报纸,因丁为"报界三杰"之一,声气应求,不知不觉多袒黎责段,徐悟其计,创《公言报》以敌之。[③]

① 阳海洪:《乱世文人:从林白水之死看近代报人的职业化困境》,《湖南工业大学学报》(社会科学版)2009年第3期,第67-70页。
② 参阅曹立新:《世界变了,何以立报——新闻史上的"成舍我方案"之研究》,《中华传播学刊》(台北)2012年6月号,第155-179页。
③ 吴虬:《北洋派之起源及其崩溃》,中华书局2007年版,第23页。

在这种背景下,《公言报》创刊后,自然为安福系制造舆论环境,"出版之后,每日以骂孙伯兰为日课,嬉笑怒骂,无微不至"。林白水寄人篱下,受人庇护,受于掣肘,委曲求全,不得不替安福系说了一些话。

不过,《公言报》虽为安福系所支持,林白水依然在报上发表过"有吏皆安福;无官不福安"的讽刺对联,发表过《民国六年北京之所有》《印之蒙尘》《便宜不得》《无血之杀人》《渔人得利》《青山漫漫七闽路》等辛辣时评。他甚至给段祺瑞出难题。1917年春,他首先披露政客陈锦涛贿赂议员拉选票的丑闻,独家披露了原交通总长许世英在津浦租车案中贪赃舞弊的丑闻,京都舆论一片哗然。结果陈锦涛锒铛入狱,许世英畏罪辞职。

因为接受安福系资助而不能不为之说偏颇话,出于报人天职又不能不讲公道话,"挟持于利害"的林白水,无疑处于更为艰难的挣扎之中。没有安福系,他难以创办《公言报》,"公言"说多了,他与安福系的裂痕也越来越大,最终不得不离开《公言报》。此后,虽然又先后创办《平和日报》《新社会报》《社会日报》,可谓屡仆屡起,不断突围,但林白水终究难以成就"报馆记者"的独立地位,难以突破那种恶劣污浊的报业环境,难以做到"无私无党,直言不讳"。在运会、利害、智慧的纠结中,不仅报业难以独立,报人自然难以独立,更可悲的是,在通往报业独立的道路上,竟然洒下许多报纸和报人的生命的血迹。

比起运会的改变,利害,成为林白水那一代报人更为致命的危险。晚清时期,维新派与革命派办报,均为各自政党事业的一部分,办报经费均出自该党经费。民国初年,政局动荡,各种政治势力除了自办报纸,还争相拉拢民营报刊,收买舆论。袁世凯首创了干薪制度:不断以宣传费、润笔费、车马费等名义贿赂报馆,有的是一次性给一大笔钱,有的是长期发放"津贴",也就是干薪,以蛊惑人心。而民营报纸,由于经济落后,发行收入和广告收入难以支撑一张报纸,也半推半就地接受来自各方的资助。和章士钊、邵飘萍、成舍我、胡政之等名报人一样,林白水也未能免。曾任财政次长、总长的李思浩忆及民国十年左右的报业,称财政部要给各报馆"以相当数目的资助"。1925年北洋政府曾经以"宣传费"名义给全国125家报馆和通讯社配发津贴,这种津贴分作四等,分别是超等者、最要者、次要者、普通者。其中"超等者"的6家每月可得津贴至少300元①。

比拿"津贴"更甚者,是借报纸敲笔杆。林白水对这种乱象,曾有生动描述:

> 租一房子,一半作住室,一半作报馆,门悬一块之招牌,日出百张之烂报。

① 傅国涌:《一代报人林白水之死》,《文史精华》2004年第4期,第24-30页。

日夜奔走于大人先生之门，用半吓半巴之手段，以骗得多寡之津贴，先图度日，再想慢慢之进取，此第一步竹杆之办法也，诗曰敲之不得，寤寐思服。

报馆既开，立脚定矣，乃日寻大人先生之弊窦，既得把柄，须格外珍惜之，不可尽情披露也，其先则示意于大人先生，以丐其余沥，不济，则将其弊窦披露之。其披露之法，必须慎之又慎。凡姓名数目，属于实质之物者，皆以某字代之，或多作××方式之圆。盖必示以方式之圆，而后乃能饵得圆周之洋饼也。彼不善敲者，往往接洽未有眉目，而遽行揭开其内幕，大人先生见其一点不留面子也，怒而听其自然。则竹杆未敲而先折矣。诗曰靡不有初，鲜克有终。

今之政府，不比从前之政府也，故欲求上万之竹杆，在势有所不能。夫积少可以成多，钱贵于多取，斯则最后亦不失为小康之新闻家矣。虽然，大人先生有硬亦有软，有好侍候有不好侍候者，且以政府之穷，总长虽同，而贫富不一，吾人须择肥而噬，注意于其阔者，则应酬省，而交情专矣。诗曰夙夜匪解，媚兹一人。①

同业的作为，令林白水深感耻辱。他甚至主张：“在这种社会现状之下，要人们意志清明，心虑澄澈，惟有提倡不看报，或少看报之一法。”因为报纸并非为主张公道，无论是摘奸发伏而抨击当局，还是替当局辩护，“两下里都是为着姓孔名方的先生”，新闻背后，“无一事没有内幕，无一内幕可以告人。”②

多少不怕关门、不怕坐牢的报人，却败在了金钱手上。无党易，无私难。毋庸讳言，常在水边走，哪有不湿鞋？风气所致，连邵飘萍和林白水也难独善其身。《竹杆教科书》的作者自然深谙此道。不管是否求仁得仁，他们曾因此遭人诟病，也为朋友们所惋惜。今天看来，与其说是他们个人职业操守上的污点，不如说是他那一代报人在中国新闻事业向现代化转型过程中必经的过程。从新闻事业专业化的角度看，萍水相逢的真正悲剧乃在于此。

值得注意的是，就在资助林白水创办《公言报》同年，徐树铮还支持王郅隆收购了天津《大公报》全部股权。直皖战争中段祺瑞失败后，王郅隆被列为“安福十凶”，遭通缉后逃亡日本，《大公报》声名扫地，一蹶不振，销量锐减，直跌到每天只印10份。1925年11月27日，《大公报》宣告停刊。1926年9月，林白水被害不到一个月，新记《大公报》在天津出版。它标志着由梁启超开启的中国政治性报刊开始走向与企业报刊合流

---

① 林白水：《竹杆教科书》，载林伟功主编：《林白水文集》，福建省历史名人研究会林白水分会刊行，2006年版，第591页。

② 林白水：《看报之上当》，载林伟功主编：《林白水文集》，福建省历史名人研究会林白水分会刊行，2006年版，第592页。

的发展时代,也宣告了中国独立报刊的新使命。

"萍水相逢"与新记《大公报》出版两者之间,除了时间上的接近,更有人脉和思想上的渊源:1916年,王郅隆接手《大公报》后聘任的经理、总编辑便是胡政之,胡政之聘请林白水任该报特约访员;1921年,林白水又与胡政之共同创办《社会日报》。邵飘萍、张季鸾两位名报人,更是惺惺相惜的老朋友。"萍水相逢"的悲剧,无疑为朋友们此后办报提供了血的教训:报人要真正维护职业的生存和尊严,必须在政治和经济两方面抵制外来干扰,走独立和专业化道路,真正做到"无党无私"。可惜,虽然林白水和邵飘萍本人一直努力做到这一点,却"迫于运会、局于智慧,挟持于利害",终究没能摆脱悲剧命运。

林白水被枪杀后不到一个月,1926年9月吴鼎昌、张季鸾、胡政之合组新记公司,接办《大公报》。借报纸重新开张的机会,张季鸾等人在社论中向社会揭示《本社同人之旨趣》。社论特别沉痛地指出,当日全国报业"大抵呻吟憔悴于权力、财力两重压力之下",而民国以来新闻事业的失败,"其原于环境者半,原于己身中半",对报人自身的专业能力和专业伦理进行了反省——强权压迫之罪之非,不等于言论界自身之功之是。事实上,报界从事言论的人,真正做到不媚强御、不阿群众的,能有几人?[1] 因此,新闻事业的成功,除了外御强权,言论界自身的进步同样迫切。基于此,新记《大公报》提出了"不党、不私、不卖、不盲"的著名办报方针。从这一方针提出的时代背景而言,与其说仅仅是"本报同人之旨趣",不如说是那一时代中国报人共同之志趣,与其说是张季鸾妙笔偶得,不如说是"萍水相逢"等报人先烈的鲜血浇成。就这一角度而言,1926年的"萍水相逢",便多了一份象征意义。或者说,邵飘萍和林白水两位名报人以牺牲生命,灌成了中国报业走向独立的重要的过渡式的基石。

---

① 新记公司大公报记者:《本社同人之旨趣》,《大公报》(天津)1926年9月1日。

新闻学研究的"政治"主场、退隐与回归 *

——对"新闻论争三十年"的历史考察与反思

向 芬

（中国社会科学院新闻与传播研究所）

摘要：新中国以甘惜分和王中为代表的新闻论争，贯穿"两个三十年"的新闻理论变迁过程，"甘王"从 20 世纪 50 年代新闻论争的思想两歧到 20 世纪 80 年代的"殊途同归"，呈现出一代学人在遭遇复杂重大的理论问题与实践问题时的思考，说到底也是对"什么是社会主义，怎样建设社会主义"的求索，同时也展现出新闻与政治的百年逻辑、历史与现实的内在关系。

关键词：甘惜分；王中；新闻论争；马克思主义新闻学

回顾历史，从 19 世纪末到 21 世纪初，中国的新闻学研究基本上属于一种学术范式，即"政治为体，新闻为用"。[1] 从梁启超的"报刊有益于国事"到徐宝璜的报纸"善用为福""滥用为祸"，从国民党的程沧波到共产党的陆定一，从《解放日报》改版到习近平总书记在党的新闻舆论工作座谈会上的讲话，可以说都始终围绕着新闻与政治的核心关切。在这一历史脉络上，新中国以甘惜分和王中为代表的新闻论争，不仅贯穿"两个三十年"的新闻理论变迁过程，而且也为这一范式留下颇堪深思的理论命题。审视"新闻论争三十年"，从国家、社会、组织和个人的交互作用，探究知识分子的个人角色与社会政治的时代脉络如何呈现与纠缠，既可深入理解新闻与政治的百年逻辑及其内在有机关系，而且也能在所谓"去政治化"的潮流中重思新闻与政治，并激活新闻学的生命力。

一、"无产阶级新闻学"的历史脉络与理论建构

早在 1942 年整风之际，《解放日报》就已从"不完全党报"改版为"完全党报"，强调

---

* 本文原载于《清华大学学报》（哲学社会科学版）2018 年第 1 期，有修改。

[1] 黄旦：《二十世纪中国新闻理论的研究模式》，《北京广播学院学报》1994 年第 4 期，第 50 页。

党性、阶级性亦即政治性。1943 年陆定一发表《我们对于新闻学的基本观点》，标志着"无产阶级新闻学"的形成，也奠定了新中国新闻理论研究的基本问题、前提假设与研究路径。[①] 1948 年毛泽东《对晋绥日报编辑人员的谈话》和刘少奇《对华北记者团的谈话》等，更构成新中国新闻学的纲领性文献。

新中国成立后，新政权依据马列主义理论和中国革命经验，越来越强调夺取政权只是革命的手段，而通过阶级斗争谋求社会平等，塑造社会主义"新人"和"新世界"，才是革命的真正目的。阶级斗争概念被赋予了政治性与伦理性的双重内涵。[②] 也因此，前 30 年针对思想文化领域以及再造知识分子的政治运动接踵而来：1949 年北京高校部分教授的政治学习运动，1950 年清理亲美、崇美、恐美的思想运动，1951 年对电影《武训传》的批判，1952 年知识分子思想改造运动，1954 年批判俞平伯《红楼梦》研究及其胡适资产阶级学术思想运动，1955 年反对"胡风反革命集团"运动，1957 年反右运动，1964 年"四清"运动，1966 年"无产阶级文化大革命"……其间，知识分子对新政权的认同分为三个不同层面：第一是政治上接受新政权；第二是思想上接受新的国家意识形态；第三是学术上接受马列主义理论指导。[③] 经过一系列思想政治运动，资产阶级学术思想的主导地位一步步瓦解，马列主义在学术思想领域的领导权一步步确立。[④] 绝大部分知识分子都力求按照这一"立场、观点和方法"开展自己的研究工作，新闻学界自然也不例外。

新中国成立之初，来自解放区（根据地）的知识分子成了宣传、文化、教育领域的主力，从中央党报到省市党报基本上由来自解放区的新闻工作者主持，新中国成立后的党报也主要继承了解放区的农村办报传统。[⑤] 与此同时，为了调整新闻专业的师资结构，又从党的新闻机构中抽调甘惜分、王中等新闻干部充实到重点高校。由此，"无产阶级新闻学"成为唯一被认可的新闻学流派[⑥]，"中宣部当然不能容忍新中国大学新闻系继续讲授资产阶级新闻学，不能容忍新中国大学新闻系培养出具有资产阶级新闻观点的大学毕业生"[⑦]。在冷战格局以及新中国"一边倒"战略下，学习苏联一时也成为新闻界的自然选择，甘惜分收到的第一本苏联新闻教材就是从俄文译成中文的《苏共中央直属高级党校新闻学教学大纲》。

1954 年，在北京大学新闻专业任教的甘惜分，以苏联教学大纲为模板编写了《新

① 转引自刘海龙对陈力丹观点的概括。刘海龙：《中国新闻理论研究的范式危机》，《南京社会科学》2013 年第 10 期，第 95 页；陈力丹：《新启蒙与陆定一的〈我们对于新闻学的基本观点〉》，《现代传播》2004 年第 1 期，第 17-21 页。

② 应星：《"把革命带回来"：社会学新视野的拓展》，《社会》2016 年第 4 期，第 18 页。

③ 许纪霖：《读书人的面子》，《东方早报·上海书评》2013 年 6 月 30 日。

④ 李明山、左玉河主编：《当代中国学术思想史》，河南大学出版社 1999 年版，第 11 页。

⑤ 甘惜分：《甘惜分文集》（第二卷），人民日报出版社 2012 年版，第 716 页。

⑥ 徐培汀、裘正义：《中国新闻传播学说史》，重庆出版社 1994 年版，第 443 页。

⑦ 甘惜分：《一个新闻学者的自白》，载《甘惜分文集》（第一卷），人民日报出版社 2012 年版，第 285 页。

闻工作理论与实践》,在编写过程中"坚守马列这个不能突破的大门",将党报基本原则提炼为党性、思想性、战斗性、群众性、真实性并统一于党性,也就是"五性一统论"。甘惜分20世纪90年代自称,《新闻工作理论与实践》"仍未形成新闻学的独立思想体系"①,不免落入"语录新闻学"窠臼。后来有学者认为"五性一统论"不仅助长了新闻教育界、理论界和新闻实际工作部门的教条主义和形式主义,而且也给以后的新闻制度改革造成了很大的理论障碍。② 以专业主义视角所做的如此评价,同30年来新闻学界的理论转向以及当代中国文化政治的变异息息相关。

二、20世纪50年代新闻论争与思想两歧

(一)王中的"否定"与甘惜分的"否定之否定"

1956年至1957年反右前夕,在国际国内一系列新的变局中,随着自上而下对中国道路的理论探索和实践反思,新闻学也试图突破党报固有套路和苏联僵化模式,意欲从"政治本位"回归到"新闻本位",其代表人物就是王中。

1957年5月16日在首都第一次新闻座谈会上,王中谈了"党委政治领导与报纸关系、党报与非党报、报纸与各机关的关系、报纸思想性、报纸的特点与作用"等问题,还就"党性和真实性、党性和群众性、思想性和兴趣"等争论谈了看法。他反映上海新闻界有人提出"党性与真实性(存在)矛盾,而且还举了报纸上一些失实或片面的报道为例子,说成是党性要求的结果"。"某地报社向党委提出少登载一些指示,增加一些群众活动。党委负责人就到处批评报社是不要党性只要群众性。由此可见'党性'者即'党委性''书记性'也。"③甘惜分拒绝如此"丑化党性",他理解无产阶级报纸党性,表现在"每时每刻从马克思主义的立场观点来分析形势,并且完全自觉地把自己作为整个党的事业的一个组成部分,坚决地服从党的决议,和一切歪曲党的路线的言行进行不懈的斗争"。④

王中在座谈会发言的最后建议:"报纸,在党委看来是指导别人的工具,但是在读者看来,报纸是借以获得新闻和知识的出版物,读者花钱买报,我们要对得起人家的5分钱,如果赠阅的话,人家可能没有什么理由责备报纸。"⑤这个建议基本陈述了他自

① 甘惜分:《一个新闻学者的自白》,载《甘惜分文集》(第一卷),人民日报出版社2012年版,第290页。
② 童兵、林涵:《世纪中国新闻学与传播学·理论新闻学卷》,复旦大学出版社2001年版,第305-308页。
③ 王中:《上海新闻界的争鸣》,《新闻与出版》1957年6月10日第17号,转引自赵凯主编:《王中文集》,复旦大学出版社2004年版,第115页。
④ 甘惜分:《略论王中的新闻思想》,载《甘惜分文集》(第二卷),人民日报出版社2012年版,第20页。
⑤ 王中:《上海新闻界的争鸣》,《新闻与出版》1957年6月10日第17号,转引自赵凯主编:《王中文集》,复旦大学出版社2004年版,第116页。

1956年8月以来公开表明的新闻理论观点,被甘惜分批评为:"除了重复他那'报纸商品论'的胡说之外,并认为党报不懂得办报,蔑视中国共产党长期积累的革命报刊的传统经验。"①

甘惜分对于第一次座谈会上的"鸣放"从根本上持否定态度,故在1957年6月至8月的首都第二次新闻座谈会上展开针锋相对的辩驳,批判了他眼里的"奇谈怪论",特别是王中的"读者需求论""社会需求论""报纸商品性"等新闻思想,认为其与无产阶级新闻学的党性、阶级性背道而驰。7月25日至8月1日,座谈会连续召开了七次大会和小会批判王中,尽管王中被视为"披着共产党员外衣的资产阶级右派在人民新闻和文教事业中的代理人",但他坚称"自己只是学术思想上的错误",而这又被斥为想"蒙混过关"。②

第二次新闻座谈会后,邓拓嘱托甘惜分根据会议发言撰写了《报纸是阶级斗争的锐利武器》,发表于9月16日的《人民日报》。不久,新华社《新闻业务》9月刊登载了甘惜分的《略论王中的反党思想》。③ 当时,批判王中的文章很多,但除了甘惜分的文章始终作为"新闻论争"的历史证据,其他都烟消云散,鲜有提及。

(二)思想两歧的根源

那么,曾被甘惜分认为是"奇谈怪论"的王中的新闻思想是如何形成的呢?1957年已有20年党龄的王中为何被视为用"一套反动思想体系"改造新闻业呢?两位同样来自根据地的知识分子和革命干部为何在思想观念上存在霄壤之别呢?

1.王中:从"局内人"到"边缘人"

王中出身地主家庭,早年受过良好的传统文化教育。1935年至1937年就读于国立山东大学外文系。抗战爆发后投笔从戎,1938年加入了中国共产党。1940年转移到山东抗日根据地,担任中共中央山东分局宣传部主办的《大众月刊》编辑、编委、通联部副部长、编辑部主任,新华社山东总分社编辑部主任,滨海《农民报》、鲁中区《鲁中日报》总编辑,中共济南市委机关报《新民主报》编辑部主任等。

王中对曾任《新民主报》社长兼总编辑的恽逸群推崇不已,认为恽逸群对他影响很大。④ 1949年5月恽逸群南下上海主持接管上海各大报,并任上海《解放日报》社长兼总编辑,兼华东新闻学院院长,王中作为"得力干将"随其接管上海的新闻机构。其后,恽逸群和王中又以"中共代言人"姿态介入高校新闻教育工作。1950年恽逸群兼任复

① 甘惜分:《略论王中的新闻思想》,载《甘惜分文集》(第二卷),人民日报出版社2012年版,第19页。
② 蔡铭泽:《新闻界的反右派斗争》,《新闻研究资料》1993年第2期,第177-178页。
③ 甘惜分:《略论王中的反党思想》,《新闻业务》1957年第9期,第23-25页;后全文收入上海人民出版社编:《批判王中反动的新闻理论》,1958年版。《甘惜分文集》所载《略论王中的新闻思想》根据后者收录。
④ 王中:《忆恽逸群同志》,《新民晚报》1985年2月4日。

旦大学新闻系主任,提出"兼容并蓄"的办学方针:"一方面继续陈望道的民主传统,另一方面加强无产阶级的政治思想教育和新闻业务教育;对教师队伍,既留用了一些老教师,又吸收一些革命干部来系任教;在教学制度方面,既保留原来行之有效的美国制度,又采用一些适应新时期的新方式,在课程中增加马列主义内容。"①1950 年,王中被任命为复旦大学政治课教学委员会主任,同时在新闻系担任教授,由于恽逸群工作繁忙,又委托王中代理系主任。1952 年 10 月,王中正式担任系主任。如此看来,王中可谓根正苗红:从根据地一名党的新闻宣传工作者,到被委以重任成为上海宣传管理干部,再转变为上海新闻教育战线的负责人。在当年复旦师生眼里,36 岁的王中是一个标准的"老革命""老干部""老八路"。②

其时,全国上下高校办学思想的转轨通过学习苏联模式、统一教学大纲来具体实施。1954 年 4 月,王中参加北京大学新闻专业教学计划讨论会,带回苏联新闻学教学大纲,自 6 月起王中所做的工作与甘惜分同期所做的工作一样,都是按照苏联模式全面修订新闻专业教学计划,并开始讲授同样命名为"新闻工作理论与实践"的课程。而他们的思想分歧,在此之后逐渐显露。

1956 年 3 月 19 日,复旦大学新闻系在"双百方针"的氛围中,出版了铅印刊物《新闻学译丛》,王中重用留美归国的郑北渭任主编,译载苏联有关报刊和宣传工作的重要论文、文件,发表介绍西方媒体的文章,并在国内率先译介传播学。该刊至 1957 年 6 月,一共出版了 5 期(从停刊时间看正是王中新闻观点被《解放日报》点名批评之时)。③ 1956 年 7 月至 8 月间,王中率领新闻系的教师考察团,赴无锡《工人生活报》、南京《新华日报》、济南《大众日报》、青岛《青岛日报》考察报纸工作改革情况。8 月 4 日,王中应邀在《新华日报》作了《办报人要有读者观念》的报告,明确提道:"离开了读者的需要,只把报纸当作党的宣传武器,不把它当成读者要花 5 分钱购买的一种商品,报纸必然不会受读者欢迎的……报纸的作用,不完全在于指导人们工作,而且在于增加人民群众的知识,培养人民群众的生活兴趣。"④其间,他还谈道读者调查问题:"读者究竟在想些什么呢? 这就需要做好读者意见的调查工作。资本主义国家的报纸很注意这个工作,他们有专人调查研究读者心理;我们要做好报纸宣传工作,也必须如此。"⑤

诸如此类今天看来不足为奇的观点,当年为何遭到强烈反击呢? 1949 年初,新闻

① 《新闻学院大事记》,见 http://www.xwxy.fudan.edu.cn/node2/fdxwxy/gywm/node916/index.html。
② 居欣如:《一树独先天下春》,转引自赵凯主编:《王中文集》,复旦大学出版社 2004 年版,第 413 页。
③ 王中:《论评论文写作和新闻学上的几个问题——评〈解放日报〉一九五七年六月十六日社论》(此文写于1957 年 6 月下旬),《复旦学报》(社会科学版)1980 年第 1 期,第 40-44、63 页。
④ 王中:《办报人要有读者观念》,原载于新华日报社《新闻业务》1956 年第 11 期,转引自赵凯主编:《王中文集》,复旦大学出版社 2004 年版,第 4 页。
⑤ 王中:《办报人要有读者观念》,原载于新华日报社《新闻业务》1956 年第 11 期,转引自赵凯主编:《王中文集》,复旦大学出版社 2004 年版,第 6 页。

业在中央计划主导下,逐步建立了一整套国营媒体网络。这一体系既源于马克思主义的新闻思想,也出自中国革命与中国共产党的新闻实践,如新闻事业是"一定的阶级、党派与社会团体进行阶级斗争的一种工具,不是生产事业"①。正因如此,中共秉承"全党办报""群众办报"的传统,紧紧抓住三大环节:一是确立自上而下的党管报纸的机构和制度;二是确立党报及其权威地位;三是对民营报业进行改造,推动报业国营化、报纸政治化的进程。② 王中的"读者需求""读者调查"等观点在"无产阶级政治挂帅"年代自然显得异常突兀,甚至离经叛道。8 月 10 日,王中又在济南《大众日报》作了《报纸和读者的关系》的报告,他认为:"必须研究党的中心工作与报纸中心工作的区别问题,不是任何党的中心工作都是报纸的中心工作,不得照搬不误。"③王中剑指党报工作的核心地位和指导作用,即使"衷心忠言",也不免被人归入一片甚嚣尘上的右派"刺耳之声"(如"党天下""轮流执政""歌德派"等)④,而王中"因言获罪"的"右派"经历后来则被蒙上"殉道者"色彩。

1956 年 9 月,王中考察归来,提出"破除迷信、坚定信心、组织力量、调动因素"的办系方针,写成《新闻学原理大纲》18 章(仅列各章节标题),向全系教师征求意见,其中读者调查、广告等内容显示了王中适应"城市办报"形势的求新痕迹。刘家林评价这一"大纲"虽然过于简略,但"体大思精",为建设中国特色的新闻学设计了宏大、完备的理论框架。⑤ 当时,"王中的新闻理论观点,一度被视为活跃因素,在新闻界与高校新闻系师生中流传很快很广"⑥。王中作为"新闻改革理论家"应邀多处讲学,1957 年 1 月,王中分三次在上海人民广播电台详细阐述了《新闻学原理大纲》前三讲的内容。⑦

在上海人民广播电台讲学期间,王中还应邀于 1957 年 1 月 22 日在《解放日报》作了《新闻事业的发展规律和报纸的职能》的报告,其中提道,"在解放区,只有干部识字看报,报纸需要刊登工作经验,但不必登广告。如果现在再把报纸办成干部报,群众就不要看"。⑧ 这反映出新中国成立后"城市办报"与"农村办报"两种不同的风格和传统所形成的一时之困。王中曾指出资产阶级报纸与无产阶级报纸的本质区别在于,前者

① 《中共中央关于新解放城市中中外报刊通讯社的处理办法》,1948 年 11 月 8 日,中央档案馆编:《中共中央文件选集》第 17 册,中共中央党校出版社 1992 年版,第 465 页;转引自张济顺:《远去的都市——1950 年代的上海》,社会科学文献出版社 2015 年版,第 138 页。

② 同上。

③ 王中:《报纸和读者的关系》,转引自赵凯主编:《王中文集》,复旦大学出版社 2004 年版,第 9 页。

④ 中共中央党史研究室:《中国共产党的九十年》,中共党史出版社、党建读物出版社 2016 年版,第 490 页。

⑤ 刘家林:《新中国新闻传播 60 年长编(1949—2009)》(上),暨南大学出版社 2010 年版,第 127 页。

⑥ 余家宏、丁淦林:《王中研究新闻学的经过与贡献》,转引自赵凯主编:《王中文集》,复旦大学出版社 2004 年版,第 405 页。

⑦ 《新闻研究资料》在 1986 年第 3 期"应王中同志的要求,发表他在 1956 年写的《新闻学原理大纲》原文,供同志们参考"。

⑧ 王中:《新闻事业的发展规律和报纸的职能》,原载于解放日报社《新闻业务研究》1957 年第 13 期,转引自赵凯主编:《王中文集》,复旦大学出版社 2004 年版,第 14 页。

"不能起集体组织者的作用""将读者看成是顾客""吸引读者的不健康兴趣""追求商业利润"等。① 但是,纵观王中的新闻思想,不得不说王中并未鲜明举起哪面旗帜,其新闻思想也显得与当年无产阶级新闻学貌合神离。决意探索"新闻事业有其不以人的意志为转移的规律"的王中,被甘惜分批判为"装得像一个科学唯物主义的理论家"。②

新中国成立之初,新政权对上海大众文化进行了全面改造。实行计划体制和确定国家意识形态是两大目标。实现这两大目标的关键,是将大批文化市场的自由职业者纳入国家计划之下的单位,成为国家意识形态机器的"螺丝钉"。③ 而南下干部王中正是中共这一改造计划的具体执行者之一,对号称全国新闻中心的上海旧报业实行军管和接管,改变上海报业市场消费主导的权力结构,迅速建立起以党报《解放日报》为统领的报业新格局。1984 年,王中曾经撰文回忆接管上海新闻机构时不折不扣地执行中央下达的各项新闻纪律和操作规范。④

新政权有力地推进了文化改造,促使大众文化朝着社会主义的方向转化。⑤ 与此相应,新闻理论自然强调"政治本位"高于"新闻本位"。面对国家权力主导下的计划文化体制只用不到四年时间便摧枯拉朽地取代旧上海文化消费市场的局面⑥,王中不断抛出的一系列言说,与新闻业的社会主义国家化的进程相比就显得不合时宜,如果要走"党管到民办"的回头路,那么新政权无论如何都不可能接受。所以,反右前后无论新闻业界还是新闻学界都在拉锯和冲撞中"急转弯",实际上可以视为重新回到无产阶级新闻学的轨道上来。"对学术研究的宗旨来说,'讲政治、讲党性'成为学术研究的前提,这不仅体现在新闻学界,在整个社会科学界都是如此。"⑦

2.甘惜分:"正统派"的思维方式

甘惜分 1938 年奔赴延安,在抗日军政大学和中央马列学院学习期间,通读了延安出版的马列著作。1939 年调赴八路军 120 师政治部,任高级干部学习班政治教员和政策研究室研究员。1945 年,转入新华社任记者、编辑共十年,一路从晋绥到重庆。1949 年,任新华社西南总分社编辑部主任。1954 年调任北京大学中文系新闻专业副教授。⑧

① 王中:《新闻事业的发展规律和报纸的职能》,原载于解放日报社《新闻业务研究》1957 年第 13 期,转引自赵凯主编:《王中文集》,复旦大学出版社 2004 年版,第 17 页。
② 甘惜分:《报纸是阶级斗争的锐利武器》,载《甘惜分文集》(第二卷),人民日报出版社 2012 年版,第 10 页。
③ 张济顺:《远去的都市——1950 年代的上海》,社会科学文献出版社 2015 年版,第 135 页。
④ 王中:《上海解放初期接管新闻机构的情况》,载《上海解放三十五周年文史资料纪念专辑》,上海人民出版社1984 年版,第 383 页。
⑤ 肖文明:《国家触角的限度之再考察——以新中国成立初期上海的文化改造为个案》,《开放时代》2013 年 3月,第 131 页。
⑥ 张济顺:《远去的都市——1950 年代的上海》,社会科学文献出版社 2015 年版,第 136-137 页。
⑦ 芮必峰:《20 世纪以来中国新闻学发展历程回顾》,载《中国新闻传播学年鉴》,中国社会科学出版社 2015 年版,第 11 页。
⑧ 甘惜分:《一个新闻学者的自白》,载《甘惜分文集》(第一卷),人民日报出版社 2012 年版,第 286 页。

甘惜分认为自己初涉新闻理论的思想来源主要有三个方面：一是马克思列宁关于新闻工作的言论；二是中国共产党几十年的新闻工作经验；三是在新华社十年的"实践出真知"。[①] 对比王中《新闻学原理大纲》中所列"中国目前通用新闻学著作现状"（1.马恩列斯等经典著作中有关论述及苏共决议；2.中共决议、延安《解放日报》的有关社论及论文；3.苏共高级党校新闻班讲义；4.苏中两国业务经验；5.报刊上的单篇论著[②]）可以发现，"甘王"二人在思想来源上的差异其实并不大。相对而言，王中"没有到过延安，对上海小资产阶级懂得多一点，对工人阶级、资产阶级的关系了解很少，也不懂马克思主义"，而甘惜分在延安"学习过马克思主义，研究的对象就是资本主义"，所以他认为"王中并没有抓到资本主义的实质"。[③]

甘惜分到北大后，既不满意苏联的新闻思想，也不满意旧中国遗留的新闻学著作。根据统计，甘惜分写于 1982 年的《新闻理论基础》所标明的注释，对无产阶级新闻理论观点的引用达 79.4%，而对旧中国新闻学的论述只引用了《中国报学史》两处。[④] 当时，包括徐宝璜、邵飘萍、黄天鹏、谢六逸、戈公振、萨空了等人的著作，都属于"旧社会的一套思想意识和一套新闻学理论"（陆定一）。[⑤]而在甘惜分看来，"全国解放以后，复旦大学新闻系的同志们对这些发黄的旧书仍相当关注"。他推测，"王中同志在 1956 至 1957 年发表那些讲话并因此而挨批，可能源出于此"。[⑥]

甘惜分 20 世纪 90 年代承认王中的许多言论"打中了党的新闻工作的要害"，"就是从今天看来，王中所指出的报纸的问题仍然存在"。但同时他认为当年对王中的批评在核心问题即新闻与政治的关系上并无错误。[⑦] 虽然 20 世纪 80 年代在西北五省新闻学术讨论会上，甘惜分就 1957 年"无限上纲"的批判给王中当面道歉[⑧]，但对二人核心分歧的基本认识则始终不改。经过几十年反复思索，他意识到二人的根本分歧在于"怎样看待新闻与政治的关系"，王中竭力想使新闻与政治分离，或者说在新闻工作中淡化政治；而甘惜分始终认为新闻与政治紧密相联，新闻学研究的对象与政治的关系同样密不可分。[⑨] 在他看来，问题的关键不在于讲政治，而在于讲什么政治，是无产阶级政治，还是资产阶级政治。只是，在 20 世纪 80 年代以来不问姓社姓资的潮流中，甘惜分这种学术与政治、新闻与政治的意识渐渐被"价值无涉的话语"所取代。

---

① 甘惜分：《一个新闻学者的自白》，载《甘惜分文集》（第一卷），人民日报出版社 2012 年版，第 289 页。
② 王中 1956 年讲稿上第 5 点为"杂志"。
③ 甘惜分：《一个新闻学者的自白》，载《甘惜分文集》（第一卷），人民日报出版社 2012 年版，第 281 页。
④ 柴菊：《当代中国新闻学范式研究：以中国新闻理论教材（1978—1999）为例》，硕士学位论文，南京大学，2013 年，第 15 页。
⑤ 甘惜分：《一个新闻学者的自白》，载《甘惜分文集》（第一卷），人民日报出版社 2012 年版，第 289 页。
⑥ 甘惜分：《一个新闻学者的自白》，载《甘惜分文集》（第一卷），人民日报出版社 2012 年版，第 289 页。
⑦ 甘惜分：《一个新闻学者的自白》，载《甘惜分文集》（第一卷），人民日报出版社 2012 年版，第 283、294-295 页。
⑧ 甘惜分：《满怀凄恻祭王中》，载《甘惜分文集》（第三卷），人民日报出版社 2012 年版，第 224 页。
⑨ 甘惜分：《甘惜分自选集》，中国人民大学出版社 2007 年版，第 322 页。

相较而言,王中在学术群体中显出一种"政治无知者"的天真,声称擎旗"科学"质疑他人手握的"真理",用"客观规律"解构高度政治化的无产阶级新闻业和新闻学。王中"超越政治"的新闻理论与所处时代显得格格不入,在懵懂的"科学主义"观念引导下致力于建构学科体系,描绘学科地图,也显出一种先驱者的执着与悲壮。不过,略显尴尬的是,虽然王中对 20 世纪 80 年代的新闻学"科学取向"具有较大影响,但是有学者认为,"作为一个不彻底的学科科学化倡导者,王中的努力既不可能得到政治取向新闻学研究的认同,也无法真正得到科学取向强调实证的新闻学研究的认同。尽管王中的研究超越时代,本人也深受学界敬重,但他的理论还是很难得到真正的认同和继承"①。

三、20 世纪 80 年代的"殊途同归"?

(一)王中的一脉相承

王中获得平反后,再拾新闻理论研究,1981 年至 1982 年集中发表了《论新闻》《论宣传》《论新闻事业的阶级性》《论传播工具》《新闻学的第二课题》《谈谈新闻学的科学研究》等文章,进一步论述自己的新闻思想。20 世纪 90 年代初,对王中新闻理论的介绍达到一个高潮。1993 年,上海新闻界召开纪念王中从事新闻工作 55 周年的新闻理论研讨会,作为"新闻改革理论家"的王中受到各界人士的褒扬和敬仰。②

王中 20 世纪 80 年代的新闻研究,开始注重使用马克思主义的基本原理作为理论资源,多次引注《马克思恩格斯全集》《马克思恩格斯选集》《列宁全集》等马列经典论著,并强调以历史唯物主义这把钥匙解开"新闻"之谜,以生产力与生产关系来阐释"新闻产生的物质基础"。③ 但他念兹在兹的还在于"科学",在他的文章中,"科学"成为反复提及的字眼。即使谈及新闻与政治的关系,他也首先立足于"科学",如"意识形态分为政治思想(观念)、法律思想(观念)、道德、艺术、科学、哲学、宗教共七种……报纸几乎可以运载上述各种意识形态"④。"但有人把这七种意识形态归结为政治一种。当然,对政治如此热衷,动机是可爱的,但不合乎马克思主义"⑤。其论述蕴含了他对"新

① 柴菊、胡翼青:《"新闻学何以成为科学"的发问与消声:王中新闻学思想再认识》,《新闻春秋》2013 年第 2 期,第 90 页。
② 王中:《上海新闻界隆重召开王中新闻理论研讨会》,原载《新闻大学》1993 年第 8 期;转引自赵凯主编:《王中文集》,复旦大学出版社 2004 年版,第 389 页。
③ 王中:《论新闻》,《新闻大学》1981 年第 1 期,第 12-13 页。
④ 王中:《论传播工具》,《新闻大学》1982 年第 2 期,第 5 页。《哲学大辞典》做出如下解释:属意识形态的社会意识形式,有政治法律思想、道德、文学艺术、宗教、哲学和其他社会科学等。参见冯契:《哲学大辞典》,上海辞书出版社 2007 年版,第 200 页。王中仅将其限定为七种,需要商榷。
⑤ 王中:《论传播工具》,《新闻大学》1982 年第 2 期,第 6 页。

闻学何以成为一门科学"的思考和描述,可惜晚年力不从心,甘惜分也觉得王中"1957年那种理论锐气已难以表达"。①

总体来看,王中 20 世纪 80 年代的言说与 20 世纪 50 年代的"读者需求论""社会需求论""报纸两重性"一脉相承:"强调读者共同兴趣是否会背弃无产阶级政治? ……我们不能把新闻价值当作应有尽有的饺子馅,把什么东西都剁成菜馅吧! 有的同志念念不忘阶级政治、政策,他们似乎只会吃饺子,每一口都要吞到一点政治才舒服。其实,所谓共同兴趣并不排斥政治。"②

(二)甘惜分的与时俱进

甘惜分虽对 1957 年上纲上线批判王中愧疚终生,但在核心思想与基本理论上始终持守新闻与政治的立场,并由此认为"抓住了王中思想的纲"。首先,针对王中报纸是社会需求而非阶级需求的产物这一"社会需求论",甘惜分认为"社会需求论"和"阶级需求论"并非彼此互斥,而是相互兼容。③ 其次,针对王中的"报纸两重性"理论,甘惜分认为所谓"政治性是有商品性的基础才能发生作用"的观点不科学,而且"实际上王中的意思非常明白,就是要冲淡报纸的政治性……但是报纸这种精神商品的制作者在贩卖消息的同时,难免把自己的是非观念也渗透其中以影响读者的思想"。④ 甘惜分的这种批评或许可用王中的话辩驳:"新闻并不全部是政治宣传,并不是所有新闻都为政党的政治目的服务,我们报道天气、疾病、奇闻异事、人体特异功能等等新闻,这跟'主义'并无多大关系,纯粹是为了满足读者某一方面的需要。"⑤不过,又不能不看到,甘惜分对于商品性的警觉在发展市场经济的过程中尤具"先知"意味:"过分强调报纸的商品性是危险的……不少报纸拿原则和金钱作交易,降低了报纸的品格,记者也降低了人格。这个教训难道还不沉重吗?"⑥最后,针对"读者需求论",甘惜分认为王中思想上有片面性,报纸不仅要满足读者需求,还要不断提高读者的思想水平,无产阶级新闻业就是要发挥指导作用。"读者需求论"被视为王中理论缺乏严密逻辑的一个例子。

20 世纪 80 年代以降,甘惜分不断反思以往一些极左问题,同时对新闻与政治的关系始终保持高度关注。甘惜分在坚持政治取向的前提下,力图将马克思主义的各种新闻观点,整合成一套系统的理论,他撰写的《新闻理论基础》被誉为"中国第一部马克思主义新闻教科书"。当有人称其为"党报新闻学"时,甘惜分并不认为是一种贬义,

① 甘惜分:《满怀凄恻祭王中》,载《甘惜分文集》(第三卷),人民日报出版社 2012 年版,第 223 页。
② 王中:《新闻学的第二课题》,《新闻大学》1982 年第 4 期,第 6 页。
③ 甘惜分:《一个新闻学者的自白》,载《甘惜分文集》(第一卷),人民日报出版社 2012 年版,第 297 页。
④ 甘惜分:《一个新闻学者的自白》,载《甘惜分文集》(第一卷),人民日报出版社 2012 年版,第 297 页。
⑤ 王中:《论宣传》,《新闻大学》1982 年第 3 期,第 8 页。
⑥ 甘惜分:《一个新闻学者的自白》,载《甘惜分文集》(第一卷),人民日报出版社 2012 年版,第 297 页。

"党报学成为当代我国新闻理论最早的蓝本"。① 他在书中一方面拨乱反正,反思极左,批判"事实为政治服务";一方面继承和发扬全党办报、群众办报的传统,辨析党性与人民性的统一关系。尤其值得注意的是,"马克思主义新闻学"开始取代"无产阶级新闻学",逐渐成为广泛使用的一种固定说法,后来在此基础上引发中国特色马克思主义新闻学的讨论。从此以后,学界不再以纯粹的政治话语"无产阶级"而用兼具学理蕴含的"马克思主义",来涵括中国新闻学的学科体系和科学话语。

在这方面,甘惜分做出了首屈一指的贡献。以 1986 年成稿的《新闻学原理纲要》为标志,他陆续提出了自己日臻成熟的新闻理论,包括"新闻三环理论""新闻三角理论""新闻真实论""新闻控制论""多声一向论"等,他的新闻思想并没有故步自封,而是与时俱进,自成体系。与此同时,他与王中看似"殊途同归"的是,越来越注重新闻学以研究科学规律为出发点:"经过后来四十多年的长期研究,对科学真理的追求,探索新闻的规律,再加上四十来年中国各方面情况包括新闻工作情况的几次急剧变化,我的思维方式逐渐向第二种方式转移,即向严格的科学思维方式转移。"②

王中作古让甘惜分感慨失去了论辩的对手,他感到孤独,觉得自己"在这个时代里继续思想探索,某些方面可能比王中走得更远"③。"走得更远"也是许多人觉得甘惜分晚年转向的一个重要依据。

(三)他们"殊途同归"吗?

王中呼唤科学的新闻学研究,但最终蹉跎岁月使他心有余而力不足;而起初更强调政治取向的甘惜分,越来越走向"科学道路"。他在 1986 年倡导成立了我国第一家舆论研究机构——中国人民大学舆论研究所,开展舆论调查工作,探求舆论形成与变化的规律更被视为一种新闻研究的科学范例。由此,甘惜分学术研究路径的转变也契合了当年王中倡导的读者调查等科学因素,二人的学术轨迹似乎呈现"殊途同归"的意味。不过,联系新中国前后 30 年的错综复杂变局,以及新闻业与新闻学的一波三折,此类问题深究起来又并不那么简单了。

同属复旦名家的贾植芳忆起王中时说道:"晚年感觉理想幻灭了,身体也不太好,行动上就显得很乖僻,有时候表现得很'左'。"④贾植芳所说的很"左"的印象,或许与王中力求"意识形态的科学性"而提倡"宣传学"相关:"宣传和新闻各有自己的特点和要求,比如新闻要可靠、可信,宣传要有说服力,能够赢得人心。在实践过程中,我们不

---

① 刘建明:《学派、理论化与新闻理论研究的障碍》,《国际新闻界》2008 年第 12 期,第 31 页。

② 甘惜分:《一个新闻学者的自白》,载《甘惜分文集》(第一卷),人民日报出版社 2012 年版,第 281 页。

③ 甘惜分:《满怀凄恻祭王中》,载《甘惜分文集》(第三卷),人民日报出版社 2012 年版,第 224 页。

④ 贾植芳:《回忆王中》,转引自赵凯主编:《王中文集》,复旦大学出版社 2004 年版,第 439 页。

但要逐步建立我们的新闻学,还要建立宣传学。"①王中认为:"无产阶级政党在宣传工作上应当是光明磊落的,有可能克服一切私有者政党宣传上的弊端。令人厌恶的宣传不是无产阶级的宣传。"②20世纪80年代后,王中的新闻观点也较多使用阶级性、宣传等鲜明政治话语,使其行文中呈现一种"马克思主义理论"的倾向。这也从另一个侧面说明,王中晚年也有向"左"看齐的动作,从这个角度来看,即使"殊途同归",也是彼此双向靠拢的。

甘惜分将自己几十年学术生涯分为三个阶段:1954年至1966年为探索期,1966年至20世纪80年代前半期为徘徊期,1987年以后为清醒期。但他唯一不变的是"以马克思主义作指导思想,建设中国自己的新闻学"③。这里,对比贾植芳对晚年王中的评价就显得颇具深意:"(原先积极参加革命的知识分子)个人功利心虽然很小,社会功利心却很强,然而眼中所见,与理想总是有很大差距,那么原来的激进也就很容易导致幻灭了。"④甘惜分和王中同为革命年代知识分子,两人都怀着很强的"社会功利心"著书立说,但甘惜分在晚年得到了"清醒"的机会,而王中未能"走得更远"。

甘惜分对新闻改革的推动、对新闻体制的批评、对舆论调查的推崇、对新闻思想的调整等,往往被视为"晚年转向"的标志,但他提出的观点及政治倾向,则又使颇为流行的"晚年转向说"显得晦暗不明,令人不能不疑窦丛生。甘惜分自言不是左右摇摆的风派人物,而是"马克思主义派"⑤"马克思主义的笃信者"⑥,丝毫不介意自己"左"右两面不讨好的"尴尬"处境。⑦对于20世纪90年代以来"国内学界不太谈马克思主义,国外学界中对马克思主义者避而远之"的现象⑧,甘惜分始终不渝地亮明马克思主义的旗帜。

四、余论

"新闻论争三十年"所呈现的是一代学人在遭遇复杂重大的理论问题与实践问题时的思考,说到底也是对"什么是社会主义,怎样建设社会主义"的上下求索。在高度政治化的年代,对于文化领导权的争夺本质上源于对政治领导权的争夺,不管是甘惜分所代表的农村办报传统还是王中所追求的城市办报模式,更不用说无产阶级新闻学

---

① 王中:《论宣传》,《新闻大学》1982年第3期,第10页。
② 王中:《论宣传》,《新闻大学》1982年第3期,第5页。
③ 甘惜分:《一个新闻学者的自白》,载《甘惜分文集》(第一卷),人民日报出版社2012年版,第387页。
④ 贾植芳:《回忆王中》,转引自赵凯主编:《王中文集》,复旦大学出版社2004年版,第439页。
⑤ 甘惜分:《一个新闻学者的自白》,载《甘惜分文集》(第一卷),人民日报出版社2012年版,第390页。
⑥ 甘惜分:《社会主义中国的新闻体制课题总结报告》(1996年4月16日写成,当初没有公开发表),载《甘惜分文集》(第二卷),人民日报出版社2012年版,第695页。
⑦ "左"之所以打上引号,是因为甘惜分说他认可真正的左派,而不是死守教条的"左"、极左偏见的"左"。
⑧ 甘惜分:《一个新闻学者的自白》,载《甘惜分文集》(第一卷),人民日报出版社2012年版,第389页。

的学科发展,无不围绕着"为建设社会主义奠定政治基础"而展开。

"甘王"二人在新闻观念方面看似背道而驰,但他们尝试建构的新闻理论体系又都基于社会主义新中国的实践,都在马克思主义的框架中致力于中国新闻学的学术范式,同样都是基于毕生信仰和理想而说的真话。20 世纪 50 年代王中的右派理论为时局所不容,但他坚持己见,20 世纪 80 年代迎来了他的理论"春天";甘惜分自始至终坚信马克思主义,"不管时下有多少人喊叫马克思主义过时了,破产了,却信之弥坚"。① 同时他晚年对新闻改革以及相关政治体制改革提出批评,又恰如 20 世纪 50 年代王中对教条主义的口诛笔伐,都表现出"以天下为己任"的政治意识,并恰守葛兰西所言有机知识分子的角色。

相较而言,"甘王"一代的知识分子政治意识十分强烈,20 世纪 80 年代以来的新一代知识分子则更倾向于知识(专业)关怀,期望达成实用理性向科学理性的转换,从而表现出自觉不自觉的去政治化取向。在破解"新闻无学"时,学界着力引进美国传播学的概念、方法和观念,不仅对中国新闻学的学术话语和研究状况形成冲击,而且一整套"冷战学术"及其"政治价值"也不期然而然地瓦解,甚至取代了马克思主义新闻学。换句话说,"甘王"一代的新闻学所蕴含的政治价值、政治信念、政治原则,在去政治化的时代语境和学术话语中逐渐消解,与此同时一套与西方接轨的全球化、现代化的文化政治与专业话语逐步确立,从而最终与"甘王"一代知识分子孜孜追求的"共产党的立党之本与共和国的立国之魂"②渐行渐远。当年,"甘王"都曾对西方传播学抱持强烈的怀疑态度,在当时的社会环境下,传播学引进工作几经波折,被定位成"资产阶级新闻学""资产阶级意识形态"等③,而今看来,此类评断不乏一种基于政治敏锐和思想洞察的学术远见。

通过对政治性阶级斗争的反思和批判,汪晖所谓"国-党体制"一方面将经济建设,尤其是市场经济的建设作为通往现代化的普遍道路,另一方面以发展和社会稳定为由,对理论性政治辩论加以抑制。④ 改革实践中的"不争论"使得理论讨论被束之高阁,谋求发展特别是市场化改革成为共识。1978 年 12 月 31 日,《人民日报》等联合上书财政部,要求新闻业施行"事业单位,企业化管理"的经营方针,获得批准。这意味着继 20 世纪 50 年代报纸企业化经营的尝试之后,新的报业市场化进程重新启动。王中倡导的"报纸商品性"作为"党性与人民性"的补充被赋予了学术正当性,也成为 20 世纪 90 年代媒体大规模市场化和产业化的缘起。李良荣 1995 年针对"新闻商品性"的

---

① 甘惜分:《谈谈我自己》,原载《新闻与成才》1993 年第 10 期,第 18-20 页;转引自《甘惜分文集》(第一卷),人民日报出版社 2012 年版,第 452 页。

② 李彬:《新时期:社会变迁与新闻变革札记》,《山西大学学报》(哲学社会科学版)2015 年第 3 期,第 3 页。

③ 王怡红、胡翼青:《中国传播学 30 年》,中国大百科全书出版社 2010 年版,第 83 页。

④ 汪晖:《去政治化的政治、霸权的多重结构与 60 年代的消逝》,载《去政治化的政治:短 20 世纪的终结与 90 年代》,生活·读书·新知三联书店 2008 年版,第 15 页。

讨论,提出了"新闻事业双重性",即形而上的上层建筑属性和形而下的信息产业属性。[①] 这一充满调和色彩的说法是王中"报纸两重性"的升级版,为"事业性质,企业管理"的模式得到广泛认可,以及新闻业的市场化、产业化方向提供了理论依据,同时也在日后的实践中日益展示了"钱币的两面":"市场逻辑下的新闻商品性,一方面消解了一些显得陈旧沉闷的体制机制,一度激发了新闻业的生机以及新闻学的活力,一方面也促成某些不良的,甚至瓦解社会主义核心价值、危及国家和平发展与长治久安的隐患,且不说虚假报道、有偿新闻、作风浮夸等现象。"[②]这可能是王中当年始料未及的,因而更令人怀想甘惜分针对"商品化"的暮鼓晨钟。

行至水穷处,坐看云起时。如今我们更能体会甘惜分"立足中国土,回到马克思"的学术意味,更加领悟王中"科学新闻学"的政治意涵。甘惜分和王中一代共产党人,"一生恨爱,统统融化于间,他们对党之荣辱、理想之执着,难以为后人所理解"。[③] 但是,那一代知识分子"爱国爱党爱人民的至诚之心"[④],终将在新一代新闻学人中不断引发共鸣,启示当下,烛照未来。

①　李良荣、沈莉:《试论当前我国新闻事业的双重性》,《新闻大学》1995 年第 2 期,第 6 页。
②　李彬:《试谈新中国新闻业的"十大关系"》,《山西大学学报》(哲学社会科学版)2014 年第 2 期,第 87 页。
③　许纪霖:《大时代中的知识人》,中华书局 2012 年版,第 417 页。
④　甘惜分:《一个新闻学者的自白》,载《甘惜分文集》(第一卷),人民日报出版社 2012 年版,第 383 页。

报刊与舆论

抗战前日本在华
新闻舆论势力的扩张与建构 *

——以"满铁"在华新闻活动为中心的解读

齐 辉

（重庆大学新闻学院）

摘要：九一八事变前，"满铁"蓄意插手中国东北地区的报业经营，竭力扶植日本报刊势力的扩张，重金收买和腐蚀中国报人，控制广告业务，遏制中国舆论力量的发展。"满铁"的新闻活动，极具隐蔽性、独占性和侵略性的特点。"满铁"新闻势力的建构，对于日本侵华势力的活动和发展，发挥了极为重要的作用。九一八事变中，东北民众思想混乱，民心动荡，国土迅速沦丧，中国对日新闻势力角逐的失败，是其中不可忽视的社会因素之一。

关键词："满铁"；满铁档案；九一八事变；新闻势力

日俄战争后，日本通过在华设立的"南满洲铁道株式会社"（以下简称"满铁"）为其侵略战争提供全方位的服务。九一八事变前，满铁蓄意插手中国东北地区的报业经营，重金收买中国报人，竭力扶植日本报刊势力的扩张，遏制中国舆论力量的发展，其活动对于维系满铁及日本移民在中国的优势地位，扶植和推动日本侵华势力的扩张发挥了极为重要的作用。目前中外学界对这一问题虽有所研究，但多从政治、经济等角度分析，而能以传媒为本位，从中日舆论势力角逐的视角，分析和研究满铁及其新闻势力在华渗透的研究成果尚不多见。② 近年来笔者在从事伪满新闻史研究过程中陆续

---

* 本文原载于《现代传播》（中国传媒大学学报）2015 年第 11 期，有修改。

② 近年来日本侵华新闻史研究正成为新闻史研究的热点。在国外尤其是日本对于有关战前满铁在中国东北的新闻活动的研究，主要有李相哲的《满州における日本人经营新闻の歴史》、日本学者中下正治的《新闻にみる日中関系史-中国の日本人经营纸》。这些研究对日本人在东北办报的发端和渐进过程进行了叙述。此外，研究满铁与东北广播业关系的有贵志俊彦编著的《战争、广播、记忆》、川岛真著的《广播与战争——东亚广播战及伪满的广播政策》等。战后日本学界编著的《满洲的日本人》《近代日本对满洲的投资研究》等著作也对日本在中国的舆论扩张活动有所涉。国内研究这一问题的著作有黑龙江报业集团编辑的《东北新闻史》、周佳荣著的《近代日人在华报业活动》等，这些著述对于厘清日本在东北的新闻殖民活动过程，揭露日本在华新闻经营的侵略等做出了重要贡献。但这些多侧重于对历史过程的宏观叙述，且研究资料大多利用已有的历史资料，相互转载，以讹传讹的错误之处甚多。

发现并整理了一些与中日新闻传播史有关的满铁档案[①]，这些档案真切反映了满铁在华从事新闻舆论扩张的具体活动，呈现了其收购扶持日本报业势力，打压中国报刊的历史细节，从而为我们分析九一八事变前日本在东北新闻强势地位的构建及其影响，理解日本轻易独占东北并实施长达14年的殖民统治提供了新的认识。

一、满铁强力扶植日本报人和报刊势力操控东北舆论

九一八事变前，日本在中国的报业活动是在"满铁"的主导之下进行的，随着日本大量国民移民中国东北，日本在中国东北创办报纸的数量及规模的飞速增长，满铁对日本报刊的扶植与控制主要通过出资兴办御用报纸、收购日本"独立"报纸、贿赂报人等方式实现。

（一）满铁直接出资扶持兴办"御用"报纸

满铁在中国创办的规模最大的报纸是《满洲日日新闻》。该报 1907 年创刊于大连，在旅顺、奉天（沈阳）、抚顺、安东（丹东）、哈尔滨、营口、长春、鞍山、东京、大阪、汉城（首尔）均设有分社。该报"由满铁会社总裁后藤男爵提倡"，是满铁在"满洲开发的机关报"。该报除发行日文版外还有英文版。满铁对该报的经营极为看重，投入巨资决心将其打造成为"具有巨大势力的理想报纸"。截止到 1935 年该报已拥有资金 50 万日元。《满洲日日新闻》的董事、社长及员工均由满铁一手任命。"会社业务分为新闻、印刷两部分"。因为资金充裕，设备优越，其印刷业务"成为人所公认的满洲印刷界的权威"。《满洲日日新闻》首任社长为由森山守次，并聘任与满铁和日本占领军关系密切的高柳保太郎将军出任顾问。在满铁的资助下，该报"会社业务立即隆盛起来"，成为每日早刊 4 页、晚刊 8 页，"内容特别充实的满洲唯一的大报纸"。[②]

满铁还以《满洲日日新闻》英文栏目为基础，创办了该报的英文版。在满铁理事犬

---

① 满铁自 1906 年设立后，组建了庞大的调查机构，在其后 40 年的情报搜集活动中，积累了数十万件调查报告和档案文书，形成了规模宏大、包罗万象的满铁档案资料。这些资料反映了日本侵占中国的政治、社会、经济、文化的各种状况，是揭露日本侵华罪行的有力证据。从新闻传播史研究专业角度而言，满铁档案尚保存了大量中日近代新闻史的资料。在笔者搜集的满铁档案中有关新闻的史料大体可以分为三类：一为满铁对中国新闻业的调查资料。如 1926—1935 年满铁先后完成《满洲言论机关现势》和《满洲新闻通信调查》等调查报告，对中国境内报刊的资本、运营和政治倾向进行过详细调查。二为满铁所属出版机构出版的图书著作，如《满铁王国》《满洲开发四十年》。三为满铁保留下来的文书、契约、电稿等官方及个人文书中有关新闻的史料，有些以《满铁史资料》《满铁档案资料汇编》结集出版。此外，日本亚洲历史资料中心公开的档案资料中也有大量有关日本在华新闻活动，满铁及日本外务省对华报刊进行资助、调查和舆论操纵的资料，可与满铁档案相互印证。毫无疑问，作为日方档案其对于研究中日新闻史、伪满新闻史和日本侵华新闻史都具有极为重要的史料价值。但因该档案卷帙浩繁且大量资料散佚严重，故专门以满铁档案为史料系统研究日本侵华新闻史的成果尚付阙如。

② 《满铁王国》，大陆出版协会，昭和二年，第 131-133 页。

冢信太郎和总裁中村的提名下,任命滨村善吉担任该报总编。与《满洲日日新闻》一样该报的资金来源亦由满铁提供,在一份现存档案中显示:

> 提供的保证金 1000 日元是由满铁会社领取的现金,因为可以享受利息收益而于几年前换为公债券,其差额和利息用作购置社员公共文娱、网球、冰鞋等运动用具,或用作下级社员生病等意外情况的借款,此款通过正金银行往来存款账户办理。其后由满洲日日新闻社向满铁会社请求每月亏损额的补助。①

尽管《满洲日日新闻》英文版经营不佳,但仍能从满铁机构中支取经营经费,其利息甚至可以用于维持该报社成员的福利消费。英文版的各项事务几乎均由满铁包办。据总裁滨村回忆,该报的英文社论如要刊发首先要征得满铁董事会的同意。这类稿件通常由滨村起草完毕后,翌日晨经满铁高层犬冢信太郎理事亲自审阅,方能发行。该报曾因报道"天皇御影"不慎,被殖民当局处以停发三天的处罚,此间该报负责人"曾向犬冢理事提出请求,在停发期间改换报头重新发行英文版",而满铁则答复称"不宜更换报头"。满铁对该报决策拥有绝对的控制权。截止到 20 世纪 20 年代末,在满铁主导之下《满洲日日新闻》先后九次改组,累计接受满铁投资近 75 万日元,终于成为"不仅在全满洲是一流,即使在日本国内新闻界也屈指可数"②的实力雄厚的大型日文报纸。

(二)收购、兼并和改组日本在华"独立"报刊

满铁并不满足于其在"南满"地区日文报界舆论优势地位。它的目标是要将满铁的舆论势力伸向整个东北亚地区。满铁长期觊觎在华文报界拥有一席之地的《盛京时报》,想借此进一步扩大对中国民众的影响。《盛京时报》是日本在华"新闻界元老中岛真雄所创办的"一份老牌中文报刊,该报 1906 年 10 月创办于奉天,至 1944 年停办,经营长达近 40 年。日本对该报在华舆论作用十分重视,评价该报:

> 事业日益走向发展,不仅在满蒙言论界俨然独具权威,而且在中国中外人经营的中文报纸中也诚为白眉(笔者注:"白眉"即同类中出类拔萃者),例如其发行份数常与上海《申报》争一二。该社于大正 14 年间改组为资本 35

---

① 解学诗主编:《满铁档案资料汇编(第十三卷):满铁附属地与"九一八"事变》,社会科学文献出版社 2011 年版,第 419 页。
② 井上谦三郎编:《大连市史》,大连市役所,1934 年,第 764 页。

万日元全部实缴的株式会社之后,基础更加日益巩固而牢不可破。①

作为日本在东北创办的影响力最大的中文报纸,《盛京时报》始终标榜独立,因敢于批评中国政局而在东北知识分子中颇具人望。但到 20 世纪 20 年代末,随着中岛真雄年事已高,加之其在五卅运动中偏袒日方的言论,从而遭到了中国社会各界普遍抵制,经营逐渐陷入困境。为了维持这一日本传统报刊的经营,日本"外务省再三求救于满铁",希望由满铁出面对该报施以援手,提供资金上的援助。在满铁的补助下,《盛京时报》"收支逐渐达到平衡",暂时渡过难关。随后又借助直奉战争的报道,实现了报纸"中兴",20 年代中后期,该报发行量"一跃达 1.7 万余份",从而为后续的发展"奠定巩固基础"。

1925 年中岛真雄因年事已高萌生退意,拟将该报出售,满铁遂积极出面组织对该报的收购改组。在满铁对《盛京时报》的改组计划书中显示,满铁打算以 35 万日元的估价,一次性买断该报的"全部财产和发行权",将其改造为株式会社。其中满铁出资 20 万,日本外务省投资 5 万,这笔收购费用一部分用于该报所欠债务,一部分则用于"偿付该社全部财产及发行权而交付中岛真雄"。② 改组后的《盛京时报》,今后因经营所发生的一切亏损全部由满铁负担。对于该报的经营,满铁委托其旗下《大北新报》③代为管理。为此满铁评价道:"哈尔滨《大北新报》抱着每年亏损 1.6 万日元的决心进行经营,从国策观点来看应该得到称赞。"④

需要特别注意的事,在《盛京时报》的收购过程中,日本外务省原计划认股 5 万日元,但因担心"如以外务省或与外务省有关者为名义人,均可能引起中国当局之怀疑",故提出"拟在外务省负担股票钱款上的权利义务的条件下,最好将我部股票以贵社名义处理"⑤,实际上是通过满铁以企业兼并的名义淡化该报收购的政治色彩。

1925 年满铁最终以 23.5 万元收购《盛京时报》,成为出资该报的第一大股东。⑥档案显示,满铁收购《盛京时报》之后,得到了多种形式的资金援助。在《盛京时报》社昭和六年度(1931)决算监查报告中显示:

> 我社由于近几年来屡遭中国官宪压迫,发行份数逐渐减少,本报销售收入也因受银价暴落的影响而事业衰退,连年相继亏损。至昭和四年度之亏损额,经我社恳请满铁的结果,已全部给以补贴,并从昭和五年度起由满铁每月

---

① 菊池秋四郎:《奉天二十年史》,奉天二十年史刊行会,1925 年,第 159-160 页。
② 满铁档案,《满铁理监事会决裁》,社文庶 24 第 15 之 210 号,1925 年 3 月 16 日。
③ 编者注:《大北新报》是《盛京时报》的姊妹报,1922 年 10 月创办,时为"北满"最大汉文报。
④ 满铁档案,甲种,大正十四至昭和三年,总体,文书,产业,他会社,盛京时报社,第 15 册之 11,2 号。
⑤ 满铁档案,甲种,大正十四至昭和三年,总体,文书,产业,他会社,盛京时报社,第 15 册之 11,2 号。
⑥ 满铁档案,甲种,昭和六至七年,总体,监理,关系会社监理,盛京时报社,第 114 册之 2,1 号。

给予补助金 2000 日元。但仍因上述原因不仅事业恶化,而且至本年上半年为止,昭和五年度及六年上半年亏损额又累计达 22050.15 日元,不但经营资金枯竭、用品费无着,甚至连工资都要经常拖欠,当时恳请满铁于 10 月 6 日借给资金 15000 日元,另外,10 月 4 日即将到期的满铁借款 4500 日元,也同意延期并计入上述资金。我社董监事等从 9 月份起已降低董监事报酬,并从 10 月份以后减发社员工资一成,此外其他一般费用的开支也极力节俭,如交际费即由董监事自行负责。①

正是在满铁雄厚的资金奥援之下,以《盛京时报》为代表的日本在华报刊才得以渡过各种经营危机,维系其发行,而满铁对旗下报刊的资金援助往往不计成本和回报,其目的就是维持日报在东北舆论中的主导权。

(三)收买和贿赂日本"独立"报人扩张舆论势力

除收购报纸外,满铁还拨出大量经费,打着各种拨款、津贴的名义资助日本报人,进而实现对整个报刊的控制。在满铁档案中保存了大量日本报人接受满铁的津贴随后将报纸拱手相让的事例。如《哈尔滨日日新闻》是 1922 年《北满洲》《西伯利亚新闻》和《哈尔滨新闻》三家日文报纸合并后的独立报纸,其第一任社长为儿玉右二。该报立足俄国控制的"北满"地区,其言论相较于日本控制的"南满"地区,具有更为强烈的独立倾向。为了能在"北满"地区拥有一张属于满铁的报纸,满铁不惜拿出大量资金,持续不断地对该报给予资金投入。详见表 1。

表 1　满铁对《哈尔滨日日新闻》的资金补助②

时间	补助金额	补助名义	补助形式
大正十一年度(1921)	每月 50 日元	无	无
大正十二年 12 月(1922)	免除贷款利息中的 1000 日元	与广告费相抵	无
大正十三年 1 月—6 月(1923)	每月补助 350 日元,支付广告费 2000 日元	补助金及广告费	现款及贷款利息抵广告费
大正十三年 1 月(1924)	付给 2500 日元补助金	补助金	现款
大正十四年度(1925)	付给 300 日元	补助金	现款
大正十五年 1 月(1926)	付给 1000 日元	补助金	现款
大正十五年 6 月(1927)	付给 500 日元	补助金	现款

---

① 满铁档案,甲种,昭和六至七年,总体,监理,关系会社监理,盛京时报社,第 114 册之 2,1 号。
② 满铁档案,甲种,昭和二至三年,总体,文书,产业,他会社,第 2 册,1 号。

1925 年五卅运动爆发后,哈尔滨掀起抵制日货运动,该报经营陷入经营困境。为此,儿玉右二被迫向满铁大藏理事求援,"请求每月拨付补助金 1000 元和铅字购置费 4700 元,并言明以遵照满铁意见决定该报一切报道内容为条件"。满铁立刻抓住这一控制该报的难得契机,决定乘人之危,控制该报。在满铁哈尔滨事务所长古泽幸吉致松冈理事函中这样称:

> 从我方来说,因时局关系充实此地日文报纸,不单是为本社,且从国家方面来看亦系当务之急,故无妨大体同意其请求。

满铁同时游说"儿玉右二与该社断绝关系",在满铁内部的通信中显示,儿玉对此有所踯躅,希望将该报转给日本"留民会"等民间组织经营,并不愿将该报出让给满铁,但满铁高层则势在必得,动用各种关系对儿玉开展工作。满铁高层的通信显示,日本对该报的收购情报极为重视,利用其庞大的人脉关系探听其动向:

> 从矶部检三处闻知,作为儿玉右二与矶部检三两人的意见,他们愿将所有持股全部转归哈尔滨居留民会,之后同该社断绝一切关系。根据上述情况,作为儿玉右二代理人之有久胜平为该社所进行的种种策划,显然未同儿玉右二充分交换意见,结果使我方在对有久胜平的要求的处理上,有所踌躇。为此,望能确切了解阁下与儿玉右二的交谈情况。再者,无论如何,我认为本社以儿玉右二名义贷给的 3 万元,应趁此时机将利息一并计入,换成该社股票,变更为本社名义,全部结清,最为重要。①

对于满铁重金收购计划,儿玉则游走于各个势力之间,待价而沽。满铁高层内部通信中显示:

> 据我方所获情报,儿玉右二通过田中大将正在交涉将《哈尔滨日日新闻》售与张作霖,町野(张作霖日本顾问)答称,权利财产共 3 万日元即可成交,因价格关系,尚未谈定。②

实际上这是儿玉的一种策略,意图以此来要挟满铁用更高的价格收购该报,获取利益最大化。1926 年满铁如愿收购《哈尔滨日日新闻》。在同儿玉右二签订的合同中这样规定:满铁以 5 万日元收购儿玉右二及其同僚在该报的全部股份共计 6595 股,同

---

① 满铁档案,甲种,昭和二至三年,总体,史书,他会社,第 2 册,1 号。
② 满铁档案,《满铁东京支社次长致大藏理事电》,甲种,昭和二至三年,总体,文书,他会社,第 2 册,1 号。

时儿玉右二辞去该报社长等职,考虑到儿玉对"在报纸经营上功劳颇多",满铁废除此前该报所欠的 3 万日元债务,同时任命出身满铁系统的大河原厚仁为新董事。①

借助于类似的收买和并购,满铁无疑已经成为东北报业的垄断巨头,成为各家报业背后的无冕之王。据资料显示,1936 年 4 月伪满洲国为进行言论统制而设立"满洲弘报协会",满铁投资的报刊即占去了该协会全部报刊资本的 23%,在最初加盟的 7 家报纸中,有 5 家隶属于满铁系统。该协会第一届理事长也由长期掌管满铁宣传舆论机关的高柳保太郎担任,充分印证了满铁对于东北报业具有绝对的掌控能力和发展优势。②

二、重金收买中国报人或华文报纸

收买中国报刊及报人是满铁控制东北舆论的又一重要方式。由于汉文报刊在文化及语言方面更易为国人接受且影响更大,故如何控制和引导汉文报纸及其舆论是满铁所面临的难题。九一八事变前,满铁的舆论控制能力主要在满铁沿线及其附属地。以哈尔滨为中心的"北满"地区,日本统治势力鞭长莫及,尚难以实现对整个东北新闻业的全面掌控。为改变这一面貌,满铁利用其雄厚的财力大肆收买中国报人,遏制中国报业的抗日言论,实现为满铁所用的目的。

从现存 1925 年满铁高层对哈尔滨满铁事务所长有关收买中文报纸的请示信函中可知,满铁对东北地区国人报纸的情报掌握极为全面和准确,对各报的收买价格已成竹在胸:

> 操纵贵地中文报纸问题,根据大藏理事的意见,认为《国际协报》按照贵职提出的款额决不能达到我方的要求;对于《松江日报》,大概不必投入如申请那样多的金额;但关于利用《华东通信》,据称有充分考虑的余地。③

在收购资金的分配及报刊利用程度上,满铁亦能根据局势的变化,分化瓦解,乘虚而入,灵活制定活动策略,依据中文报刊的经营状况、对日倾向及言论影响力综合考虑对中文报刊的收买策略,注重收买资金的使用效率。在一份对《东三省商报》的收买信函中,满铁高层指出:

---

① 满铁档案,《满铁社长安广伴一郎与哈尔滨日日新闻社长儿玉右二契约书》,1926 年 10 月 28 日,甲种,昭和二至三年,总体,文书,产业,他会社,第 2 册,1 号。
② 解学诗主编:《满铁档案资料汇编(第十三卷):满铁附属地与"九一八"事变》,社会科学文献出版社 2011 年版,第 426 页。
③ 满铁档案,满铁哈尔滨事务所长致文书课长函,1925 年 4 月 8 日,哈庶 25 第 1-2 号。

《东三省商报》：关于本报业经费方批准，每月支出 300 日元，所以也许再无必要重新说明。为了慎重，再赘述如下：该社社长叶元宰作为特别区警察总管理处咨议，每月从该处领取津贴，但他似乎与中东管理局无特别关系。所以，本社为了积极利用这一报纸，约定每月支给 300 日元。这是叶元宰①和佐佐木参事直接商定的。敝人认为这一数目还算便宜。货物课长曾来信感到款额是否有些稍多。但在不能满足我方要求时，拟随时取消前约。

对于拒绝收买的中国报人，满铁则毫无根据地进行各种污蔑和栽赃。例如对于东北地区具有爱国传统和民族色彩的《国际协报》②及其创办人张复生③，满铁可谓恨之入骨：

《国际协报》：该社社长张复生是个心术非常不正的人，以前从日本方面、中国方面、俄国方面都得到很多款额。简单说是个软硬不吃很难斗的人。对满铁来说，也是一个最不易对付的新闻记者。

《国际协报》是东北地区汉文报纸中的翘楚，该报以抗日言论而闻名，为日本侵略势力所忌恨。为让其实现舆论的转向，哈尔滨满铁负责人向满铁高层请示拟用重金收买，均未能得逞，但是满铁并未动摇，时刻关注着该报和张复生的动向，伺机而动。1925 年张在经营中遇到困难，生活拮据，满铁迅速抓住这一时机，向张提出资助要求：

对于该报，过去完全无懈可击（笔者注：指曾经收买该报未能得逞一事）。不过，最近发觉张复生在生活费上产生了问题，故感到不应失掉这一

---

① 叶元宰（1886—?），号轻帆，广东省新会县（江门新会区旧称）人。为中国南洋兄弟烟草公司职员。1921 年 12 月 1 日，他在哈尔滨道外十五道街创办民办大型日报《东三省商报》，任社长兼发行人。办报经费即由公司在哈经销机构提供现大洋 7000 元。第一版经常刊载公司所产香烟广告，因此该报当时被人称为南洋兄弟烟草公司的广告报。"九一八"后出兑给张子淦。该报 1933 年停刊。

② 《国际协报》1918 年创刊于哈尔滨，创办人为张复生。20 世纪 20—30 年代该报发行量居哈埠中文报纸之首。1937 年因抗日言论被日本关东军哈尔滨特务机关强令终刊。《国际协报》办报宗旨是"志在扶持正义，促进和平"。其作为东北地区社会影响最大的一家民办报纸，造就了以萧红为代表的左翼东北作家群。

③ 张复生（1887—1953），原名张涛。山东省掖县（莱州市旧称）人。清朝末年，因参加革命党，曾下狱两年。1909 年在北京任上海《新申报》特约记者。民国成立后来东北，在沈阳主办《简报》和《亚洲日报》。后到日本人主办的《盛京时报》和大连《泰东日报》做编辑。1916 年应《大东日报》之聘，充该报总编辑。鉴于日俄在东北势力日涨，该报不足有为，决定创办《国际协报》。1920 年春，他将该报第二版改为《俄文日报》。1926 年，当选为第一次由国人组成的哈尔滨市自治会估捐委员和参事员。在"五卅"等爱国运动中，发布反对日本侵华的报道，使《国际协报》在读者中赢得了声誉，发行量增加了一倍多。他文笔畅达，立论卓拔，经常撰写时事评论，受到中外人士瞩目。

机会,马上与其进行了交涉,结果于 4 月 2 日得到了对方慨然应允。因此,从 4 月以后,请每月支出 200 日元。当然,这只能做到使其停止攻击满铁的程度,要想积极利用这一报纸,这笔款额尚感不足。总之,既然已将该报拉拢到手,所以增加款额一事,也可在大藏理事来哈时决定。敝人准备采取渐进办法。再者,值得考虑的是,我认为只说服张复生一人还是不够的,对吴总编辑、池编辑也需要给予一定的甜头,关于这一问题目前正在研究。

从这则档案中可见,即使《国际协报》这样著名的抗日报刊在面临经营困境之时,未能彻底抵御满铁金钱收买,承诺"停止攻击满铁"。可见满铁在收买中国报人上具有相当的腐蚀性和渗透力。

对于已有政治背景或政治势力作为奥援的报纸,满铁则拿出更高的价码和收买力度使其在反日言论中保持沉默甚至倒戈,在一份满铁高层收买《松江日报》的信函中有这样的判断和指示:

> 《松江日报》:如贵职所知,该报是张学良的机关报,所需经费由其支付。该社长郭大鸣是郭松龄的亲弟弟。关于从满铁接受补助一事,郭大鸣本人非常踌躇,在报馆内召开会议,已向吉林发甬与他哥哥商量。再者,该报总编辑杨墨宣每月从中东管理局领取津贴,我认为我方也必须拿出 200 日元左右,否则很难使其沉默。同该社的交涉正在进行,尚未做出决定。

《松江日报》是由奉军将领郭松龄之弟郭大鸣于 1923 年创办的商业报纸。该报标榜"超然独立,无党无系,不偏不倚,以稳健远大之言论,中正和平之主张,而启迪国家,振导社会为唯一宗旨",但实际却与张学良、郭松龄等奉系少壮派有着密切联系,其经费也由奉系资助,实际是奉系少壮派在"北满"地区的机关报。该报常常代表奉系抨击直系军阀,并在文章中公开出现"我奉"字样,充分表明了鲜明的政治态度和倾向。对于这样一份资金充裕的报纸,满铁决定提供不会低于奉系的资金援助,以换得其在涉日言论中保持沉默。

而对于名不见经传且有一定上升空间的无名小报,满铁也力求绝不遗漏,倾力收买。满铁哈尔滨事务长的信函中对哈尔滨的一份名为《华东通讯》的小报这样评价:

> 哈尔滨有《哈尔滨通讯》《华俄通讯》《华东通讯》等。其中,《华东通讯》最为有力,所以已着手进行,准备将该报拉拢到手,以散布宣传材料。过去《华东通讯》每月从行政长官公署领取 500 日元津贴,社长瞿绍伊现任警察管理处的科长,每月领取薪俸。因为最近取消了上述 500 日元津贴,所以

正为弥补其收入而煞费苦心。发现这种情况后,马上就开始与其进行交涉,能否允诺尚未答复。本人酌量大藏理事的意见,可能还要进一步积极利用,有必要尽快与其搭上关系,至于增加款额和加强利用该报,我想随时都可以变更。①

《华东通讯》是哈尔滨一位地方警察所办的一份小报,尽管名气不大,但因为与其他小报相比尚显"最为有力",故满铁决定"增加款额和加强利用该报"。

三、控制广告投放,侵蚀中国报业

满铁收买报人的另外一种方式就是利用广告费、排版费的投放达到控制言论的目的。这种方式因为其形式更隐蔽,所以颇受满铁和被收买报人的欢迎。"九一八"前满铁俨然已成为东北地区报纸商业广告中间商。它要求旗下及日本企业缴纳一定数额的广告费,转用于在中文报刊上刊登广告的费用,差额部分由满铁提供补助。

1928年满铁奉天公所长曾向满铁总部申请,"除在奉天中国报纸的既定收买费外,从11月以后,每月可再对各社增加重新排版费20日元"。这一建议很快得到满铁同意。但是明确要求:"收买后的成绩极为良好,经常以'如果登载不利于日本人的论调,会妨碍从日本人那里招募广告,难以继续订立版面契约'为借口,牵制了各报论调。"②

满铁在中国报纸上投放广告通常不签长期合同,最多"将同一广告连载一个月",以便观察效果及时调整对策。由于满铁的特殊身份不便直接招揽广告,这一工作通常由奉天中日文化协会的都甲文雄负责具体实施招募日本企业在中文报刊上投放广告,满铁甚至规定"对于以劝募广告费的二成作为都甲文雄的报酬"。在满铁档案中明确记载了满铁对于中文报刊所制定的广告费用:

《东三省公报》:整版320日元;1/2版160日元;1/4版80日元。

《东三省民报》:同上。

《醒时报》:整版200日元;1/2版100日元;1/4版50日元。

《新亚日报》:同上。③

---

① 解学诗主编:《满铁档案资料汇编(第十三卷):满铁附属地与"九一八"事变》,社会科学文献出版社2011年版,第429页。

② 满铁档案,甲种,总体,文书,庶务,补助寄附,第1特册之73。

③ 满铁档案,甲种,总体,文书,补助寄附,第1特册之85,1号。

满铁利用广告扼杀中国报人的抗日言论十分灵活和娴熟,一旦发现收买报纸不顺从其意志即动用经济手段加以限制。九一八事变前,满铁对奉天部分中文报刊的抗日言论颇为不满,遂决定"停止《醒时报》[①]的广告,改由《东亚日报》[②]刊登广告"。对这一决定满铁解释道:

> 《醒时报》于辽宁省党部成立同时,经吴铁城斡旋,成为国民党中央党部机关报,每月可得300元大洋补助,因而立即刊载了排日报道,每事均攻击日本,且社长还夸口称:实际上想拒绝刊登日本广告。该报既已成为国民党机关报,因使命关系而表现为这种态度,乃必然趋势,因而再以广告费进行操纵已全然无益,且已并无可能。为此,今后停止在该报刊登广告,拟利用此项经费在《东亚日报》上刊登广告,该报完全属于个人经营,未接受任何补助,发行量较《醒时报》多一倍。[③]

奉天满铁负责人还附上了对《东亚日报》的详细调查。并特意指出"《东亚日报》社长目前正积极活动招募广告,故预料易于对该报进行操纵"。

奉天满铁的一份广告账目中显示,1928年12月当月满铁奉天公所在中文报刊投放广告的费用为800日元,但日本企业支付给满铁的广告费仅为465日元,广告月亏损达216日元。但满铁出于其侵略目的仍然不断在日企中"劝募广告费",为提高广告栏目的利用率,满铁提出在广告栏中如有"余白或情报课认为必要时,可适当刊载情报课编写的宣传稿"[④]。可见,满铁对于广告费的投入及使用,具有明确的目的性和指向性。满铁根据时政形势的需要、舆论影响、收买难度,不断调整对策和广告费的投入,间接实现对华文报业的控制目的。总之,满铁利用广告达到了一箭双雕的目的:一方面垄断了"南满"地区日本企业在中文报纸投放广告的业务,另一方面亦可借此控制中文报刊的舆论导向。

四、满铁操纵东北报业的特点及国人的反抗与抵制

从满铁创办之初到抗战胜利,满铁控制中国报业的活动长达近40年。其活动时

---

① 《醒时报》:中文报纸,由张兰友创办于奉天,是民国后期"满洲国通讯社"控制下的报纸。参见周佳荣:《近代日人在华报业活动》,岳麓书社2012年版,第222页。
② 《东亚日报》:1926年3月士绅丁袖东私人创办于奉天的中文报刊,编辑有陈言等。原有观点认为该报"报刊的政治方向模糊,很少发表社论"。但满铁档案显示20世纪30年代日本有意在该报投放广告以影响其政治倾向,见《沈阳文史资料》(第13辑),政协沈阳市委员会文史资料研究委员会编,第125页。
③ 满铁档案,甲种,总体,文书,补助寄附,第1特册之85,1号。
④ 满铁档案,甲种,总体,文书,补助寄附,第1特册之85,1号。

间之长、规模之大在日本在华殖民机构中绝无仅有。与日本对华军事侵略不同,满铁对中国新闻舆论的操纵呈现出鲜明的特征:

首先,满铁对中国报业的控制极具隐蔽性。满铁作为有特殊利益的"株式会社",以企业的面目出现在中国,打着"调查"的名义,摸清东北报业的基本状况,借助其庞大的人脉网络与资金实力,搜集中国报业的各种情报,在适当时机以津贴、资助或广告费的名义利用金钱腐蚀和收买报人。在操作中,其活动均有满铁高层直接指示,实施过程中则竭力避免由满铁直接出面,借以蒙蔽世人。满铁支付给中文报刊的所谓"广告费",均由"正金"和"鲜银"等商业机构名义支付,将收买行为伪装成银行的商业行为。另外广告费的投入满铁也不直接出面,多借助"文化机构"负责具体实施。如在奉天满铁广告业务全部由"满蒙文化协会"负责,联络则招募汉奸具体实施。在一则奉天满铁负责人镰田弥助给情报课长的信函中显示,满铁拟招募两名中国人为"中文报纸联络"之用,"其中张景云是日本仔调查奉天使用过的人,而余成烈则是长期做过调查工作的人"。[①]

其次,满铁对中日报业控制具备独占性特点。与西方报业垄断经营不同,满铁对报业的控制与垄断不是以获得经济利益为根本目的,而是依据其言论趋向和以国家宣传为目的的政策性行为。以满铁经营的东北报纸为例,其所投资、经营的报纸在责任位置上的划分为:照看其他的报纸;在统一国家舆论上统一报纸,达到受到人们欢迎的程度;要倒闭的报纸,具有强大经济实力的"满铁"必须要救助。[②] 满铁对中日报业的收购与其说是商业行为不如说是履行日本的"国家责任"。对于旗下报纸,满铁决定了这些报纸的经营方针、人事任命和言论趋向,位居整个殖民主义宣传体系的核心位置。

最后,从对报业控制目的和效果而言,满铁对东北报业的管控具有极强的侵略性。满铁实施收买行为时明确提出:"如果登载不利于日本人的论调,会妨碍从日本人那里招募广告,难以继续订立版面契约。"满铁对其对东北报业的收买效果十分满意,多次强调"收买后的成绩极为良好"。在侵华进程中,满铁的宣传论调与日本的侵略步伐紧紧相随,鼓动宣传,不遗余力。满铁宣传殖民文化,开展殖民动员,为日本殖民统治与扩张服务,因此成为日本大力扶持的殖民机构。

面对日本咄咄逼人的新闻侵略,中国报人对其殖民属性与侵略特征有着清醒的认识,并试图对日本在东北报刊的扩张展开反制。如 1923 年奉天地方政府针对《盛京时报》在五卅运动中的言论,采取禁止投递的措施。在其启事中写道:

> 查本城发刊之《盛京时报》,常有淆惑听闻之记事,于社会上之安宁,影响
> 殊匪浅鲜,迭经商准贵总领事严重告诫,饬令细加标点。乃该报社依然如故,

---

① 满铁档案,甲种,总体,文书,补助寄附,第 1 特册之 85,1 号。
② 谷胜军:《满洲日日新闻研究》,博士学位论文,东北师范大学,2014 年,第 32 页。

迄未悔改,近日以来,益复变本加厉,不察虚实,对于时局之记载及个人之消息,恒以捕风捉影之谈,作充塞篇幅之资,甚或挑拨是非,离间感情。似此扰乱听闻,不但地方秩序,必将为所破坏,即贵我两国之亲善,亦将为所妨害。为维持地方治安并消除亲善之上之障碍起见,已暂令各派报所,不得配送该项报纸,聊资取缔。因恐贵方有所误会,用特专函奉达,即希贵总领事查照为荷。①

奉天政府打着维护中日关系的"初衷",禁止派报所邮递该报,迫使《盛京时报》陷入困境。《盛京时报》承认"我社由于近几年来屡遭中国官宪压迫,发行份数逐渐减少"。而满铁的另一则材料则显示,1929 年 8 月,国民党辽宁国民外交协会因日报在中东路事件中的报道也曾刊登《停阅日文报刊启事》:

日本在东省刊行各报,俱为侵略工具,乘机造谣,扰乱社会秩序,用意恶毒,殊堪痛恨。近因中俄问题发生,立论尤为狂谬。倘不力图抵制,前途何堪设想! 拟恳贵处即日停阅,以维大局,不胜盼祷之至。②

这些措施尽管在一定程度上和范围内打击了日本在华报刊的嚣张气焰,却难以从根本上撼动日本在中国东北新闻舆论中的统治地位,最终随着舆论风潮和反日运动的退热而恢复常态。

结 语

满铁以军事为后援,以雄厚资本实力为手段,扶持日本报业势力扩张,对中国报业进行收买、分化、侵蚀和瓦解,逐步确立了日本在东北舆论的优势地位。面对日本的金钱收买中国报人或者是出于维持经营的权宜之计或者是为利益所惑,鲜有在满铁的银弹攻势下全身而退者。事实证明,中日报业势力的角逐,从未有过公平的竞争环境,日本报人和报纸也绝不如其标榜的那样坚持所谓"独立"和"客观"的态度。在满铁的操纵控制下东北舆论万马齐喑,有人评价当时东北报纸,"除暴露我民族弱点外,几无一家报纸可以负指导社会之责任"③。这些报纸面对日本的侵略,丧失民族气节,在言论上"麻木不仁","默然视之",难怪有国内报人诘问:"东北报纸在此日人咄咄逼人之下,

---

① 东北档案馆,《奉天交涉员署档案》,4105 号。
② 东北档案馆,《沈阳县公署档案》,2515 号。
③ 《日人文化侵略下之东北新闻事业——王中致四川报业函》,《记者周报》1931 年第 1 期,第 62 页。

安然无事,宁不可怪?"①在这种报纸言论氛围下,东北民众思想混乱,民心动荡,中国政府赖以维系的统治基础岌岌可危。概括而言,抗战前满铁经过 20 多年的苦心经营,最终促成了日本独霸东北舆论的强势地位。九一八事变后,东北迅速沦于敌手,日本在此实行了长达 14 年的殖民统治,中国报业在新闻舆论角逐中的失败,成为其中不可忽视的社会因素之一。

---

① 《日人文化侵略下之东北新闻事业(续)——王中致四川报业函》,《记者周报》1931 年第 1 期,第 66 页。

"舆论干政"：
《申报》与同光之际的西征新疆举债 *

刘增合

（暨南大学文学院历史系）

摘要:光绪初年,左宗棠开始统率湘军平定新疆叛乱。在此前后,英国驻华公使基于该国远东利益考虑,频频筹谋维护阿古柏政权的存在。为捍卫英国利益,在华英文媒介不断刊文,既反对左宗棠西征行动,呼吁保持新疆反叛势力独立,又干预西征借款的举动。英人创办的中文报纸《申报》紧随其后,或刊发社论,或转载英文报纸社论,刊载西人提供的虚实相间的战况消息,起到辅助和帮腔的作用。解读该报这一时期的编辑行为和办报理念,若不内窥各类牵制因素,单纯依赖该报自我暴白,极易陷入隔靴搔痒的境地,所谓"文人论政""不党不私"等定位,亦不免堕入罗生门陷阱。

关键词:《申报》;左宗棠;西征;外债

"士人论政""文人论政""知识分子论政"是近代新闻传媒研究中,学人经常使用的中性概念。具体到光绪初叶的左宗棠统军西征大业,初创时期的《申报》空前重视,刊载了数量较多的新闻和评论;左氏筹谋举借外款以支持西征战事,该报配发系列战事报道,更费心研撰一系列负面评论,冀能影响清廷决策。学界此前研究该问题时,"文人论政""士人论政""敢于直言""不党不私""有闻必录"之类的定位和判断表面上似可成立;①唯相关研究,忽略英国对新疆的觊觎和舆论安排,舍弃英国驻华公使威妥玛因滇案而蛮横拒借英款,更撇开楚淮分野、军饷对立的格局,单纯瞩目于秀才论政一途,尚不可能完整揭出士人论政曲径通幽的底蕴,左氏愤激之下,批评该报"张西汕中""把

---

* 本文原载于《新闻与传播研究》2015 年第 7 期,有修改。

① 丁伟:《〈申报〉左宗棠西征新疆报道研究》,硕士学位论文,浙江大学,2014 年,第 23、26-27 页;卢宁《早期〈申报〉新闻传播策略初探》,《编辑之友》2013 年第 4 期,第 114-115 页。

持国政",①倒是切合时政要害。②《申报》主笔行为究竟是"论政"还是"干政",甚至"乱政",这涉及国家征讨外敌叛乱的要政,只有深入时境深处,关联多方纠葛,方可解读这段《申报》初创时期秀才主笔干预清廷重大决策的历史实相。

一、英人觊觎新疆与《申报》舆论辅助

同光之际,《申报》的华人主笔或许不知,左宗棠西征前后,新疆以及疆外地区,正处于英俄两国的"大角逐"时期,③英国驻华公使威妥玛为搜集新疆情报,工作之余,瞄准了中国研究西域比较有影响的祁韵士、徐松、松筠、苏尔德等人关于新疆问题的论著;④侵入中国新疆的阿古柏势力,成为英俄争霸的关键牵制力量。俄国猜忌阿古柏的动向,1871年俄军占领伊犁,抵制英、阿双方结盟。此后,俄、阿关系日趋恶化,阿古柏自恃与英结盟,拒不理睬俄国的劝诱,使俄国大为怨愤。土耳其斯坦总督考夫曼调集军队,力主伐阿,只是由于英国间谍策动浩罕的反俄变乱而不得不中止。⑤

防备俄国侵占新疆并威胁阿富汗和英属印度,这是英国决策的基本动机。"把喀什噶尔从中国分离出来,把阿古柏政权变为英国长久的保护国,可利用它去反对俄国,堵塞俄国的贸易和影响扩大到亚洲腹地的道路。"这是后来俄国学者窥见英国殖民心态的走势。⑥ 同治十三年(1874)秋季,英属印度总督向英国政府建议,"由两国(指英国和俄国——引者注)政府在北京采取外交行动,可能制止中国政府进攻爱弥尔(指阿古柏——引者注);如果这种联合行动办不到,由驻北京的英国大使把这个问题提交中国政府,那也是我们所期望的。喀什噶尔王国的独立应尽一切可能,予以推持,这点对于英国在东方的利益,极关重要"⑦。印度总督的这一主张提出后,驻华公使威妥玛实际上采纳了这一建议,随之委派其中文秘书梅辉立赶赴天津,与直隶总督李鸿章会谈,提出将伊犁让予俄国,将新疆南路让予阿古柏的建议。李鸿章畏惧俄国实力强大,又

① 《与刘克庵》《答刘克庵》《左宗棠全集》第12册,岳麓书社2009年版,第49-50、71页。
② 涂鸣华:《重新认识早期新闻人的地位:姚公鹤的"江浙无赖文人"说辨析》,《新闻春秋》2013年第3期;卢宁:《早期〈申报〉与晚清政府:近代转型视野中报纸与官吏关系的考察》,上海科学技术文献出版社2012年版,第4章。上述两文相关论述分析具有相当深度。
③ 据贾建飞研究,"大角逐"的范围,南边至克什米尔与阿富汗,北侧至锡尔河河谷,东面可达中国新疆,西边可及布哈拉,其中,双方争夺的焦点则是阿富汗、河中地区和新疆。参见其《殖民背景下的西方国家之新疆研究——以19世纪的英国为中心》,《西域文史》第2辑,科学出版社2008年版,第297-298页。
④ Herbert A Giles, *A Catalogue of the Wade Collection of Chinese and Manchu Books in the Library of the University of Cambridge*, Cambridge University Press,1898.
⑤ 王翔:《试论左宗棠西征中的外交斗争》,《苏州大学学报》1987年第4期。
⑥ [苏]B. U. 赫沃斯托夫:《外交史》第1卷,生活·读书·新知三联书店1979年版,第1016页。
⑦ 讷茨布罗克致索尔兹伯里,第61号,密件,1874年10月2日,英国印度部档案,第38卷,引文见王绳祖:《中英关系史论丛》,人民出版社1981年版,第170页。

担忧英国发兵威胁,内心更希望截留更多饷源用于东部沿海的防务建设,于是同意西征部队停止向阿古柏进攻,而且可以节省大量军费。① 王绳祖教授敏锐地判断说,这是李鸿章排斥湘军、力挺淮军的计谋,放弃收回新疆主权,腾出军费支持海防,"阴谋扩大淮系军阀的势力,与湘系对抗"②。李鸿章随后正式向朝廷表达了放弃新疆攻剿计划的建议。③

《申报》华人主笔在新疆问题上有关英、俄、阿三方关系的细微变化或不甚明晰,但该报经营者英国商人美查与三位英国友人伍特华、蒋莱亚、麦基洛未必不知底细,即便其亦不甚知晓英国的外交谋划,而该报经营者与租界工部局官员、英国驻上海领事均有密切联系,或有机会受到英方官员的暗示与授意,至少有一点可以肯定的是,基于受众是华人的特殊性要求,该报在言论控制上,坚守一个底线,就是不伤害英国在华的根本利益。④《申报》初创时期,由于资讯网络较小,外埠新闻大多依靠两个途径获取:第一,各地传教士和热心读者的信函投稿;第二,转译来自西文报纸和外国通讯社的电稿等。其中,就西征和新疆问题而言,第二个途径则尤为重要。据学人研究和统计可知,《申报》转载西征和新疆问题涉及的"西报"主要有《字林西报》、英国《泰晤士报》、印度报纸、《循环日报》、美国纽约新闻、《英国日报》、《晋源西报》、俄国电讯等。⑤ "有闻必录"是《申报》奉行的报道原则,然而,《申报》热衷于转载这类西报新闻和评论时,却具有相当的"选择性"倾向,关键时刻实际上执行的是"有闻可以不录"的政策(详见后)。

报纸编辑的"选择性"行为深受新闻把关人的政治倾向影响,单就西征和新疆问题而言,影响该报选择性报道因素大致来自两个方面:第一,租界内部西方人的舆论和认识倾向,尤其要防止与英国在华的根本利益相抵触;第二,江浙文人的地域观念和文化认知,特别要避开与开埠通商的东部沿海区域利益和地域观念相抵牾。西人注重通商利益,而英国尤其看重新疆利益,自不必赘言;《申报》编辑行为中的"选择性"报道,之所以受到江浙文人的认知影响,直接起因便是该报早期的 15 名华人主笔中,绝大部分是江浙两省科考功名中低层次的读书人,统计如下⑥。

---

① 威妥玛致德比,1876 年 7 月 8 日,附件第 1 号;威妥玛致福西特,1876 年 4 月 6 日,F.O.17/825。此转见王绳祖:《中英关系史论丛》,人民出版社 1981 年版,第 171 页。

② 王绳祖:《中英关系史论丛》,人民出版社 1981 年版,第 171 页。

③ 《筹议海防折(附议复条陈)》,《李鸿章全集》第 6 册,安徽教育出版社 2008 年版,第 160-167 页。

④ 马光仁主编:《上海新闻史(1830—1949)》,复旦大学出版社 1996 年版,第 60-61 页。

⑤ 丁伟:《〈申报〉左宗棠西征新疆报道研究》,硕士学位论文,浙江大学,2014 年,第 1 页。

⑥ 马光仁主编:《上海新闻史(1830—1949)》,复旦大学出版社 1996 年版,第 101-102 页。此处转引,文字方面略有修改。

表1　《申报》早期华人主笔简况表

姓名	籍贯	出身	年龄
蒋芷湘	浙江杭州	举人	似为中年
吴子让	江西南丰	曾国藩幕僚	59
钱昕伯	浙江吴兴	秀才	39
何桂笙	浙江山阴	秀才	35
蔡尔康	江苏上海	秀才	20
姚赋秋	江苏苏州	布衣	20 余岁
沈毓桂	江苏震泽	无功名	近 70 岁
钱明略	似为浙人	未详	30 余岁
沈饱山	浙江山阴	贡生	30
沈增理	江苏青浦	秀才	未详
蔡宠九	山东历城	江南制造局翻译	30
黄式权	江苏南汇	秀才	31
高太痴	江苏苏州	秀才	26
朱逢甲	江苏华亭	秀才	60 余岁
韩邦庆	江苏松江	秀才	35

　　上述早期阶段《申报》的华人主笔和编辑人员,绝大多数属于"吴人"范围,生活地域局限于江浙一隅,虽然是读书人,但科举功名大部分居于中下层次,并不掌握权势。秀才这类群体在清代数量较多,因应科考的实践,科层变动比较频繁,观念认知局限于地域社会的情况比较明显。外人在华创办《申报》这类中文报刊,是近代中国较早出现的新生事物,华人秀才、举人作为主创人员,其采稿、编辑和发稿,自然会受其既有观念认知的影响。西征行动远离东部通商口岸,新疆与上海远隔千山万水,这对于秀才主笔们来说,简直是恍若隔世之物,其立场和视野与清廷官方上层并非高度吻合。《申报》涉疆社论的撰写和战况消息的编发行为,实可体现出疏离清廷而认同外电立场的基本倾向。转载的外电中,以沪上英国人创办的《字林西报》为最多,这份办在中国的"泰晤士报",享有英国路透社电讯的使用权,①紧跟英国政府的步伐,营造对华舆论,而《申报》的言论倾向基本等同于英国背景的《字林西报》,准确地说,它是扮演者"帮腔"和"辅助"的角色。

　　进入同治十三年后,左宗棠即筹备率军平定新疆叛乱,西文报刊对新疆问题开始空前关注,从各个角度指责批评征疆计划,形成一股强劲的西方舆论,《申报》或转载外电报道,或以外电评论为基础,引申阐发其基本论调,立场上显示出"偏西"的一面。涉疆问题上"偏西"的社论和战况消息,主要体现出两个倾向:其一,反对清廷组织的征疆行动,力主保持疆内叛乱政权原封不动;其二,西征大军难以撼动疆内敌对政权的根基,且屡屡营造左军战役败退舆论。前者主要体现在涉疆社论的编发上,而后者则通过一系列战况报道体现出来。兹将其偏向西方的主要舆论报道编制简表,列示如下。

---

① 　陈嘉:《上海近代西文报刊掠影——从上海图书馆藏西文报纸〈字林西报〉说开去》,《新闻研究导刊》2015 年
　　 第 6 期。

表 2 同光之际《申报》涉疆评论与西征报道简表

涉疆社论	社论内容和态度倾向	西征消息报道	倾向和舆论作用
《论英国与回部通商》(1874 年 7 月 18 日第 1 版)	英国与阿古柏政权订立商约,社论持欢迎态度	《回疆情形》(1875 年 6 月 11 日第 1 版)	阿古柏政权向土耳其和俄国求援,中国征叛军事行动不可能取胜
《论喀什噶尔事》(1874 年 11 月 11 日第 1 版)	征战不毛之地,费用浩繁,不值得;阿古柏势力强大,中国不可能战胜;建议清廷令阿政权独立于中国之外	《西征消息》(1875 年 9 月 23 日第 1 版)	西征军并未直捣叛军巢穴,且存在恶意焚毁城池行为,战役组织上太过稳重,未取得战功
《书论喀什噶尔事后》(1874 年 11 月 13 日第 1 版)	不毛之地不值得清廷耗费巨款征战;新疆回酋与朝鲜、西藏、蒙古、越南等一样,建议变为中国的岁贡藩属国,可免疆域广大,鞭长莫及尾大不掉之虞	《西报述甘省信息》(1876 年 5 月 12 日第 1—2 版)	左营饷缺兵哗
《论俄国议助喀什噶尔以抗中朝》(1875 年 5 月 3 日第 1 版)	主张中国朝廷应该与阿古柏政权和平通商	《甘蜀续信》(1876 年 5 月 13 日第 1 版)①	阿古柏军队占领嘉峪关,甘省全省沦陷
《译论征喀什噶尔之失》(1875 年 6 月 16 日第 1 版)②	中国库储不丰,台湾生番尚不能征服,何况实力强大的阿古柏政权?	《陕甘传闻》(1876 年 6 月 1 日第 1—2 版)	左营被阿古柏军队隔截关外,未能回顾,陕西、山西、四川、湖北各省均派兵赴援
《论征新疆》(1875 年 9 月 6 日第 3 版)	西征部队军械落后,士气不佳,在不具备条件的情况下,不如放弃西征	《西陲恶耗》(1876 年 6 月 5 日第 1 版)	传左爵相统领大兵西征回部,近已败退,爵相亦阵亡
《论征西近日情形》(1875 年 12 月 8 日第 1 版)③	华兵并未与喀什噶尔精兵交战,征疆举措万难成功;耗费中国有用之钱粮,而征伐沙漠无益之土地,亦非计之得者	《西陲消息》(1876 年 9 月 15 日第 1 版)	陕西省官军于正月初旬被回匪攻击迭破阵地,阵亡者不少;阿古柏已率兵四万企图攻破嘉峪关,进犯内地
《书中西各报霍罕复叛俄人后》(1876 年 4 月 3 日第 1 版)	即令新疆诸城尽复,而霍罕不畏俄国,屡服屡叛,未必反畏中国而能常服不叛,恐未必能如此尊崇中国,恐亦非中国之得计也		

---

① 此报道据 *The N.-C.Daily News*,Friday,May 12,1876,p.439 意译。

② 此社论据 *The N.-C.Daily News*,Tuesday,June 15,1875, p.547 报道引申。

③ 此社论所据西文报道包括 *The N.-C. Daily News*,Tuesday,December 7,1875,p.547,The N.-C. Daily News,Monday,December 6,1875, p.543 等。

续表

涉疆社论	社论内容和态度倾向	西征消息报道	倾向和舆论作用
《论俄罗斯辩取霍罕》(1876 年 4 月 25 日第 3 版)	俄对于霍罕,终必使隶版图,盖其志在觊觎新疆一带,故得尺则俄之尺,得寸则俄之寸也		
《论西报述喀什噶尔事》(1876 年 9 月 12 日第 1 版)	喀什噶尔毗连霍罕,其风气大约相同,中国岂易征服耶?		

由上述列表的举证来看,《申报》在同治十三年、光绪元年、光绪二年这三年(1874—1876)中,在舆论营造方面,扮演的是紧跟英国媒体的"辅助者"角色,如果抛开该报在社会生活报道方面不偏不倚的立场,单就西征和新疆问题而言,这份较早的中文报纸,与沪上其他英文报刊立场相近,所起的作用却远超外媒。总体上看,《申报》实际上保持着与李鸿章淮系势力较为接近,而与清廷内部主战派相对疏离的立场。接下来更为关键的外款举借问题,该报在"近李疏左"方面的倾向更为明朗了。

二、拒借舆论经营和英方外交讹诈

大规模举借外款的筹划,同治十三年即已开始。举借洋款,左宗棠专门委托上海采运局道员胡光墉落实,胡氏做事深受左宗棠的信任。[1] 光绪元年十月时,各省欠解西征军饷高达 2740 万两,借着奏报西饷来源枯竭实情,左氏郑重提出大规模举借外款的请求,基本方案是仿照去年沈葆桢筹借洋款办理台湾防务的做法,举借外款 1000 万两,并建议朝廷委托沈葆桢代为办理借款事宜。[2]

左氏之所以委托沈葆桢筹划外款举借,左、沈两人的交谊融洽是重要的条件。同治六年(1867),经左宗棠保荐,沈氏担任福建船政大臣。船政局经费严重匮乏,左宗棠的西饷本不充裕,却毅然从西征饷项内,挪出款项,支援船政建设。[3] 沈葆桢十分感激,此事左氏后来亦曾屡屡谈及:"弟于从前幼丹船政告匮时,举闽协的饷二十六万畀之,宁忍饥分食,以船政无事权,而陕甘尚握兵符耳。其时幼丹复函,亦谓使督抚均能如此,何事不办?"[4]此后,沈葆桢对西征饷需的供应十分关注,屡屡与人谈及积极支持

---

① 《左宗棠致史致谔函》,《左宗棠致史致谔函稿》第 1 册,中国社科院近代史所图书馆特藏,甲 289,无页码;陈乃干:《胡雪岩与左宗棠》,《子曰丛刊》1948 年第 2 期。

② 《筹借洋款恳照台防办法片》,《左宗棠全集》第 6 册,第 343-344 页。此片内容与大致与户部、总理衙门所述基本一致,但文段与措辞稍有区别,此处斟酌参考《陕甘总督左宗棠因西征出关饷源涸竭拟请各省速解协饷与拟借洋款抄折》,中国社科院近代史所图书馆特藏,户 87,无页码。

③ 沈其新:《左宗棠"西征借款"试析》,《兰州学刊》1986 年第 6 期,第 67 页。

④ 《答谭文卿》,《左宗棠全集》第 12 册,岳麓书社 2009 年版,第 28 页。

西征经费的态度:"垂老穷边,独为其难,吾辈非万分无可奈何,敢度外置之?""季老以垂暮之年,独为其难于万里外,吾辈可以为力之处,不为尽力,夫岂为人情?"①可见左、沈关系之密切。然而,《申报》对西征借款的消极性舆论却在一定程度上左右了沈葆桢的决断,也影响了福建巡抚丁日昌对左氏举借外款的态度,两者均从《申报》社论中寻求反对左氏借款的基本依据,这一举动,实际上配合了英国驻华公使威妥玛的对华拒借英款的外交方针。揆诸当日各方表态,在左宗棠筹借征疆外款问题上,中外势力形成了"英使威妥玛—英文报刊—《申报》—沈葆桢—丁日昌—李鸿章"这一或明或暗的阻借阵营结构,英文媒介的阻借态度自不必说,这一结构中的《申报》最值得注意,它作为中介,既传递了西方媒介的态度,又配合着英国驻华公使威妥玛的外交行动,其拒借舆论更对沈葆桢、丁日昌、李鸿章等封疆要员产生直接影响。

在此前后,《申报》主笔有选择地撰写社论,或转载有倾向性的社论,意在阻止西征借款,较为重要者如下简表所列。

表 3　《申报》同光之际阻止举借外款的社论简表

社论及刊期	基本主张	备注
《论告贷》(1874年11月30日第1版)	英国举借外债,但国民致富,未成负担;中国若因战争举借外款,积成大债,而不兼行振兴民间正经事业,未免为后日之累。中国应节省岁用,不轻用于边外,尤不能用于西北战事	
《译论中国告贷事》(1875 年 1 月 23 日第 1 版)	如果举借外款用于开矿等生利事业,值得支持;但清廷此次借款或许是为台防事业,则不赞成,因其与生利富国无关	*The N.-C. daily News*, Thursday, January 14, 1875, p. 38(Chinese imperial Government Loan 此条消息从 1 月 11 日至 1 月 16 日在相同版块出现)《申报》据此引申评论
《译字林新报论中华新行告贷一事》(1875 年 3 月 15 日第 1 版)	土耳其因告贷而不堪重负;目前中国国穷民困,缺少生利事业,官方不能正确理解西方富强改革的底蕴,因而反对单纯举借外款	*The N.-C. Daily News*,Saturday, March 13, 1875, p. 231.

---

① 《复梅中丞》《致任筱元》,《沈文肃公牍》(一),九州出版社、厦门大学出版社 2004 年版,第 286、300 页。

续表

社论及刊期	基本主张	备注
《论新报言土耳其国事》(1875年8月9日第1版)	土耳其仅恃每年告贷积债,临近亡国;中国富强,推荐李鸿章的富强谋划,加强理财,反对因战事举借外款	*The N.-C. Daily News*, Tuesday, August 3, 1875, p.115; *The N.-C. Daily News*, Friday, March 12, 1875, p.227《申报》据此报道,并加以引申评论
《续述土国负债》(此为消息)(1875年12月14日第1—2版)	土耳其亏欠英国巨额外款高达300余兆,英国债权人无不愤怒;埃及亦向英人告贷,为数甚大,而国库支绌,恐亦难抵此重利也	*The N.-C. Daily News*, Tuesday, December 7, 1875, p.547.
《论借饷征回事》(1876年3月3日第1版)	新疆劳师糜饷不胜计数,实为中国之累。以有用之财取其不毛之地,已属失算,一千万银尚不能敷,又将何法以善其后?今又借西国银两以征服之,即使攻克全疆,大军一退,彼又反复。为今之计,莫若将新疆已克之地慎固封守,待国力强大再作计较	
《书贷银续闻后》(1876年3月15日第1版)	左伯相自前岁用兵关外,至今所用兵饷将及千万两,兹有借一千万两,即能竣事,则所费已将及二千万两。此次收复新疆用银已将三千万两之多,而前之所费与后之所费尚难数计,则中国受新疆之累亦难言	*The N.-C. Daily News*, Monday, March13, 1876, p.235.《申报》据此引申评论
《再论借贷征回事》(1876年3月27日第1版)	中国收回新疆后非竭关内各省之财力不足以守,其耗费定非前代所能及;不如与欧洲各国商议,在各回部中择定国君,可为中国之藩篱,不费中国之财力,否则岂长久之计乎?即借贷之事亦非可以屡行者也	香港《循环日报》和《中外新报》发表支持举借外款社论,《申报》社论反驳
《辨字林新报所言喀兵入关事》(1876年5月2日第1版)	左帅于去年借用西国之债一千万两之后,复欲借贷西国之债二千万两,英国诸人不以为然,今岁汇丰洋行亦难再允借贷	*The N.-C. Daily News*, Saturday, April 29, 1876, p.395; *The N.-C. Daily News*, Wednesday, April 26, 1876, p.383.
《译西报论告贷制造事》(1876年5月12日第2版)	西人自土耳其亏欠巨款后,对贷银一事颇自留神,若既无利息,而国又空虚,只有辞谢。今中国为征喀酋,筹此巨欸,实属无益有损之举,即幸而得胜,仍须以重兵驻守,粮饷器械有去无来,何能再归欠款耶?	*The N.-C. Daily News*, Thursday, May 11, 1876, p.435.

　　光绪二年前半年,是左宗棠运筹举借外款的关键岁月,这期间,《申报》为阻止西征借款而转载和撰写的社论呈现一边倒的倾向。就在清廷做出关键决策的前夕,该报在同一月份连续转载和撰写3篇社论试图阻止借款行动,①其间甚至编造和传播谣言,该报通过转载外电消息,散布朝廷举借外债数额高达2000万两,担忧平定新疆叛乱之役将会拖垮中国财政,"此次收复新疆用银已将三千万两之多,而前之所费与后之所费尚难数计,则中国受新疆之累亦难言……中国自古及今,边饷之耗费莫过于今日之新疆也"②。次日,报馆又专门刊文,声称清廷即将举借西方的外债竟高达3000万两,惊呼"夫三千万为数甚大,若仅为供兵之空用,则积息所赔累者未免为之一虑!"③通过营造阻借舆论,冀能最大限度影响清廷的决断。

　　而且,该报经营者尚做出决定,不会转载香港报刊支持西征借款的重要社论,态度和立场的选择性倾向更为明显,这说明,该报所谓"有闻必录"的方针并未落实,实际上贯彻的是"有闻可以不录"。光绪二年二月,《循环日报》刊文认为,左宗棠筹划大规模举借外款以支持西征大业,必有成竹在胸的获胜信心,非局外人所能得知,而某些报刊舆论反而瞻前顾后,反对举债,该文作者十分不解。大约相同时间,《中外新报》刊文认为,新疆今昔情形完全不同,在古代,它与蒙古仅仅是中国的藩篱,目前则为亚欧两洲之门户,中国一旦弃之,则欧洲各国必群起而争之,如被欧洲各国所得,则中国在亚洲并无门户可言,因此,中国万不可弃置不管。这种倾向正好与《申报》的立场相左,因而该报不但不予转载,而且专门由主笔针对香港这两篇社论的观点进行撰文批驳,提出:"新疆之地如此难于处理,不如与欧洲各国商议,中国与欧洲各国均不必据有其地,于各回部中择定最为驯良为回人所共服者,立之为君,以为亚、欧两洲枢纽之国,使为两洲不侵不叛之臣,如春秋时间于晋楚之郑,庶几可为中国之藩篱,不费中国之财力,又不至为欧洲各国所夺取,否则中国自行守边于数万里沙漠之外,直欲驾秦皇而上之,岂长久之计乎?即借贷之事亦非可以屡行者也。"④

　　《申报》屡屡刊文反对之外,英国驻华公使威妥玛其实是阻借外款阵营中最强势的一方,他代表英国政府公开阻挠中国的借款行动。光绪二年三月初一日,清廷发布准许左宗棠举借外款500万两的上谕。⑤ 该上谕发布前数日,总署接到英国驻华公使威妥玛的正式照会,询问中国是否在酝酿举借外款,是否已经得到上谕允准,借款章程是

---

① 清廷做出准借上谕是光绪二年三月初一日,这里指的是该报于此前一个月刊登的3篇社论,即《论借饷征回事》(1876年3月3日,第1版)、《书贷银续闻后》(13月15日,第1版)、《再论借贷征回事》(3月27日,第1版)。

② 《书贷银续闻后》,《申报》1876年3月15日,第1版。

③ 《告贷西银续闻》,《申报》1876年3月16日,第3版。

④ 《再论借贷征回事》,《申报》1876年3月27日,第1版。

⑤ 《德宗景皇帝实录》第27卷,《清实录》第52册,中华书局1987年影印版,第400-402页。

否定妥；①谕旨即将下达的前一天,威妥玛又强硬地照会总署,在云南马嘉理事件未妥善处理之前,他已经告知该国商民,不准向中国贷款。② 这些照会,是威妥玛为解决马嘉理事件而掀起的外交讹诈和战争叫嚣的一部分,在实际利益上,也符合英方对新疆的一贯政策。③ 威妥玛这一突然干预,上谕措辞中不得不饬令左宗棠"洋款如何筹借,著左宗棠自行酌度,奏明办理",④这显然堵塞了西征借款在英国公司范围内的运作,总署六百里加急致函左宗棠,叮嘱其应对这一突发情况。⑤ 也由于威妥玛的阻借行动,沪上英国商人和公司,包括积极运作借款的英国丽如银行和汇丰银行,对威妥玛十分不满,⑥这种不满,在威妥玛启程回国后,才得以宣泄出来。⑦ 这也从另外一面证实《申报》社论渲染的英商不愿出借巨资给中国的假象。

三、舆论干政对决策影响的实证分析

从朝政决策角度来看,《申报》的舆论干政,主要体现在同光之际西征新疆战略得失取舍判断和光绪初年举借外款的两项重大决策方面。

自同治十三年开始,《申报》涉疆社论频频出笼,公开传播放弃征疆行动的主张。这些舆论倾向,至少与旨在维护淮系势力的李鸿章的意图不谋而合。该报同治十三年11月的两篇社论⑧刊出后,因恰逢各省督抚正在研议海防与塞防的均衡调处问题,对直隶总督李鸿章、山西巡抚鲍源深、刑部尚书崇实等督抚大员的弃疆主张影响甚大,过往论者已有泛论,唯未做深入的比勘实证分析。此处逐一对照参与决策的弃疆派大员

① 威妥玛：《请将中国欲借款项之议曾否奉旨允准及筹借章程本属如何之处查照示知》,张德泽：《清季各国照会目录》,《近代中国史料丛刊》续编,第 80 号,台湾文海出版社 1974 年版,第 65 页。
② 威妥玛：《知照滇案未经妥结之前英商民不能助行中国筹借款项之事》,张德泽：《清季各国照会目录》,《近代中国史料丛刊》续编,第 80 号,台湾文海出版社 1974 年版,第 65 页。
③ Cooley, James C, *T.F. Wade in China：Pioneer in Global Diplomacy 1842-1882*, Leiden：E.J.Brill, 1981, pp. 120-122. 威妥玛在解决这一事件中,强硬地表示："在最后两周,我一次次威胁,除非我能为过去的事件取得一份适当的赔款以及确保接下来的时间里关系更友好,否则我将撤销领事馆,或者向中国政府采取最极端的压迫手段。"事后,他曾冷静检讨自己的蛮横态度说："在谈判中我很容易动怒,我很遗憾我频繁的索要,我坦白承认在上一次的谈判中,我比平常更加没耐心,同时也比平时有更多不耐心的借口。"(见该书第 122、127 页)关于对华战争舆论的发动,参见陈霞飞主编：《中国海关秘档》第 1 册,中华书局 1996 年版,第 306、308 页。
④ 《德宗景皇帝实录》第 27 卷,《清实录》第 52 册,中华书局 1987 年版,第 401 页。
⑤ 《答刘克庵》,《左宗棠全集》第 12 册,岳麓书社 2009 年版,第 17-18 页。
⑥ 据胡光墉致函左宗棠透露,苏、沪、浙省等地英商因威妥玛掀起中英纠纷,丝茶贸易大受影响,纷纷哭诉威妥玛贻害匪浅；丽如、怡和在鼓动承借巨资时,更向胡光墉透露威妥玛拒借英款的细节,系中国官员怂恿威妥玛所致,赫德更是嘲讽威妥玛吃亏在于受人怂恿。参见《与刘克庵》《上总理各国事务衙门》《与谭文卿》,《左宗棠全集》第 12 册,岳麓书社 2009 年版,第 127、132、153-154 页。
⑦ Cooley, James C, *T.F. Wade in China：Pioneer in Global Diplomacy 1842-1882*, Leiden：E.J.Brill, 1981, p. 129.
⑧ 这里指的是《论喀什噶尔事》,1874 年 11 月 11 日(农历十月初三日)第 1 版；《书论喀什噶尔事后》,1874 年 11 月 13 日(农历十月初五日)第 1 版。该报尚有其他事关新疆和西征的消息,对决策层起草奏疏提供了较多的信息资源,此处及下面不拟展论。

的言论观点如何参照了《申报》两篇社论的基本论调,由此可见该报社论在多大程度上影响了朝政。

表 4　弃疆派高官主张与《申报》社论观点对照简表

部臣与疆吏	奏疏措辞	2 篇社论观点	
		《论喀什噶尔事》	《书论喀什噶尔事后》
崇实	近闻南八城回酋亦与土耳其暗中勾结,我军甚单,敌势已固,即不惜添兵益饷,恐亦难收扫荡之功;纵能暂时收复,亦不过仍照往年成例,岁耗中原三百余万金。 　万里穷荒,何益于事?大学士李鸿章亦有划守边界之请,洵属老成谋国之见。 　若坐耗千万有用之财,收此丝毫无益之地,元气愈亏,腴及数省,万一海疆有事,兼顾尤难,而失机宜,何以自守?欲储东南之余力,当塞西北之漏卮。①	该回酋现已结约俄罗斯国,祈俄国命师援救。且该回部所用枪炮及军器等物,均系购买于泰西各国者,故西人皆为中国虑,恐难取胜。即令无俄人之救援已忧难敌,况俄人之援否,尚在未可必之数哉。 　无论以不毛之地而置吏成兵,即岁费亦不止百万,俾中国有限之财,供新疆无穷之费,岂计之得哉! 　克复之后,仍然岁费帑银,何益于国?又况狼子野心,岂能驯化关内之回人?	欲复新疆,即令指日可复,而目前用兵之费及日后守土之资,已至不可胜计,况尚未必即能克复乎!以不毛之地与难化之人,耗费重帑以取之,恐非计之得者也。
李鸿章	新疆各城自乾隆年间始归版图。 　无论开辟之难,即无事时岁需兵费尚三百余万,徒收数千里之旷地,而增千百年之漏卮,已为不值。 　其地北邻俄罗斯,西届土耳其、天方、波斯各回国,南近英属之印度,外日强大,内日侵削,今昔异势,即勉图恢复,将来断不能久守。 　屡阅外国新闻纸及西路探报,喀什噶尔回酋新受土耳其回部之封,并与俄、英两国立约通商,是已与各大邦勾结一气。 　密谕西路各统帅,但严守现有边界,且屯且耕,不必急图进取,一面招抚伊犁、乌鲁木齐、喀什噶尔等回酋,准其自为部落,如云、贵、粤、蜀之苗、瑶土司,越南、朝鲜之略奉正朔可矣。②	本朝新疆之回人,至乾隆时戡定之后,始隶入中国之版图。 　以不毛之地而置吏成兵,即岁费亦不止百万,俾中国有限之财,供新疆无穷之费,岂计之得哉! 　回酋现已结约俄罗斯国,祈俄国命师援救。该回部所用枪炮及军器等物,均系购买于泰西各国,关内兵勇越过戈壁而征回回,且枪炮皆用中国旧制之物,恐难取胜。 　何妨以前朝之待安南、本朝之待蒙古者待之。戈壁以内仍为郡县,戈壁以外,令为藩服,岁可减不赀之费,亦可免无尽之忧。虽非中国之版图,仍为中国之属国也。	今欲复新疆,即令指日可复,而目前用兵之费及日后守土之资,已至不可胜计,况尚未必即能克复乎!以不毛之地与难化之人,耗费重帑以取之,恐非计之得者也。 　若使戈壁以外新疆之地几及万里,分封数十回酋,如周制之大之国,不过百里地,必能不侵不叛,岁时来朝,不过少锡赉予,以后中国可省无穷之费,较之强令隶入版图,必更易于驾驭,岂非计之得哉! 　新疆回酋必能与东之朝鲜、西之两藏、北之蒙古、南之越南等国,同为奉正朔、进岁贡之藩臣矣。

① 崇实:《奏为西征宜缓筹款国用以备海防由》,中国第一历史档案馆藏,军机处录副奏折,档号 03-6006-008。
② 《筹议海防折》,《李鸿章全集》第 6 册,安徽教育出版社 2008 年版,第 160-167 页。

续表

部臣与疆吏	奏疏措辞	2 篇社论观点	
		《论喀什噶尔事》	《书论喀什噶尔事后》
鲍源深	边地荒遐,回情狡谲,恐非克日成功之举。设迁延岁月,边外之征输未已,内地之罗掘先穷。 内地心腹也,边陲四肢也,耗费于边陲,竭财于内地,何以异是! 于边陲小丑暂示羁縻,于内地封疆先培元气。 请饬下西征各军,未出关者暂缓出关,已出关者暂缓前进。数年后,内地财力充裕,再出征伐叛。①	狼子野心岂能驯化,关内之回人,尚且不时蠢动。 以不毛之地而置吏成兵,即岁费亦不止百万,俾中国有限之财,供新疆无穷之费,曷计之得哉! 今即八城尽行克复,何妨以前朝之待安南、本朝之待蒙古者待之。戈壁以内仍为郡县,戈壁以外,令为藩服,岁可减不资之费,亦可免无尽之忧。虽非中国之版图,仍为中国之属国也。	今时回人机械变诈,更胜于昔。 欲复新疆,即令指日可复,而目前用兵之费及日后守土之资,已至不可胜计。以不毛之地与难化之人,耗费重帑以取之,恐非计之得者也。 新疆回酋必能与东之朝鲜、西之两藏、北之蒙古、南之越南等国,同为奉正朔、进岁贡之藩臣矣。

比勘上表提供的两端信息,基本可以证实,崇实、李鸿章、鲍源深三位参与决策的督抚和部臣,在奏疏信息来源、观点模仿和逻辑借鉴方面,《申报》社论(包括该报关于西北战况的负面报道)明显具有向导性和启发性,李鸿章奏疏中干脆称,自己是屡屡参考"外国新闻纸"和"西路探报",这显然包括为《申报》提供社论、战况消息的《字林西报》《晋源西报》等英文报纸,由此推知,中文报纸《申报》起到了展转中介的作用,它将英方背景的各类英文媒体与清廷大员的决策行为、决策方向联结起来,旨在影响朝政决策走势。李鸿章等人的"弃疆"主张,在当时官场上具有相当的影响力,甚至醇亲王奕𫍽也积极支持李氏"弃疆"的观点,②在牵制清廷事关"弃疆"与"保疆"战略决策层面,当不可小觑。

光绪元年十月左宗棠奏请的西征借款是其历次借款中额度最大的一次,奏疏上达天听后,在枢臣廷议和疆臣议复阶段,跌宕起伏,险象环生。其中,《申报》阻挠性舆论的牵制和影响,在各类制约因素中,相当明显。

左折奏上,谕旨令总理衙门和户部协商答复。光绪二年正月初五日左右,两衙门

---

① 鲍源深:《边饷艰难请变通办理疏》,盛康辑:《皇朝经世文续编》,沈云龙主编:《近代中国史料丛刊》正编,第841-850 号,台湾文海出版社 1972 年版,第 1985-1991 页。

② 朱采:《清芬阁集》,《近代中国史料丛刊》正编,第 273 号,台湾文海出版社 1968 年版,第 320 页;黄彭年:《陶楼文钞、杂著》,《近代中国史料丛刊》正编,第 356 号,台湾文海出版社 1969 年版,第 910 页;《代李伯相筹议海防事宜疏》,薛福成:《庸庵文编》,《近代中国史料丛刊》正编,第 943 号,台湾文海出版社 1973 年版,第 109-126 页。醇亲王减西益东主张,参见《复丁雨生中丞》,《李鸿章全集》第 31 册,安徽教育出版社 2008 年版,第252 页等。

研究后,建议准予举借,令沈葆桢即照该督所请,妥速筹办,以期无误事机。① 自正月初七日开始,沈葆桢和丁日昌分别接到了清廷饬令迅速研究大额度举借外款的上谕,两人先后开始研究这一问题。② 从沈、丁二人上奏的时间看,这个过程大约介于光绪二年正月初七日至二月十五日(即公历 1876 年 2 月 1 日至 3 月 10 日),《申报》有关清廷举借外款的社论,自同治十三年以后开始增多,大多转载外报,或依据英文报纸加以引申评论,阻止借款成为其舆论主流,此类舆论对沈、丁二人决策产生何种程度的影响? 此处将该报关键社论与沈、丁二人的阻借奏疏逐一比勘,③以显示该报社论对决策者的实际影响程度。

表 5 《申报》社论与沈葆桢、丁日昌奏疏言辞对照简表

奏疏	奏疏措辞	《申报》社论内容及其倾向	备注
沈葆桢《筹议出关饷需碍难借用洋款折》	伏惟国债之说,遍行于西洋,而西洋各国受利受病,相去悬绝,则以举债之故不同,而所举之债亦不同也。 夫开矿、道路、挖河,巨费也,而西洋各国不惜称贷以应之者,盖刻期集事,课税出焉,本息之外,尚有奇赢,所谓以轻利博重利,故英、美等国有国债而不失为富强。 以国用难支,姑为腾挪之计,此后息无所出,且将借本银以还息银,	欧洲各国,如英、俄、法、奥各国,均负相当债款,但英国等注重贸易、开设铁路等,国与民并未因此致贫,反而致富。 中国如果构兵无利之事,迫于告贷,积成大债,而不兼行振兴民间各正经利薮,未免为后日之累,故愿中国不以为现银之易得而轻用于边外。	《论告贷》1874 年 11 月 30 日第 1 版
		不知一国不举工程类之善举,可以借生银,则积债必至有受累。 若中国从今以后,亦能如西国诸法,办就一切有益于国、有便于民诸善举,即有国债,不但可以岁山利银,并且可以渐还本银矣。	《译论中国告贷事》1875 年 1 月 23 日第 1 版
		土耳其国告贷出息,每经一次渐昂一次,因此息银今加至殊大,故知者曰:"土国之告借已完矣,盖重息何以堪乎!"	《译字林新报论中华新行告贷一事》1875 年 3 月 15 日第 1 版 *The N.-C.Daily News*,Saturday,March 13,1875,p.231.

---

① 《陕甘总督左宗棠因西征出关饷源涸竭拟请各省速解协饷与拟借洋款抄折》刻件,中国社科院近代史所图书馆特藏,户 87,无页码。该件所拟标题不妥,应该是户部、总署衙门的议奏折。另外,此件与中国社科院经济所抄档内容基本相同,个别字词稍有区别,参见《总理各国事务衙门和硕恭亲王臣奕䜣等奏为遵旨速议具奏事》,《题本·俸饷》(18),中国社科院经济研究所图书馆特藏抄本,第 203-209 页;《福建巡抚丁日昌奏为筹解西饷不宜多借洋款折》,中国第一历史档案馆藏,军机处录副,档号 03—9527—022。

② 《德宗景皇帝实录》第 25 卷,《清实录》第 52 册,中华书局 1987 年版,第 373-374 页。

③ 沈葆桢:《筹议出关饷需碍难借用洋款折》,《沈文肃公(葆桢)政书》,沈云龙主编:《近代中国史料丛刊》正编,第 54 号,台湾文海出版社 1967 年版,第 1113-1122 页;丁日昌:《变通西饷办法疏》,《丁日昌集》上册,上海古籍出版社 2010 年版,第 110 页;《奏为筹解西饷不宜多借洋款事》,军机处录副奏折,档号 03—9527—022。两文内容稍有出入,标题亦不相同。

奏疏	奏疏措辞	《申报》社论内容及其倾向	备注
	岁额所入尽付漏卮,目下如西班牙、土耳其,皆将以债倾国,日本亦骎骎乎蹈其覆辙矣。此举债之故之不同也。	土国惟从事于增兵额、购精器,防务之巨费者,仍然不之愿也,以致国事仅恃每年告贷以弥缝支持,积债既年多一年,而破裂之日故亦年见近一年也。	《论新报言土耳其国事》1875年8月9日第1版 *The N.-C.Daily News*,Tuesday,August 3,1875,p.115. *The N.-C.Daily News*,Friday,March 12,1875,p.227.
	新疆广袤数万里,戈壁参半,回部皆其土著,根深蒂固,既无尽剿之理,又无乞抚之情,似非一二年间所能就绪。	土耳其负债累累,将欠英国之项赖去一半。兹闻土国所告贷者,除别国外,专计英吉利一国,共有一百七十五兆金钱,被赖一半,则英人吃亏已在八十八兆左右,合之银数有三百余兆矣。是以英之财主受此折阅,无不怨望;更可虑者,所许之一半,恐亦成画饼也。 埃及亦向英人告贷,为数甚大,而国课颇形支绌,恐亦难抵此重利也。	《续述土国负债》1875年12月14日第1—2版 *The N.-C.Daily News*,Tuesday,December 7,1875,p.547.
	今以一千万照台湾成案,八厘起息,十年清还,计之耗息约近六百万,不几虚掷一年之饷乎?若照此数乘除,则西征仅得四百余万实饷耳。涸可立待,进兵愈远,转运愈难,需饷亦愈巨,将半途而废乎?势必不可,将各省于还债之外另筹解济乎?势又不能。将再借洋款乎?海关更无坐扣之资,呼之不应。	新疆回部各城,劳师糜饷不胜计数。即使安静无事,而设官养兵之费,岁亦将及百万,实无毫末有益于中国之处,徒足为中国之累。 传说业已奏请饬令两江总督沈制军向西商借贷银一千万两,以供西征之资;西商现均不愿,设法力辞,其故由于土耳其一国借用西商之银数千万磅,无力归偿西国,朝廷又不能代为设法索取,其余尚有数小国亦复如此,是以不愿再将银两借与他国。 沈制军之意,亦以为海关税项所用甚广,即江南一省亦赖之,所有防海诸事均在此项取用,今一旦令抵借欤,则诸项久将何筹?是以亦不愿为此事。 此次收复新疆用银已将三千万两之多,而前之所费与后之所费尚难数计,则中国受新疆之累亦难言。	《论借饷征回事》1876年3月3日第1版
		此次收复新疆用银已将三千万两之多,而前之所费与后之所费尚难数计,则中国受新疆之累亦难言。	《书贷银续闻后》1876年3月15日第1版 *The N.-C.Daily News*,Monday,March 13,1876,p.235.
		中国取之尚易而守之实难,非竭关内各省之财力不足以守新疆万余里之土地,其耗费定非前代仅驭关外各国所能及,若使规画尽善,将新疆各城所属之地兴利除弊,足以支持岁用。	《再论借贷征回事》1876年3月27日第1版

续表

奏疏	奏疏措辞	《申报》社论内容及其倾向	备注
丁日昌《奏为筹解西饷不宜多借洋款事》	以一千万两分十年计之，除还本银一千万两之外，须添出利银一千万两，合之前借五百万两，计每年须贴洋人息银一百五十余万两。国家经费有常，岂堪骤增此意外巨款？泰西土耳其、波斯等国皆因公债过重，以致利权全为他国所执持，国势因以削弱，前车之鉴，可为寒心。	土耳其国告贷出息，每经一次渐昂一次，因此息银今加至殊大，故知者曰土国之告借已完矣，盖重息何以堪乎！	《译字林新报论中华新行告贷一事》1875年3月15日第1版 *The N.-C.Daily News*，Saturday，March 13，1875，p.231.
		土国惟从事于增兵额、购精器，防务之巨费者，仍然不之愿也，以致国事仅恃每年告贷，以弥缝支持，积债既年多一年，而破裂之日故亦年见近一年也。	《论新报言土耳其国事》1875年8月9日第1版 *The N.-C.Daily News*，Tuesday，August 3，1875，p.115. *The N.-C.Daily News*，Friday，March 12，1875，p.227.
		土耳其国负债累累，将欠英国之项赖去一半，兹闻土国所告贷者，除别国外，专计英吉利一国，共有一百七十五兆金钱，被赖一半，则英人吃亏已在八十八兆左右，合之银数有三百余兆矣。是以英之财主受此折阅，无不怨望；更可虑者，所许之一半，恐亦成画饼也。埃及亦向英人告贷，为数甚大，而国课颇形支绌，恐亦难抵此重利也。	《续述土国负债》1875年12月14日第1—2版 *The N.-C.Daily News*，Tuesday，December 7，1875，p.547.
		此次收复新疆用银已将三千万两之多，而前之所费与后之所费尚难数计，则中国受新疆之累亦难言。	《书贷银续闻后》1876年3月15日第1版 *The N.-C.Daily News*，Monday，March 13，1876，p.235.

细密阅读沈、丁二人奏疏后，可以明显体会到，其反驳左宗棠举借外款的理由，最具威慑力的算是举证土耳其、埃及、波斯等国家因举借外款而几乎亡国的事实，这一点对处于内忧外患中的清廷而言，其说服力之大，不言而喻；西征新疆的巨大耗费，地广

人稀而不具财富价值这一严峻现实，也意味着新疆将会变成清廷难舍难弃的"销金锅子"，①必将会对全国财政造成严重的拖累，联系到同治十年（1871）以来的三年中，各省军需耗费已高达 6000 余万两，②各海关、各省藩库均面临捉襟见肘之窘困现实，而且户部库藏极为匮乏，部臣屡屡反对内务府随意侵夺部库存储的窘绌局面，③管部大臣阎敬铭事后也针对清廷新疆财政调处的难度感慨万千，④由此看来，《申报》所谓新疆将会严重拖累内地各省这一理由也具有明显的冲击力。这些理由，《申报》刊发的社论以及此前发表的各类战况报道屡有刊载，为沈、丁二人起草奏疏提供了足够的"养料"，舆论干政这一称谓，谁曰不宜？左宗棠屡屡侦知该报所谓的西事报道和莠言乱政，尤对李鸿章、沈葆桢、丁日昌等东部大员动辄搜罗报纸言论，据以入告内廷的行为，十分愤慨，他的怒气不得不指向两个方面，其一是"东部诸侯"的误听误信，其二是《申报》这类新闻纸的莠言乱政：

> 某公乡评不高，于海国情实素本无所闻见，乃竟侈口而谈。当事录以入告，盖欲笼沿海之饷养洋枪队耳。朝廷以两江总督授刘，颇非其心所乐，恐利权不属，不能长养此不战之兵，实则蠹国已久，未曾收一割之效。⑤

> 洋事坏于主持大计者，自诩洞悉夷情，揣其由来，或误于新闻纸耳。此等谬悠之谈，原可闭目不理，无如俗士惟怪欲闻，辄先入为主。⑥

> 吴越人善著述，其无赖者受英人数百元即编新闻纸，报之海上奇谈，间及时政。近称洞悉洋务者，大率取材于此，不觉其诈耳。⑦

> 《申报》乃称回部归土耳其，土耳其已与俄、英通款贸易，中国不宜复问。合肥据以入告，并谓得之亦不能守。此何说也？⑧

---

① 西北作战，耗费巨大，连左宗棠也认识到该役必定成为"销金锅子"，遑论新疆这样幅员广袤的地域。参见《答杨石泉》，《左宗棠全集》第 11 册，岳麓书社 2009 年版，第 322 页；《答山东臬司陈俊臣廉访》，《左宗棠全集》第 12 册，第 307 页。

② 佚名编：《各省奏报军需银两数目》，收入茅海建主编：《清代兵事典籍档册汇览》第 64 册，学林出版社 2005 年版，第 284 页。

③ 在京师，内务府不断侵占户部用款，内廷支出成为国家用财的大项。管理户部大臣倭仁鉴于部库空虚，对内务府觊觎部款的倾向十分不满，内务府每年耗费高达 130 万两之多，屡屡向部库透支，倭仁不断提醒其注意撙节财用；户部尚书董恂时时陈诉部库空虚，并极力摆脱内务府屡次向户部亟求工程银两的企图，这从一个侧面显示出京师库储脆弱不支的局面。分别参见《致翁同爵函》，《翁同和集》上册，中华书局 2005 年版，第 209 页；《王文韶日记》上册，中华书局 1989 年版，第 32-33 页；董恂：《还读我书室老人手订年谱》，《近代中国史料丛刊》正编，第 282 号，台湾文海出版社 1968 年版，第 139、158 页。

④ 《户部谨奏为西路军饷浩繁中外交困急须统筹全局以规久远而固国本折》，《户部奏折》（乙未冬），收入《阎敬铭奏稿》，中国社科院近代史所图书馆特藏，甲 246，第 2-27 页。

⑤ 《答陕抚谭文卿中丞》，《左宗棠全集》第 12 册，岳麓书社 2009 年版，第 461 页。"某公"指的是丁日昌，而"当事"则系李鸿章。

⑥ 《答杨石泉》，《左宗棠全集》第 12 册，岳麓书社 2009 年版，第 505 页。

⑦ 《与两江总督沈幼丹制军》，《左宗棠全集》第 12 册，岳麓书社 2009 年版，第 513 页。

⑧ 《答吴桐云观察》，《左宗棠全集》第 12 册，岳麓书社 2009 年版，第 513-514 页。

> 《申报》本江浙无赖士人所编,岛人资之以给中国,其中亦间有一、二事迹堪以覆按者,然干涉时政,拉杂亵语,附录《邸报》,无纸不然。纤人之谈,不加究诘,置之不论足矣。合肥竟以入奏,并议撤西防以裕东饷,何耶?[①]

> 沪局新闻纸公然把持国政,颠倒是非,举世靡靡,莫悟其奸,而当事者不但不加诃禁,又从而信之,甚且举以入告,成何事体!可为浩叹。[②]

左氏上述私函对象虽有不同,但其剑锋基本指向两个方面,"某公""当事者""主持大计者""洞悉洋务者",甚至"合肥"这类直接称谓,均涵括与海防有密切关系的京官和外臣,而"东饷"与"西饷"这类相互对立的用词,明显体现出淮军与楚军在军饷利益上格格不入,更反映出海防需款与西征军费的严重抵牾;"新闻纸""申报""沪局新闻纸"之类的指代或称谓,又将《申报》推到了湘淮矛盾和朝政纠葛的前沿,函中"干涉时政,拉杂亵语","把持国政,颠倒是非",虽未将该报西征舆论的性质和定位全盘托出,但亦断定其处心积虑,意在进行舆论干政的企图。

若探究文人论政、媒介干政之类,研究者或瞩目于清末民初的"党派媒体",或关注民国时代的自由知识分子,以及《独立评论》《努力》周报之类,间或也有以《申报》早期"文人参政"为观测对象的,[③]揆诸其论,正面肯定者居于多数,几乎成为一种定论。然而,调整视野,关联时政,勾稽舆论背后的各类驱动因素后,在左宗棠西征新疆举债问题上,东部各路诸侯的财政利益和《申报》论政现象倒值得再三琢磨。淮系势力渗入东部省份,其军饷供给、在地利益更不可忽视,而《申报》文人视野和报道理念既受限于租界西人的价值取向,又囿于地域观念,其挟洋阔论,虽自嘲系"齐东之语",[④]"越俎代谋",[⑤]但却恰好提供了淮系督抚大员暗中抵御左宗棠西征的思想资源,东部封疆大吏俯拾其"牙慧",冀以影响清廷枢臣决断。两者客观上的不期而遇,反而形成一种牵制清廷决断西征取舍的"论政同盟",如果再加上光绪初叶牵制西征借款的"家鬼"与"家神"彼此结缘,互为支援,同光之际的时政机缘更为复杂。今人如不内窥其中的纠葛牵连,单向度依赖媒体自我暴白,或许会堕入史学研究中的罗生门陷阱。

---

① 《答两江总督沈幼丹制军》,《左宗棠全集》第 12 册,岳麓书社 2009 年版,第 517-518 页。

② 《与刘克庵》,《左宗棠全集》第 12 册,岳麓书社 2009 年版,第 50 页。

③ 诸如朱至刚:《试论"文人论政"的流变——以报人的自我期许为中心》,《新闻与传播研究》2010 年第 3 期;付登舟:《胡石庵与辛亥革命前后舆论动员》,《湖北大学学报》2013 年第 5 期;张军:《国防设计委员会与北平自由知识分子政治态度的裂变》,《求索》2009 年第 2 期;刘椿:《自由知识分子群体的论政实践》,《深圳大学学报》2013 年第 5 期;卢宁:《早期〈申报〉的政治参与与查禁风波》,《福州大学学报》2010 年第 1 期;等等。

④ 《论喀兵寇甘肃事》,《申报》1876 年 5 月 18 日,第 1 版。

⑤ 《辨字林新报所言喀兵入关事》,《申报》1876 年 5 月 2 日,第 1 版。

瘟疫、谣言与近代东北民众心态*

——1911 年春"日人水井撒毒"谣言事件研究

管书合

（吉林大学文学院）

摘要：1911 年春，在东三省盛传日本人在水井撒毒以制造瘟疫毒害中国人的谣言。这一事件虽由鼠疫流行造成的社会性恐慌所引发，但也与日本在本地区的存在和持续扩张直接相关，反映了当地中国社会将其视为心腹之患的集体认知和普遍的焦虑、恐惧与仇视心态。因此，这一谣言应该被视为大众话语的形式和社会心理的载体。谣言的传播和社会应对过程，实际上也是中国社会中下层民众和政治、文化精英之间对日本复杂的认知关系的动态写照，反映了民族主义在本地区兴起过程中的混杂与多歧。

关键词：谣言；近代东北；日本；社会心态；民族主义

1911 年春，在东三省鼠疫大流行之际，一则日本人在水井撒毒制造瘟疫毒害中国人的谣言同时在各处盛传，因信之者众多，不少地方出现社会性恐慌，一些地方甚至发生暴力冲突。这一事件虽已引起研究者的注意，但对于其基本的情况，包括谣言产生的源头、流传的区域及过程、各方如何应对等方面，我们仍不十分清楚，需要进一步专门考察，这也是本文要探讨的基本问题。[①]

自 1905 年战胜俄国后，日本在中国东北占据旅大和"南满"铁路，并以此为中心攫取本应属于中国的行政、驻军、司法、警察、教育等各项主权，且不断寻机扩张，亟欲吞并东北并称霸东亚。对这一历史过程，学界研究成果丰富，但以往关注比较多的是日本侵略和中国疲于应付的各项政治、外交、军事活动，而在日本的步步紧逼

---

* 本文原载于《中国社会历史评论》2020 年第 2 期，有修改。

① 梅爽在《鼠疫与谣言——1910—1911 年东北鼠疫社会心理史分析》（硕士学位论文，东北师范大学，2008 年）一文中，对这一谣言做了考证，并分析了产生的原因。由于该文只是利用了《盛京时报》的相关报道，没有进一步搜寻报道更为翔实的《吉长日报》等报刊及档案史料，故相关史实的梳理尚不够清晰，且一些论述推测成分较多。

之下,当地中国社会的认知与心态如何,不但是其时重要的历史面相,也是影响这一地区历史进程的重要因素,相关的研究则尚付阙如。学界大量的研究已表明,近代中国大规模的谣言传播事件,对于研究其时的社会心态有着特殊重要的意义。[①]此次谣言事件虽由瘟疫流行所引发,但也与东北社会长期以来对日本在本地区的存在和持续扩张的认知和心态密切相关,而且在其传播和社会应对的过程中,如何看待日本在本地区的存在,也是各方经常讨论的话题。本文希望通过对这些方面的考察,以呈现清末东北社会各层面对于日本在本地区存在的"集体"认知和看法。

一、"日本人水井撒毒"谣言的产生和传播

1910 年秋冬之交,满洲里发生肺鼠疫,疫情很快沿铁路等交通线路快速蔓延,于 11 月 7 日传到哈尔滨开始暴发,数月之间已传染至黑龙江、吉林、奉天(辽宁省旧称)三省大部分地区,并波及关内的京津、河北、山东等地区,短短数月内,夺去数万人口。1911 年春,就在各地忙于组织防疫之际,东三省一些地方官员和报纸舆论都观察到一个"日本人水井撒毒"的谣言正在东三省各地盛传,其内容大致如下:东三省流行的瘟疫是日本私下雇佣内地莠民,撒布疫种于水中,以制造瘟疫毒害中国人。在奉天省城出版的由日本人所办的《盛京时报》评论称:"此种谣言已传遍城乡,人心惶恐。"[②]在吉林省城出版的《吉长日报》也总结称:"在今日东省有疫之地,几即有此谣传。"[③]

这一谣言最初于何时何地开始出现,已难以考证,不过按照东三省总督锡良和吉林巡抚陈昭常的说法,在奉天、吉林两省至少从 1911 年 1 月份起已开始流传。[④]《吉长日报》也认为在长春地区"自去腊疫症渐剧之间,即有奸民投药种毒之说"[⑤]。以此推断,其流传大致与疫情的蔓延同步。再从当地各报纸报道情况来看,在 1911 年 1—3 月间,东三省各处流传最盛,一则是因为相关报道明显增多,二则是接连刊载了多起各地抓获撒药者或者发现撒药的实例(参见表 1)。

---

① 参见李文海、刘仰东:《义和团运动时期社会心理分析》,《近代史研究》1986 年第 5 期;黄珍德:《论清末新政时期的谣言》,《华南师范大学学报》2004 年第 1 期;罗福惠、郭辉《谣言对清王朝统治的挑战》,近代史学刊 2010 年第 7 辑;[美]柯文著、杜继东译:《历史三调:作为事件、经历和神话的义和团》,江苏人民出版社 2000 年版;董丛林:《晚清社会传闻研究》,人民出版社 2007 年版。

② 《谣言宜禁》,《盛京时报》1911 年 2 月 23 日,第 4 版。

③ 《戴青海供状书后》,《吉长日报》1911 年 3 月 2 日,第 3 版。

④ 《通致吉、江两省电》(正月初三日)、《陈简帅来电》(正月初七日),中国社会科学院近代史所藏锡良档案,档号:甲 375-15-21。

⑤ 《东省疫症警告》,《吉长日报》1911 年 2 月 21 日,第 1 张第 4 版。

表1　1911年1—3月东北报纸所载水井撒药者被抓获新闻实例

新闻内容	新闻来源
本月二十四日准承德县移送镇乡警务局拿获形迹可疑之焦天保一名,并供认日人雇使挨井撒药。焦天保向在小北门卖糖人周福成家雇工,于本月二十一日骗去周福成家芝麻四斗,不知去向。根究该犯,始供在小北门万太泉变卖得银花用,跑之城北被警盘获,恐被讯出骗卖情事,遂捏造撒药等词,希图隐匿骗卖芝麻之事,以免办罪等语。	《来函照录》,《盛京时报》1911年1月28日,第5版
镇安县乡镇局等所之撒药人犯,当即经化验后其所撒药品,并无毒质,实系防疫之药,现在均已释放。	《民政司示禁谣言》,《盛京时报》1911年1月28日,第11版
(长春)商埠岭屯后身一人行走张皇,向居民汲水之泉眼中投一物,被村民瞥见,并捞出蒲包一个,当即擒获,报知商埠马巡队。自称为霍兰亭,山东县人。现在某洋行充差,所投系属香灰。其主人某为南人。据南方风俗,以香灰当元宝灰,可践踏,故遣之投掷水中。	《是药非药却拿住了个》,《长春公报》1911年2月16日,附张,第5版
奸民投药种疫之谣言久为识者所鄙笑,不图榆树县近来亦有此讹言,且已禀报该厅属巡警近曾拿获在井洒毒人犯颜珍一名,会同监查员廉守亭审该犯,直认不讳,迨追求主使之人及所撒药品,则又言词恍惚,并无确切证据,已将该犯交警局暂羁,俟疫消灭后再行开释。	《东省疫症警告》,《吉长日报》1911年2月23日,第4版;《拿获井中撒药人犯》,《盛京时报》1911年3月5日,第5版
奸民投药井毒水害人民等谣传本城亦有此说,其实捕影戏风,尽属虚妄。日前乡屯先后拘获樊世坤、王好、戴青海三人。现经省宪派员迭次审讯,樊、王二姓已俱供为疑系胡匪之故被警逮捕,逼令承认撒药,惟戴青海始终坚认撒药,历供不改。	《东省疫症警告》,《吉长日报》,1911年2月26日,第5版
长邑(长寿县)自防疫事起,四乡人民惑于谣言,争将食水之井按日淘视,有云得红丸药数粒者,有云得白药粉数碗者,纷纷传播,无故自惊。	《东省疫症警告》,《吉长日报》1911年3月15日,第4、5版
(乌拉街)全林等组织预备巡警尚未成立,初十晚六点钟时,该发起人等忽然捉一不认识姓氏之人,谓彼撒药放毒,众口一词。于是拳脚相加,群殴无算,后复扭送巡警一区,要求警长从重惩办。区官富余三当即研讯情由,一面考察证据,则尽属子虚,毫无确据,是以未便干预,拒而不纳。乃该组织预备巡警之一般绅董未遂厥愿,恨犹未息,将被捉之人拥至诊所空房中锁禁看守,不以人类对待,竟欲置之死地而后快心。	《东省疫症警告》,《吉长日报》1911年3月17日,第4版

一般来说,大多数报纸刊载这些事例主要是为了印证传言的荒唐、民众的无知和缺乏理性,不过也有部分报纸将信将疑,保留态度。如1911年1月24日在奉天省城出版的《东三省日报》及《大中公报》要闻栏载有"拿获撒药害人要犯纪闻""大连湾防疫所之纪闻",内称日人使华工撒药井内,毒毙人命,以致引起日方不满,称其"所言则荒

谬尤极"，"损伤中日感情"。① 在哈尔滨出版的由俄国人主办的《远东报》也称，有吉林报纸登载"某国人多雇工人在各村井中散放毒药、以种疫祸"，指责其"录之存疑可也，何竟加以评论，一若亲见其状，耸愚民之听闻乎"。②

而就一般民众的观念来说，这些事例可能是火上浇油。如表1所列长春抓获霍兰亭一案，虽经署理吉林西南路道孟宪彝亲自询问后，认为不过是"人之迷信，竟成洒药之谣言"，当场下令取保释放，并贴出告示禁止谣言③，但案发附近村民却声称，所捞之药烫手如烙铁，投水中像石炭酸一样白沫上沸，饮之当能杀人。所以疑犯虽经释放，"民间异常惊惶，故近真伪莫辨，只好盖塞井口，资防范而已"。④ 无独有偶，奉天承德县拿获焦天保后，尽管很快审明真相，并公布于众，但街谈巷议反而动辄以此为证，坚信确有撒毒之事，以致"流言愈盛"。⑤ 在谣言流传最盛之时，当地报纸无不惊叹："骇人听闻之警告无地蔑有，缺乏普通知识者鲜不为之煽动。"⑥"现在妖言惑众者日甚一日，总之人心动摇，不外受奸人煽惑反对政府，或起排外之风潮耳！"⑦

实际上，谣言的流传范围并不仅限于东三省，如在京畿一带，就有报道称："自防疫以来，谣传纷起，且多有涉及国际范围者"，民政部也以此种舆论"最足激动群情，惹起交涉"，数次要求京城内外两厅从严禁止，可以推测在当地已有相当的影响。⑧ 当时在京城的御史胡思敬曾记述："闻德太子来游……日人恐中、德合交，乃造鼠疫以阻之。"⑨可见信之者并不限于中下层民众。

在东三省官场，像胡思敬这样相信传言者也不在少数，如报纸披露吉林省长寿县第四区巡长李凤舞就因为深信谣传，且在当地造成一定影响，被该县县令大加申斥。⑩ 在表1所列各处所拿获的撒药人犯中，不少都与地方巡警相信传言有关，如吉林府拿获的樊世坤，上年刚从山东来吉林投亲，靠行医为生，因在城西一个小店内歇息时遇见当地巡警，被认为是假冒医生扭送到四乡巡警总局，审讯时被硬逼说成是撒药的，但他一开始不肯承认，巡警就开始用刑，"遂拉小的跪在铁链子上，用木棍压在膝弯，两头用人踹下，并将小的两大手拇指用绳子吊起，又将小的头发往后扭紧，小的实在受苦不堪，只好认了是撒药的"。后来该案经吉林省提法司派专员审讯，认定实为屈

① 《某员对于东省报载之一夕谈》，《盛京时报》1911年1月25日，第5版。
② 《敬告中西同业者》，《远东报》1911年2月18日，第1版。
③ 孟宪彝：《孟宪彝日记（上）》，凤凰出版社2016年版，第8页。
④ 《是药非药却拿住了个》，《长春公报》1911年2月16日，附张第5版。
⑤ 《东省疫症警告》，《吉长日报》1911年2月28日，第1张第5版。
⑥ 《东省疫症警告》，《吉长日报》1911年3月17日，第1张第3、4版。
⑦ 《满洲之最近观》，《远东报》1911年3月30日，第1版。
⑧ 《民政部严禁谣传》，《盛京时报》1911年2月21日，第2版。
⑨ 胡思敬：《国闻备乘》，上海书店出版社1997年版，第80页。
⑩ 《东省疫症警告》，《吉长日报》1911年3月4日，第1张第5版。

打成招,但樊氏当时已两腿溃烂,脚趾脱落,很快不治身亡。① 再如该府以撒药犯拿获的王好,原为本地人,因外出黑龙江寻父不成,在返家途中先是被巡警马队怀疑是土匪眼线捉住拷打,但无确证又被放掉。由于时届年关着急回家,晚上赶路时又被巡警拿住,随即开始遭遇一系列的逼供:

> 初一晚间行至大荒地地方,遇着巡警盘诘,说小的是撒药的,小的不肯招供,巡警又要吊起来拷打,因实在怕打,只好说是放药的。因从前听说牛马行有一外国人,遂捏造称药是外国人给的,并说能毒死人外国人就给我钱。巡警问了供,遂将小的送往桦皮厂巡警区,问官又说小的是放药的,小的依然不认,问官又要拷打,小的一样招了。十八日将小的送到总局,问官又一样问的,小的因前伤尚未好,实在怕打,只好招了。②

此类冤案屡屡发生,固然是巡警制度存在严重缺陷,基层可以任意构陷和滥用刑讯,但关键还是因为巡警深信水井撒药之说,为抓获嫌犯不遗余力,以致层层刑讯逼供,屈打成招。在谣言四起的氛围中,不少地方陷入恐慌,一些市镇和村屯为求自保纷纷给水井加盖,或者直接派人看守。吉林省城西有一个叫榆树岗子的屯子,由于地处吉长交通孔道,疫情在 1910 年底就已传入,但当地人却认为"尽由撒药者作祟",在大小井口均行雇人看守,同时还雇有村民一二十名四处侦查,以为可保无虞,却不注重防疫。结果疫情扩散,该屯"死亡相继",还在旬日之间传染附近大小二十余村屯,"几至无地无疫,无屯不死"。更有甚者,地方巡警接到报告后,赶来帮助掩埋疫尸,同时还不忘饬令村民要严拿撒药之人。③ 当然,保护水源的行为并非仅限于民间,地方政府也开始采取措施,吉林巡抚鉴于"谣言蜂起,商民率多疑惧",就专门训令巡警局:"凡城厢、乡镇各处所有井泉,均用木盖遮掩,并派警兵轮流看守,取水之人须先赴该局领取小牌携带身中,以备警兵查验,有牌者方准取水,否则不得近前。"④营口地区虽无疫情,官方也封禁居民日常取水之官塘,一律改用自来水,无力购水者,则由政府发票领水。⑤

在一些地方社会恐慌已开始演化成暴力冲突事件,距离吉林省城正北七十里的一个小镇叫乌拉街,有居民三千余人。因鼠疫传入,该镇地方自治会议长等士绅为防疫拟筹办诊疫、隔离所等机构。不料在 2 月 22 日,有地方豪绅全林等纠合地方民众三

---

① 《时评》,《吉长日报》1911 年 2 月 12 日,第 1 张第 4 版;《东省疫症警告》,《吉长日报》1911 年 2 月 26 日,第 1 张第 5、6 版。

② 《东省疫症警告》,《吉长日报》1911 年 2 月 26 日,第 1 张第 5、6 版。

③ 《东省疫症警告》,《吉长日报》1911 年 3 月 8 日,第 1 张第 5 版。

④ 《防疫之缜密》,《盛京时报》1911 年 2 月 22 日,第 5 版。

⑤ 《东省疫症警告》,《吉长日报》1911 年 3 月 6 日,第 1 张第 6 版。

四百人到自治会"任意喧嚣、指名谩骂","咸谓该会议长等私与某国人串通一气,欲害同胞,将会中玻璃、门窗尽行打坏,其他物件损坏不计其数"。地方巡警赶到后将全林暂行拘留,余众驱散。但其余党第二天又纠集"亡命百余人,各持刀矛",前往警署劫人,警务长担心酿成民变,只得将全林交保释放。①

更让地方官员们担心的是,此时三省正当防疫吃紧之际,此种传言在民间不胫而走,深入人心,直接影响到政府主导的各项防疫活动的推行。吉林巡抚陈昭常就此总结称:"以讹传讹,人心惶惑,遂令无知民众轻信其言。无病之家不愿受公家检验,有病之家不愿用公家医药,互相隐瞒,各怀疑惧。驯至一人染疫,殃及全家,一家染疫,殃及邻近,决防溃堤,不可收拾,言之深堪痛恨!"②吉林度支使徐鼎康也忧心忡忡评论道:"设或暴动,奸人乘机蜂起,外人借以干预,大局何堪设想?"③

此外,对地方政府而言,来自外交的压力同样也是棘手问题。作为传言矛头所指的对象,日本方面在1911年2月初,即在北京向清廷直接施压要求对此严加禁止,以免误会。④ 因吉林谣传最盛,日本驻吉林领事特地面见该省交涉司,声称"民间谣传甚多,庚子之祸竟以谣言成患,诚恐民人日久有仇视之心,应设法防止"。⑤ 各国驻奉天领事团也出面致函东三省总督锡良,表示如查获撒药人犯,可押送英、法领事馆,以便公开审讯,以安人心。⑥

二、谣言因何而来?

在"日本人水井撒毒"之说四处流传期间,东三省曾有地方官员和媒体舆论认为是有人蓄意为之,目的在于制造混乱,以惑众生事。在传言初起时,东三省总督锡良就表示"难保无奸徒从中煽惑"⑦。据此,奉、吉两省皆命令巡警局秘密访拿。在奉天方面,先后在承德、镇安等县拿获撒药嫌犯数起,但经过严讯,均毫无确证,民政使张元奇由此认为各嫌犯均为冒充外国人撒药,并断定"必系匪徒趁机煽惑,借图扰乱"⑧。不过究竟是什么人幕后指使?目的何在?除表1所列承德焦天宝一案审明纯系案犯捏造,希图掩盖偷盗事实外,其他各案也没审出什么结果,大都不了了之。

---

① 《榆树直隶厅为报北一区等处疫毙人口清册的呈文》,吉林省档案馆藏,档号:J001-37-4934;《东省疫症警告》,《吉长日报》1911年3月1日,第1张第5版。
② 《吉林行省为晓谕各色人等勿信谣言遵防疫禁令听凭救治札》,吉林省档案馆藏,档号:J001-37-1637。
③ 《吉林度支使徐鼎康为防疫事宜条陈吉林行省》,吉林省档案馆藏,档号:J001-37-4582。
④ 《外务部来电》(正月初三日),中国社会科学院近代史所藏锡良档案,档号:甲375-15-21。
⑤ 《东省疫症警告》,《吉长日报》1911年2月22日,第1张第3版。
⑥ 《奉天领事团之愤言》,《远东报》1911年2月28日,第2版。
⑦ 《致外部电》(正月初三日),中国社会科学院近代史所藏锡良档案,档号:甲374-46-15;《吉林行省为晓谕各色人等勿信谣言遵防疫禁令听凭救治札》,吉林省档案馆藏,档号:J001-37-1637。
⑧ 《东省疫症警告》,《吉长日报》1911年2月28日,第1张第5版。

相比之下,吉林省拿获嫌犯较奉天稍多,其中有榆树县抓获的颜珍、吉林府抓获的戴青海二人供认不讳,且"历供不改"。在颜珍一案中,当官方进一步追讯主使之人以及所撒药品时,"(案犯)则又言词恍惚,并无确切证据",地方官员们见难以深究,遂将该犯暂时收押,待疫情消灭后开释。[1] 而戴青海一案则历经多次审讯,在当时曾引起广泛关注,《吉长日报》还记录下了案犯审讯的经过和供词:

> 戴青海供:年四十岁,系吉林府江东喇嘛沟人,向在省城牛马行给人卸炭。本年正月初九午后在头道码头遇见素识人李长会,说现有一事可以赚钱,叫小的同他上牛马行世兴当路南外国人门首。李长会进屋说了一会,拿出微绿色、红黄色药面各一包,约二两重,实系毒人药。并给小的木牌一根,钱帖二吊,叫小的到屯中各井撒药,每日工钱四□,五日回头领钱。并嘱咐白日千万要严密,必得晚间再撒。强行允从,遂将药藏好。就是那日二更时分,走到东关昌邑屯撒了两个井,每井约有药面半两。连夜到嘎呀河,又撒井两个,还有几钱正想到别井去撒,不料被该屯警撞遇。小的害怕,将药扔地丢了。巡警将小的获住送区,问出真情,又将小的带到昌邑屯,验过小的撒药那两个井,又转送乡间巡总局,堂讯二次,亦供撒药。今蒙审讯,小的贪利,听从李长会指使,用药偷撒井内这二次。余无别事,李长会现住何处,小的不知道,所供是实。[2]

在本案中,尽管戴某经多次审讯均供认不讳,但官方称其"异常刁狡,所言全不近理"。首先,该犯明知撒药犯法,被巡警指其放药捉获时,不待严讯就直接招认。其次,放药目的是为了毒人,但该犯自称初九在昌邑屯两个水井下药,十四日巡警带其前往指认,其间当地居民并不知情,继续饮用,但并未发现中毒者。再次,二十一日,民政司派专人再次押送该犯至其所称下药水井,分别取水烧开令其各饮三碗,均"面无难色",而且数天后也无中毒迹象。官方由此断言,"全系造谣惑众,非毒药已不待辨"。对于该犯,官府最终的判令是:"实属造谣滋事,悎不畏法,应候分别核办。"[3]官方虽然就此定谳,但社会对此案仍是市虎弓蛇,议论纷纷,话题之一就是戴某制造谣言目的究竟何在。《吉长日报》分析:戴青海的真正身份应该是胡匪的探子,企图捏造受雇于外国人在水井撒药的谣言,造成社会混乱,以便胡匪借机生事。而他之所以"历供不改",是因为深知如果招认为匪,则必死无疑,如果承认撒药,或能免掉一死。[4] 这一看法在

---

① 《东省疫症警告》,《吉长日报》1911年2月23日,第1张第4版。
② 《东省疫症警告》,《吉长日报》1911年2月26日,第1张第5、6版。
③ 《东省疫症警告》,《吉长日报》1911年2月26日,第1张第6版。
④ 《戴青海供状书后》,《吉长日报》1911年3月2日,第1张第3版。

当时颇具代表性,三省其他地方也有一些官员和媒体舆论认为本地的这些谣言和胡匪有关。

《远东报》则提出了另一种观点:盛行于三省的"水井撒毒"谣言是由当地的一个秘密民间宗教黄天道教捏造出来的,其目的在于吸收信徒入教,并制造混乱,煽惑排外。按照该报的说法,这一教派原系华北的在理教之变相,义和团事件后开始进入东北,虽屡经官府镇压,但其势绵延不断,至 1910 年时,活动于内蒙古、奉天、黑龙江交界一带。此次鼠疫暴发后,该教乘机活跃起来,一方面,"明遣党羽,在长春、洮南、滨江一带私相煽惑,谓入其党可以免疫,虽疫不致病死,多有神力以为之保护,不入其教,则必为洋人所毒毙";另一方面,"恒遣其党,四处散布谣言,谓满洲本无疫症,其疫症皆出自洋人,又雇人撒药井中,以证其实,又虑为人窥破,则谓为洋人所雇用云"。①

把谣言归因于胡匪或黄天道教捏造并非毫无根据,清末民初,东三省胡匪猖獗,其为患地方种切,民间饱受其苦,官方疲于奔命。此次鼠疫暴发后,各地胡匪并未因之收敛,反有趁机骚扰之势,"各鼠疫祸剧烈之地,辄有胡匪发难之谣"②。即使在疫情最重之哈尔滨,"胡匪又蠢蠢欲动,外间谣传甚剧,谓胡匪将借防疫乘势劫掠",街头巷尾因此草木皆兵。③ 而相形之下,黄天道教也是异常活跃,据报纸报道,该教声称入教能避灾祸、兵灾、匪乱,故一时信之者众。在长春一带,"信之者日众","东乡已有千余家,是项教徒举动诡异,夫妇辄多离异,惟教主之言是听"④。在铁岭,该教往各村镇卖药售符,声称鼠疫"系外人所撒之灾,毒尽华人,然后夺取土地"⑤。不过总体来看,土匪人数虽众,却成股分散,各听号令;黄天道教虽然一时鹊起,但规模还很有限,活动范围仅限于长春等部分地区。⑥ 而此次"日本人水井撒毒"之说遍及东三省,甚至远及京畿,若仅归于二者之力,显然不能令人信服。

已有丰富的相关研究表明,大规模谣言产生的必要条件是社会的恐慌和危机,虽然可能有少数人别有用心,蓄意制造和传播,但如果没有社会的恐慌和危机,谣言是无法在更大范围内扩散的。此次"日本人水井撒毒"之说能够盛传,首先也是和鼠疫流行造成了东三省社会的整体性恐慌和危机密切相关。具体来说,作为 20 世纪以来中国规模最大的一场鼠疫流行,此次疫情传播迅速,死亡人口众多,时人描述称:"双城、宾州、新城、阿城、榆树等处地无完土,人死如麻,生民未有之浩劫,未有甚于此者。"⑦ 由

---

① 《论黄巾教之可虑》,《远东报》1911 年 3 月 5 日,第 1 版。
② 《戴青海供状书后》,《吉长日报》1911 年 3 月 2 日,第 1 张第 3 版。
③ 《东省疫症警告》,《吉长日报》1911 年 2 月 28 日,第 1 张第 5 版。
④ 《严密查拿黄天声》,《盛京时报》1911 年 2 月 16 日,第 5 版;《袄教志》,《吉长日报》1911 年 1 月 15 日,第 1 张第 5 版。
⑤ 《北方防疫汇记》,《申报》1911 年 2 月 19 日,第 1 张第 6 版。
⑥ 黄天道教的整体活动情况可参阅曲晓范:《清末民初时期中国东北地区黄天教活动考略》,《北华大学学报》2005 年第 4 期。
⑦ 《东三省疫事报告书》上册,第 1 编第 1 章,第 13 页。

于疫死人口太多,在哈尔滨至博克图沿途,"棺木多不及备,相率以柜箱装殓,或以芦席卷埋"①。在哈尔滨、长春等地疫情最重的时候,"道途相望,几于无人收敛,虽有医院、病院之设,而杯水车薪,无济于事"②。从乡村到都市,从民间的贩夫走卒到达官贵人,人人谈"疫"色变,笼罩在恐慌之中,正如锡良总督所总结:"实缘疫气所至,朝发夕毙,前仆后继,官绅商民,无中外贵贱,日惴惴焉如临大敌。"③

再者,当时社会各界还普遍缺乏与传染病相关的卫生知识,不但对疫情的快速传播无法理解,对政府推出的各种防疫措施也难以完全接受,加重了恐慌情绪。鼠疫流行之初,社会各界既不知鼠疫是何物,更不知其能传染,"始则官绅医士不信疫之可以传染,一切防卫疗治之法俱按中国治瘟成方从事"④。有一定知识水平的官员及士绅阶层如此,更遑论中下层社会。⑤ 后来,政府被迫于压力开始仿照西法组织防疫,采取隔离、消毒、断绝交通等强制措施,但绝大多数民众以前对此闻所未闻,且日常生活秩序也因此受到严重冲击,"而怨讟繁兴,讹言四出,至有乡民纠众仇视防疫所之说"⑥。因此,由各阶层广泛参与的不服从、不合作乃至群体性的反抗事件时有发生。在广大社会成员面临重大危险还无法理解,惯常的生活方式和社会秩序又被完全打破的情况下,可能发生的事情之一是,"判断真相的标准"会有所变化,人们比平时更易受到感染,更易接受他们心态平和时定会提出质疑的种种传言。⑦ 用当时地方官员的话说,就是"以为此非太平景象,遂以至愚之心理凭空想象,发为毫无根据之谣言"⑧。所以,从疫情蔓延开始,当时许多人就注意到了东三省"谣诼四起"的情况。在奉天省城,地方官员们总结称,"奉省疫病流行,谣言因之骤起"⑨;在哈尔滨,署理吉林交涉使郭宗熙也观察到,"谣言极多,报纸传闻,往往失实"⑩;在吉林省城,主持防疫的吉林民政使邓邦述慨叹,"绅民痼蔽,听信谣言","谤毁日滋,是非混淆"⑪。

《吉长日报》也报道称:"疫症流行以来,民间谣言日广,有谓因洒药致死者,又有谓死于防疫局医员之手者。乡愚无知,色同谈虎,近且愈说愈离奇矣!"⑫

---

① 《人生到此天道宁谕》,《长春公报》1911 年 1 月 25 日,第 3 版。
② 《呜呼,鼠疫之惨状!》,《长春公报》1911 年 1 月 28 日,第 3 版。
③ 《疫气蔓延人心危惧请俟事竣保奖出力人员折》,《锡良遗稿·奏稿》第二册,第 1266 页。
④ 张元奇等编:《东三省疫事报告书·绪言》,第 3 页。
⑤ 《盛京时报》的一篇报道就比较生动地再现了街头下层群众对鼠疫的反应:一名俄国游客曾吃惊地在哈尔滨的闹市区观察到,一旦街头有人染疫倒地不起,往往会招来大批人群围观,甚至三四十人之多。更令人不可思议的是,当大街上一个卖瓜子的人染疫倒地后,周围的人竟然争先恐后围上去抢食他的瓜子。(《俄人调查傅家甸之悲观》,《盛京时报》1911 年 1 月 19 日,第 3 版。)
⑥ 《吉林度支使徐鼎康为防疫事宜条陈吉林行省》,吉林省档案馆藏,档号:J001-37-4582。
⑦ [美]柯文著、杜继东译:《历史三调:作为事件、经历和神话的义和团》,江苏人民出版社 2000 年版,第 136 页。
⑧ 《一件详为禁止各色人等因防疫造谣生事请签核》,吉林省档案馆藏,档号:J023-02-1232。
⑨ 《东省疫症警告》,《吉长日报》1911 年 2 月 28 日,第 1 张第 5 版。
⑩ 《哈尔滨郭司使来电》(正月十六日),中国社会科学院近代史所藏锡良档案,档号:甲 375-15-21。
⑪ 《吉林邓司使来电》(正月十七日),中国社会科学院近代史所藏锡良档案,档号:甲 375-15-22。
⑫ 《东省疫症警告》,《吉长日报》1911 年 3 月 2 日,第 1 张第 4 版。

正如学者们的研究所发现,在林林总总的谣言中,"集体中毒的谣言更能体现人们对诸如战争、自然灾害和瘟疫等威胁社会上所有人的重大危机的忧惧情绪"[1]。在罗马帝国时代,人们曾指控基督徒在井中投毒。在 1896—1900 年印度鼠疫大流行期间,关于英国人在食物、水源中投毒的说法普遍流传。[2] 在中国近代义和团运动、五四运动等重大事件中水井等食用水源被投毒的谣言也广为人知。因此,此次东三省"日本人水井撒毒"谣言盛行,根本原因在于鼠疫大规模流行以及政府防疫的医疗干预所产生的社会性恐慌和危机。

三、为什么是日本?

根据社会学家的研究,谣言"是夹杂了个人对世界的主观臆测的公众信息",一般包含着带有传谣者与信谣者强烈感情色彩的主题。[3] 所以中外大量集体中毒谣言事件,一方面传递了人们当下的危机感和恐慌情绪,另一方面也夹杂了公众对谣言矛头所指者——那些被指控试图毁灭正在流传谣言的那个社会的外来者(或他们的内部奸细)长期以来的主观情绪,往往是一种强烈的忧惧、焦虑情绪。无疑,此次盛传于东三省的"水井撒毒"谣言之所以将矛头对准日本人,从根本上看,与长期以来社会各阶层对日本在当地存在和持续扩张的认知和心态密切相关。

日本觊觎中国东北地区由来已久,在日俄战争后即迫不及待地按照"经营满洲"之政策,开始在旅大地区和"满铁"及其所属沿线"附属地"的广大地区,以军事为后盾,建立了超脱中国主权范围和管辖的独立王国,强推行政、警察、司法、税收、教育等各项制度,并以此为据点,不断地攫取路权,扩张"附属地",开采资源,并且大批输入移民,渐次成为中国在本地区的心腹大患。1906 年,受命前往东北考察的巡警部尚书徐世昌、农工部尚书载振向清廷密报:"东三省比岁以来,迭遭变故,创巨痛深,为二百余年所未有。"在奉天,日本政、商、军、学各界之往来者络绎不绝,且人数日增,"商埠旅馆、车站皆高悬日本国旗,俨有反客为主之势。计通省日兵有二万数千人,他如报社、工师、茶肆、妓寮,凡能名一艺执一技者,亦胥出全力以谋我。盖自一抵新民,而境界气象迥然,有中外之殊。此尤臣等目击心伤者"[4]。

为应对东北的主权危机,1907 年清廷以徐世昌为首任东三省总督,启动东三省改

---

① [美]柯文著、杜继东译:《历史三调:作为事件、经历和神话的义和团》,江苏人民出版社 2000 年版,第 145 页。
② 戴维·阿诺德著、张云筝译:《论及身体:在 1896~1990 年间形成的关于印度瘟疫的看法》,载刘健芝、许兆麟编:《庶民研究》,中央编译出版社 2005 年版,第 210 页。
③ 拉尔夫·L. 罗斯诺:《谣言的内幕:个人的一次经历》,转引自[美]柯文著、杜继东译:《历史三调:作为事件、经历和神话的义和团》,江苏人民出版社 2000 年版,第 124-125 页。
④ 《农工商部尚书载振等为陈考察东三省情形事奏折》,谢晓华等编选:《日俄战争后东三省考察史料(上)》,《历史档案》2008 年第 3 期。

制与新政改革,虽然气象为之一新,但仍不足以从根本上扭转局势,尤其是后来居上之日本势力,在奉、吉两省步步紧逼,吞并之己心昭然若揭。继徐世昌后出任东三省总督的锡良曾忧心忡忡地感叹:"日、俄之视我东三省为殖民地,环球皆知。今自协议告成,继以日、韩合并,吞噬之心亦炽,沿安奉、南满路线所至,其铁路警察及车站人员多系陆军军队,安东、辽阳、海城、铁岭、长春且均有联队驻扎,吉林则延吉一带,亦骎骎逼处焉。……以危机四伏之东省,一旦祸发,以待朝鲜者待满洲,试问此万里之版图,千百万之人民,将委而去之耶? 以何所恃以抵御之使不得逞耶?"①锡良本人虽素有政声,调任东北时为各界寄予厚望,然而任东三省总督时间不长,就多次请求离去,最后以病开缺,其中一重要原因是自感在对日交涉中疲于应付,心力交瘁。②

作为前后两任东三省总督,徐世昌、锡良的说法绝非危言耸听,而是代表了东北官场和社会的普遍看法。1908 年,为阻日本控制吉长筑路权,吉林省各界组织"吉林公民保路会",坚决主张收回自建,仅数月间筹集股银 210 多万两,并宣称:"故宁为死,争做中国之鬼魂;亦不愿意苟活,供外人之奴隶。"③1909 年,因抗议日本将安奉铁路改为宽轨及强夺吉会铁路经营管理权,奉天、铁岭、辽阳等地有人散发传单,倡议抵制日货,"遂致此唱彼和,传播几遍"。④ 1910 年 12 月 6 日,奉天全省各界人士一万余人到总督署请愿,表示东三省危在旦夕,要求代奏请愿立即召开国会以救危亡。在东三省总督及各司道面前,为首代表叩头抢地,血流满面,大声疾呼"至死不当奴隶",在场者无不受其感染而潸然泪下。⑤

同样,作为社会舆论的重要载体,东三省各地由华人主办的报纸也经常大量刊载日俄在东北活动的报道,并佐以各类的"感言""社说",观点鲜明,感情强烈,"以为抵制之计"。⑥ 如笔者仅统计《吉长日报》从 1911 年 1 月 9 日至 13 日关于日方活动的报道即有《日商得寸进尺》《本溪煤矿近闻》《日人凭空圈我村地》《日人遍布侦探于东省》《东要评语》《报评一般》《外人干预言论权》《日人囤积粳米》《日领要求禁演国会血》等,涉及日本人强占商股、土地、矿产,以及侦查、干预反日宣传,在延边制造事端等内容,大多从标题即可看出激烈的批判态度。⑦ 也正是如此,大多数华人报纸被日方视为具有

---

① 《密陈东省阽危恐牵全局亟宜练兵备借以图存折》(宣统二年九月十四日),中国科学院历史研究所第三所主编:《锡良遗稿·奏稿》第 2 册,中华书局 1959 年版,第 1233-1234 页。
② 曹汝霖:《曹汝霖一生之回忆》,中国大百科全书出版社 2016 年版,第 84 页。
③ 参见吉林省档案馆、吉林省社会科学院历史所编:《清代吉林档案史料选编·辛亥革命》,1981 年,第 78-86 页。
④ 辽宁省档案馆编:《辛亥革命在辽宁》,1981 年,第 4 页。
⑤ 《奉天全省人民为请明年即开国会齐赴总督公署呈请代表之实纪》《叩头流血泣请代奏详述》,《盛京时报》1910 年 12 月 8 日,第 5 版。
⑥ 《滨江厅同知章绍洙转详滨江日报社请拨款接济事》,吉林省档案馆、吉林省社会科学院历史所编:《清代吉林档案史料选编·辛亥革命》,1981 年,第 98 页。
⑦ 分别登载于《吉长日报》1911 年 1 月 9 日第 2 张第 11 版、12 版,1 月 10 日第 2 张第 12 版,1 月 11 日第 1 张第 3 版,1 月 12 日第 2 张第 11 版、12 版,1 月 13 日第 1 张第 4 版。

"反日"或"排外"倾向。①

不难看出,长期以来,日本势力已被东北的中国社会及舆论界视为心腹大患和主要的威胁,而日方在鼠疫暴发前后的一些活动,又加深了人们的这一认知,最为突出的是其在东三省各地进行的调查和测绘。日本向来重视对中国的情报工作,日俄战后又更进一步,分别在关东都督府和南满洲铁道株式会社下设调查机构专司此事,并且在长春等地秘密设立派出机构,对东三省及内蒙古一带进行调查和测绘。不过这一情况在 1909 年为中国政府发现,中国政府以测绘违反条约为由发出照会要求停止,日方虽稍有收敛,但到了 1910 年夏秋又开始活跃,且毫无顾忌,范围更广,"穷乡僻邑无地蔑有,此间民人固惯见不奇,特踪迹愈变愈诡秘"。② 据各地人民的反映,日本人的调查范围广泛,涵盖地理、风土人情、户口、物产等方面,尤其对各处的水井特别留意,"井之位置、大小及水量浅深、水味甘苦,记录更详"。③ 在当地社会舆论看来,日本的此类调查显然别有所图,"绝非良善",而普通人民不明就里,自然容易引发议论,滋生谣言。④

其次,此次鼠疫暴发后,日本方面表现格外"积极",又加深了中国社会各界的疑虑。1911 年 1 月初,长春、奉天等东三省南部地区也陆续发现疫情,向来视这一地区为自己禁脔的日本人迅速行动,也在长春、奉天、大连等地"南满"铁路沿线各处进行强制性检疫、防疫,在"南满"铁路各站,无论中国乘客还是普通群众过境,均须接受严格检验,"彼视之如其国境"。⑤ 至宣统二年(1910)年底,日本方面投入防疫检疫的专职人员有 69 名医生、29 名助手、414 名警察和 2000 名士兵。⑥ 尽管日本方面对外宣称组织防疫意在保护本国侨民,但让中国方面忧心不已的是,其行动并未局限在铁路区内,驻奉日本领事小池赴奉天交涉司署,要求派出日本医生、警察在日人居住之地及附近华人居住之地挨户实地查验,遭到婉拒后,小池又会同驻奉各国领事,共同照会中国政府,称若中国无防疫之人,各领事拟自由遴员严防。在吉林省城、长春等地,日领事出面组织防疫会,并以华人饮食不知讲求卫生,需日医检验为借口,自由派兵监视中国之屠兽场,以致引起市面恐慌。⑦ 此外,1910 年 10 月以前,"南满"铁路护兵仅有两师团,此后不断增兵,至年底已增至八师团,驻扎辽阳、铁岭、长春等处,"军队互相调遣,

---

① 根据日本方面的内部报告,1910 年时东三省民办或官民合办的华人报纸有 6 家,其中 5 家具有排日或排外的倾向;1911 年有民办或官民合办报纸 13 家,其中 7 家具有排日或排外倾向;其他无明显倾向者主要是商业类报纸。参见李少军编、李少军等译:《晚清日本驻华领事馆报告编译》(第五卷),社会科学文献出版社 2016 年版,第 50-53 页。

② 《外部来电》(十二月月十四日),中国社会科学院近代史所藏锡良档案,档号:甲 374-46-14;《志日侦诡异》,《吉长日报》1911 年 1 月 16 日,第 1 张第 1 版。

③ 《日人遍布侦探于东省》,《吉长日报》1911 年 1 月 11 日,第 1 张第 3 版。

④ 《日人究欲胡为者》,《长春公报》1911 年 2 月 14 日,第 2、3 版。

⑤ 韩国钧:《永忆录》,沈云龙主编:《近代中国史料丛刊》第一辑,台湾文海出版社 1966 年版,第 49 页。

⑥ Carl F.Nathan, *Plague Prevention and Politics in Manchuria 1910-1931*, Harvard University Press, 1967, pp. 26-27.

⑦ 《东省防疫与主权之关系》,《申报》1911 年 1 月 26 日,第 1 张第 2 版。

往来络绎不绝,附近居民异常恐慌,谣诼纷起,在奉日兵三五成群,游弋街市",中国舆论称"其用意之叵测已为有目共睹"。① 就连美国在华的外交官们也感觉到,日本人很可能会利用鼠疫来和俄国人一起激起一场骚扰。②

综上,通过考察清末东北社会特殊的历史情境可以发现,"日本人水井撒毒致疫"传言的内容虽然是荒谬的,但绝非空穴来风,而是大众社会心理的投射。在当时瘟疫流行、日本步步紧逼的情势下,人们普遍缺乏安全感,必然会格外感到焦虑、恐惧、无助,急切需要一个对当前处境的"合理"说明和解释,谣言因此应运而生,并能在短期内迅速而广泛地传播。

四、中国社会平息谣言的努力

对任何社会来说,谣言往往都会携带着破坏性能量,"是诱发无政府状态及骚乱的极其危险的因素"③。如前文所述,此次"日本人水井撒毒"谣言在东三省盛传,已影响了正常的社会秩序和政府组织的防疫活动,且极有可能引发外交纠纷,故一开始在中国方面就引起官方、部分华人报纸和士绅的重视,他们纷纷努力采取行动平息谣言。而作为谣言矛头所指的对象——日本在东北的存在该如何看待,也是各方在辟谣时经常讨论的话题。

政府方面采取的主要措施是发布各类晓谕和布告。最早采取行动的是奉天省,在1911年1月谣言刚开始流传时,该省官场就高度重视,先后由东三省总督锡良、民政司、交涉司、防疫总局多次出示告示予以禁止。④ 此后,因谣言愈传愈烈,清廷也直接出面干预,除民政部多次要求京城内外两厅从严禁止外,外务部还为此特地于1911年2月1日致电锡良总督,称:

> 闻奉天尊处谣传:此次疫气系有人投毒井中,遂至传染。此种谰言本属无稽,但恐乡愚无知,辗转流布,致生误会。希密饬各属,随时切实开导禁止,并转吉、黑两抚。⑤

接外部电后,吉林方面也开始采取措施,先是民政司饬令各属查禁。⑥ 2月17日,

---

① 《东三省通信》,《申报》1911年1月8日,第1张第2版。
② [美]李约翰著,孙瑞芹等译:《清帝逊位与列强(1908—1912)——第一次世界大战前的一段外交插曲》,中华书局1982年版,第211页。
③ [德]汉斯-约阿希姆·诺伊鲍尔:《谣言女神》,顾牧译,中信出版社2004年版,第175页。
④ 《致外部电》(正月初三日),中国社会科学院近代史所藏锡良档案,档号:甲374-46-15;《二司使示禁谣言》,《盛京时报》1911年1月27日,第5版。
⑤ 《外部来电》(正月初三日),中国社会科学院近代史所藏锡良档案,档号:甲374-46-15。
⑥ 《陈简帅来电》(正月初七日),中国社会科学院近代史所藏锡良档案,档号:甲375-15-21。

吉林巡抚陈昭常向全省各界出示长篇晓谕,详细解释了鼠疫的来源、政府组织防疫的用意及施行的各种措施,认为日人撒毒的说法,"其为宵小臆造,希图滋生事端,不问可知";并特别指出:外人对于疫病防卫最严,所以朝鲜与俄界因与东三省接壤也设局认真防疫,"当此交通便利时代,此国疫症可以传染彼国,乌有令人散布疫种于他国,致波及自国牵连受害之理"。① 与之同时,陈昭常还鉴于学堂为"造舆论之机关",担心少年学生不知轻重,轻信谣言并四处传播,特别饬令约束学生,如果有学生听到谣言,务宜详细解释;万一有轻信谣言并传播者,"即行严加惩戒,以靖浮言"。② 2月14日,再由吉林民政、交涉二司联合发布辟谣告示,还专门就中日关系做出说明,称邦交稳固、彼此均遵守条约行事,"近日交情尤形亲密,今忽无端造谣,实属诬蔑友邦,有伤睦谊"③。而在此前,奉天民政、交涉二司也联合发布过类似的告示,声称日本为文明之国,"素敦友邦,岂有为此不义之事"④。作为官方公开的声明,其目的重在安抚人心,当然不能完全视为对中日关系的真实看法。而实际上,在此次鼠疫流行过程中,中国各级政府对日方始终抱有高度戒备、防范之心。⑤

在实际行动中,各省较为重视查明各撒药案的真相,并尽快公之于众。奉天省先后在承德、镇安等县拿获撒药嫌犯数人后,专门押解到省城严讯,并化验其所带药水、药末,再由总督锡良和民政使张元奇分别晓谕各界,以释群疑。⑥ 吉林省发生戴青海、樊世坤、王好等案后,吉林民政司也"深恐愚民以讹传讹,互相传说",特地派专人多次审讯,判定樊、王二人是"苦打成招"。对于"历供不改"的戴青海,则带其指认现场,并当场喝下井水验证。⑦ 此外,对于撒药的嫌疑人,省一级官员大都主张从宽处理。如对于榆树拿获颜珍一案吉林民政使批示:"遇有此等情事,务宜开解,不得任意张皇。"⑧即使戴青海这样的案犯,该民政使也批示:"此等人犯务须切实开导,以免因任意张皇,致民心愈生疑畏。"⑨

至于本地出版的华人报纸的态度,前文所揭《东三省日报》《大中公报》等部分报纸在传言初起时将信将疑,曾招致日、俄报纸的激烈批评。因这些报纸今天已难查阅,具体情况如何很难进一步考察,但笔者从可查到的《吉长日报》《长春公报》等情况来看,均从一开始即明确认定其为谣言,《长春公报》断定,"未可信为文明国人之施舍"⑩;

① 《吉林行省为晓谕各色人等勿信谣言遵防疫禁令听凭救治札》,吉林省档案馆藏,档号:J001-37-1637。
② 《吉林省为转饬各学堂约束学生勿信谣言、有碍防疫札饬报学司》,吉林省档案馆藏,档号:J001-37-4575。
③ 《一件详为禁止各色人等因防疫造谣生事请签核》,吉林省档案馆藏,档号:J023-02-1232。
④ 《二司使禁谣言》,《盛京时报》1911年1月27日,第5版。
⑤ 参见胡成:《东北地区肺鼠疫蔓延期间的主权之争(1910.11—1911.4)》,《中国社会历史评论》2008年第9卷;管书合:《国际合作与防疫主权——1911年奉天万国鼠疫研究会再研究》,《史学月刊》2020年第6期。
⑥ 《东省疫症警告》,《吉长日报》1911年2月28日,第1张第5版。
⑦ 《东省疫症警告》,《吉长日报》1911年2月26日,第1张第5、6版。
⑧ 《东省疫症警告》,《吉长日报》1911年2月23日,第1张第4版。
⑨ 《拿获井中撒药人犯》,《盛京时报》1911年3月5日,第5版。
⑩ 《日人究欲胡为者》,《长春公报》1911年2月14日,第2、3版。

《吉长日报》也申明,"记者敬告同胞曰:必无是事,幸无自扰"①。对于政府的辟谣措施,这些报纸均能积极配合,在及时刊载各类政府发布的各类晓谕、告示之外,积极探究各地撒药案的真相,分析谣言的来源。《吉长日报》建议政府派出医生,将疫死者解剖化验,绘图标明什么部位如何染疫、因何致死以及疫菌形态,并张贴公示,"谣言或当稍息"。②

一些地方的士绅也自发以演讲等方式协助政府辟谣。如前文所提及的吉林省城附近的乌拉街,曾因当地人民深信撒药传言而发生激烈风潮,当地自治会正副议长等归因于地方民智未开,特别邀请省城宣讲所巡行讲员前来演说,"启迪民智以保公安"。③ 另外,省城名绅松毓、李芳也受当地防疫会之邀来此演说开导,在场听众二百余人,无不被其折服。④ 据报纸记者现场观察,听众大多为此前风潮的积极参与者,听完演讲都纷纷表示认同,竟无一人起而辩难,出人意料。记者也由此感慨:官方发布的大量辟谣的布告、晓谕,"竟不抵一场论说之克乎众望"。⑤

不过,与官方公开宣示的基调截然不同,地方士绅和华人报纸在辟谣同时,对日本始终充满戒心。上述吉林省城名绅李芳在乌拉街演讲至最后强调:"此种谣言乡愚无知信之尤笃,今不遑细论,仆独敢保其必无。近代灭人国之新法甚多,我三省久已入其范围,何必再用此残酷拙劣之手段!"至此,演讲者"深色惨淡",听者也无不沉痛动容。⑥《长春公报》也认为日方虽不至于在水井撒毒,"但其窥测我土地,绘及平陂险易,并管人家水井之咸淡,是不可以不查,不可以不禁。主权所在,此事我人民与有责焉"。⑦ 1911 年 2 月,日方为表善意,由"满铁"向中国政府赞助 15 万元用于防疫,该报就此发表评论,称其别有用心,"欲取姑与,诡谋也"⑧,"此种关系,明眼人自能道破"⑨。《吉长日报》于 1 月 27、28 两日,连续刊载《日人必吞满洲之放言》,记述早前日本法学博士高田早苗在早稻田大学关于侵略"满洲"方针及步骤的演讲,认为日本国内对于东三省政策虽分两派,但吞并之心实则一致,"皆日本全国心理所同然者,特为此君一泄无余耳,录此以警告三省同胞,俾知满洲现象如是"。⑩ 该报还于 1911 年 3 月 22 日刊载《提前战事之风说》,称根据东京消息,日本原计划在 1919 年与中国摊牌,以武力解决东北问题,现在召开秘密会议以中国政府软弱不堪、民气尚在萌芽,决定将战争提前

① 《防疫笔谈》,《吉长日报》1911 年 2 月 11 日,第 1 张第 6 版。
② 《东省疫症警告》,《吉长日报》1911 年 3 月 2 日,第 1 张第 4 版。
③ 《东省疫症警告》,《吉长日报》1911 年 3 月 17 日,第 1 张第 3、4 版。
④ 《东省疫症近闻》,《吉长日报》1911 年 3 月 24 日,第 1 张第 4、5 版。
⑤ 《东省防疫近闻》,《吉长日报》1911 年 3 月 27 日,第 1 张第 5 版。
⑥ 《东省防疫近闻》,《吉长日报》1911 年 3 月 27 日,第 1 张第 5 版。
⑦ 《日人究欲胡为者》,《长春公报》1911 年 2 月 14 日,第 2、3 版。
⑧ 《敬谢十五万元之厚贶》,《长春公报》1911 年 2 月 11 日,第 2 版。
⑨ 《日人助我防疫费纪闻》,《长春公报》1911 年 2 月 11 日,附张。
⑩ 《日人必吞满洲之放言》,《吉长日报》1911 年 1 月 27 日第 1 张第 3 版、1 月 28 日第 1 张第 3 版。

三年进行。①

　　从中外各报纸的报道来看,1911 年 3 月下旬后,日人水井撒毒谣言在东三省各处已渐次平息。究其原因,固然与各方辟谣的努力有关,但关键还在于此前迅速蔓延的鼠疫已日趋平息,除少数地方尚有零星病例外,完全扑灭已指日可待。② 大规模社会性恐慌既已不复存在,其所催生的各类传言自然不了了之。

五、结语

　　从流传范围和社会各层面参与的广度来看,1911 年春在东三省盛传的日本人水井撒毒致疫的谣言基本可以认定为一个大规模的社会集体行动。尽管这一事件由瘟疫的迅猛流行所造成的社会性恐慌所诱发,但无疑和广大社会成员长期以来对日本在本地区持续扩张而普遍产生的焦虑、恐慌和仇视情绪直接相关。在谣言流传之时,虽然社会各届态度各异,但对于日本的认知和态度仍保持高度的一致。这一事件表明,日本人在本地区的存在和持续扩张在普通民众中引发了多么广泛的关注、讨论和反应,而且基本态度一致。从这个意义上讲,这一谣言可以看成大众话语的一种形式,贴切反映了大多数东北社会民众的普遍认知和心态。

　　自甲午战争后,中国被瓜分的危机日益加剧,而东三省情况尤甚,社会的反应也更强烈,显示了浓厚的地区主义特点。特别是在日俄战争后,后来居上的日本步步紧逼,危亡之祸迫在眉睫,"虎狼交逐,逼迮堂室,钩心枯血,争欲染指宰割之惨,愈处愈迫,锦绣河山,归人附属,若此内外之现象,真遍数全国无有如此危迫者也"③。在此特殊的环境下,东北社会各界民众身历其间,或深受其苦,或耳闻目睹,"仰天椎心,俯地流血,所以仇视外人,恨不与之俱尽焉"④,因此排外之意识较全国更甚。不过,与传统不同的是,这种排外心理不再是纯粹地排斥外人,而是加入了"国家""主权"意识等元素,与国内方兴未艾的民族主义思潮遥相呼应,应可视为民族主义在地方的兴起。正如锡良曾就 1910 年东三省各界强烈要求请开国会的举动所总结的:"(东三省人民)受强邻之刺激,生国家之思想,人民知身家性命非合群不能自保;复目睹朝鲜亡国惨状,甚恐东三省版图首沦异域,即万劫不能自拔,其切肤之痛,较之各省有特别之危险,不能不有特别之要求。"⑤然而,这种民族主义又是混

---

① 《提前战事之风说》,《吉长日报》1911 年 3 月 20 日,第 2 张第 12 版。
② 张元奇等编:《东三省疫事报告书》第一编第 3 章,第 2-7 页。
③ 《吉林地方团体联合会宣言书》,《长春公报》号外,1911 年 2 月 11 日,第 2 版。
④ 《分省试用通判张镇芳、东洋法政大学学员金鼎勋等禀公民股本不能附入外款》,吉林省档案馆、吉林省社会科学院历史所编:《清代吉林档案史料选编·辛亥革命》,1981 年版,第 82 页。
⑤ 《奉天全省各界绅民因时局迫不及待呈请代奏明年即开国会以救危亡折》(宣统二年十月初六日),中国科学院历史研究所第三所主编:《锡良遗稿·奏稿》第 2 册,中华书局 1959 年版,第 1249 页。

杂、多歧的,正如此次谣言传播过程中显示的那样,精英人物和社会的中下层之间既有对日本的认知和态度一致的方面,又对谣言内容存在着明显的分歧或者误解,前者认为后者愚昧无知,后者则视前者为日方的同谋。民族主义在地方兴起的这些特点,不但是其时重要的社会面相,也深刻影响了本地区的历史进程,应该是解读近代东北历史进程的重要线索。